シリーズ
現代博物館学
1

博物館の理論と教育

浜田弘明

[総編集]

朝倉書店

編集者

浜田弘明　桜美林大学リベラルアーツ学群博物館学専攻教授

執筆者（執筆順）

浜田弘明　桜美林大学リベラルアーツ学群博物館学専攻教授
井上　敏　桃山学院大学経営学部経営学科准教授
井上由佳　文教大学国際学部国際観光学科専任講師
石渡尊子　桜美林大学健康福祉学群保育専修准教授
金子　淳　桜美林大学リベラルアーツ学群博物館学専攻准教授

（執筆時）

「シリーズ現代博物館学」の刊行にあたって

学芸員養成科目の歩みと博物館学

敗戦6年を経た1951（昭和26）年，我が国にもようやく博物館法が成立し，その4年後（55年）に学芸員資格要件等を定めた同法施行規則が公布された．それ以来，博物館学芸員養成のための科目として，日本の博物館学は展開してきた．当初実施されていた文部省「学芸員講習会」では，博物館概論・博物館資料収集保管法・博物館資料分類及び目録法・博物館資料展示法を各1単位として，博物館学4単位が構成されていた．学芸員資格取得のための博物館学は，この4単位と博物館実習3単位の時代が1996（平成8）年までの40年あまりの長きにわたり続いた．編者もその時代に，学芸員資格を取得した者の一人である．

96年の規則改訂の際には，博物館学の単位数が，博物館概論・博物館資料論各2単位，博物館経営論・博物館情報論各1単位の計6単位に引き上げとなった．その後，2008（平成20）年の博物館法改訂を契機に，施行規則も改めて大きく見直されることとなり，翌09年に博物館学は，博物館概論・博物館経営論・博物館資料論・博物館教育論・博物館資料保存論・博物館展示論・博物館情報メディア論各2単位を必修科目にすることとなり，大学で教える博物館学は実習を除き計14単位と大幅に増えた．3年間の猶予期間を経て，12年度からこの施行規則が施行され，大学における博物館学芸員養成のための科目は一新された．

本シリーズの位置づけと役割

本シリーズの刊行に至った背景には，編者が文部科学省の「学芸員の養成に関するワーキンググループ」（以下，WG）に関わった責任に負うところが大きい．2006年，文部科学省に「これからの博物館の在り方に関する検討協力者会議」が設置され，翌年から本WGが発足した．さらにそのWGの中に，主査の鷹野光行氏（お茶の水女子大学），佐々木秀彦氏（東京都美術館），小川義和氏（国立科学博物館）と編者（浜田弘明）の計4名によって作業部会が組織され，「大学における学芸員養成科目の改善」と題する博物館各論ガイドラインの作成に向けて，深夜に及ぶ討議を重ねた．その内容は09年2月『学芸員養成の充実方策』の中で公にされた．

合わせてWGでは，博物館実習についてもガイドラインの作成が進められ，編者も学内実習法の検討，歴史系博物館についての館園実習実施計画などに携わった．その内容は，文部科学省から09年4月『博物館実習ガイドライン』として示された．

新課程のスタートに伴い，数々の博物館学テキストが刊行されていることは周知の通りで，博物館学の発展にとって喜ばしい限りであるが，ガイドラインの内容が十分に浸透しているとはいいがたい印象をもつに至った．そこで，ガイドライン作成に携わった者の責務として，ここに自らがテキストを編集することとしたものである．

文部科学省の示す「大学における学芸員養成科目の改善」（ガイドライン）の内容に則し，

博物館各論7科目と博物館実習論に加え，日本における博物館論の展開，及び，博物館の関係法規に関する分析を加えた10の各論を3分冊にまとめた．1科目あたりを70ページ相当で構成し，半期2単位の講義に対応させた．

　従前の実践論中心の博物館学を打破し，理論と組み合わせた新世紀のための博物館学テキストとすることをめざした．したがって執筆陣についても，博物館現場での勤務経験があり，かつ大学において博物館学の講義を担当している若手や中堅の研究者を積極的に起用し，現場に即した理論博物館学の構築を企図したものである．

　また，各論ごとに取りまとめ担当者を決め，基本的に責任執筆することとした．ただし他に適任者がいる場合は，基本的に節単位で執筆担当者を決めた．テキストが，単なる原稿の寄せ集めとならないよう，各論執筆者は2～3名の範囲内に抑え，お互いに綿密な内容調整ができるよう配慮した．また，各論とも技術論に終始することなく，これまでの研究史・学説を整理したうえで，自分の立ち位置を踏まえて執筆し，かつ論ごとに理論的一貫性をもたせるよう配慮した．

　本シリーズが微力ながらも日本の博物館学の振興に役立ち，学芸員資格の取得を目指す学生のためのテキストとして役立ったならば，幸いである．

　2014年10月

編者　浜田弘明

目　　次

1　博物館概論 ―――――――――― 1

1.1　博物館の定義と機能………………[浜田弘明]…2
- 1.1.1　「博物館」とは何か…………………………2
  - a.「博物館」ということば……………………2
  - b. 博物館の定義と種類………………………3
- 1.1.2　博物館の構成要素と基本的機能…………5
- 1.1.3　学芸員の職務と資質………………………7
  - a. 学芸員とは何か……………………………7
  - b. 学芸員の日常………………………………8
- 1.1.4　今日の博物館………………………………9

1.2　博物館学の発展と方法……………[浜田弘明]…12
- 1.2.1　博物館学とは何か…………………………12
  - a. 日本の博物館学のあゆみ…………………12
  - b. 学芸員養成科目としての博物館学………13
  - c. 博物館学とは何か…………………………14
- 1.2.2　経験の学としての博物館学からの
  　　　脱却……………………………………14
  - a. 博物館学の研究・教育体制………………14
  - b. 博物館学と学芸員養成……………………15
- 1.2.3　近年の学芸員や博物館学に関する
  　　　各種論議………………………………16
  - a. 文部科学省の動向…………………………16
  - b. 日本学術会議の動向………………………18

1.3　博物館の歴史と現在―世界……[浜田弘明]…20
- 1.3.1　中世以前の博物館…………………………20
  - a. 人類はなぜ博物館を生んだか……………20
  - b. 博物館のはじまり…………………………20
  - c. 古代・中世の博物館………………………21
- 1.3.2　近世の博物館………………………………21
- 1.3.3　近代の博物館………………………………22
  - a. 17～18 世紀の博物館………………………22
  - b. 19～20 世紀初頭の博物館…………………23
  - c. 19 世紀アメリカの博物館…………………24
- 1.3.4　20 世紀の博物館……………………………24

1.4　博物館の歴史と現在―日本……[浜田弘明]…29
- 1.4.1　中世以前の博物館…………………………29
  - a. 日本における展示行為のはじまり………29
  - b. 宝庫・宝物館の時代
    ―飛鳥・奈良・平安時代………………29
  - c. 床の間博物館と絵馬堂の時代
    ―鎌倉・室町・安土・桃山時代………30
- 1.4.2　近世の博物館―江戸時代…………………30
  - a. 見世物と開帳の発達………………………30
  - b. 薬園と物産会の発達………………………31
- 1.4.3　近代の博物館―明治・大正・戦前期……31
  - a. 近代西欧博物館思想の移入………………31
  - b. 中央集権化と博物館………………………33
  - c. 戦争・娯楽と博物館………………………34
- 1.4.4　戦後の博物館………………………………36
  - a. 博物館の復興と博物館行政………………36
  - b.「博物館大国」へ―政治と博物館…………37
- 1.4.5　博物館の現状………………………………38
  - a. 博物館の分布と立地………………………38
  - b. 博物館「冬の時代」へ……………………39

1.5　博物館の関連法令…………………[井上　敏]…42
- 1.5.1　博物館の法制度の概観……………………42
- 1.5.2　博物館法の内容……………………………42
- 1.5.3　博物館法以外の法制度……………………43
  - a. 国立博物館・美術館………………………43
  - b. 博物館制度の問題点………………………44
- 1.5.4　文化財保護制度の概観……………………45
  - a. 文化財保護法の成立………………………45
  - b. 文化財保護法の構成………………………45
- 1.5.5　文化財保護制度の歴史……………………46
  - a.「文化財」という用語………………………46
  - b. 第二次世界大戦前の文化財保護…………46
  - c. 第二次世界大戦後の文化財保護…………47

1.6　博物館と学芸員の社会的役割
　　　―地域博物館を中心に………………[浜田弘明]…49
- 1.6.1　地域博物館の市民利用……………………49

1.6.2 地域博物館の展示と資料……………52
1.6.3 現代資料の可能性………………………53
1.6.4 市民に開かれた博物館…………………55
1.7 博物館の設置とその課題………[浜田弘明]…58
　1.7.1 「博物館法」に基づく博物館の設置……58
　1.7.2 「公立博物館の設置及び運営に関する
　　　　基準」の果たした役割…………………59
　　a. 変わりゆく設置基準………………………59
　　b. 「もの」（資料）の整備…………………60
　　c. 「ところ」（施設）の整備………………60
　　d. 「ひと」（館職員）の整備………………61
　1.7.3 博物館行政の矛盾と課題………………61
　　a. 縦割りの法による博物館行政の矛盾……61
　　b. 交錯する博物館の補助金・法体系………62
　1.7.4 指定管理者制度の導入と矛盾…………63
　1.7.5 社会教育機関としての地域博物館の
　　　　あり方………………………………………64
　　a. 公立博物館としての地域博物館とは
　　　　何か…………………………………………64
　　b. 博物館のコミュニケーション
　　　　—博物館活動の継続性……………………64
　　c. 博物館のコレクション
　　　　—公共財産としての資料…………………65
　　d. 博物館のマネジメント
　　　　—人事と博物館の経営……………………65

2 博物館教育論 ——————————67

2.1 博物館教育論の概観………………………68
　2.1.1 「博物館教育論」とは………[井上由佳]…68
　　a. 博物館教育の特徴…………………………69
　2.1.2 博物館教育論の成り立ち……[石渡尊子]…71
　　a. 博物館の定義・法令からみる博物館の
　　　　教育…………………………………………71
　　b. 学芸員の業務実態と博物館の教育機能の
　　　　再評価………………………………………73
　　c. 学芸員養成課程の改正と科目「博物館
　　　　教育論」の成立……………………………75
　　d. 博物館教育の評価…………………………76

2.2 博物館と人との関わり
　　　　—ゆりかごから墓場まで………[井上由佳]…78
　2.2.1 誕生から乳幼児期………………………78
　　a. 乳幼児に必要なミュージアム設備………78
　　b. 乳幼児向けプログラム……………………80
　2.2.2 児童期……………………………………80
　　a. 学校利用……………………………………81
　　b. 家族利用……………………………………82
　2.2.3 青年期—中学・高校・大学………………84
　2.2.4 成人期—社会人そして第二の家族………86
　2.2.5 シニア期—生涯学習，ボランティア……87
2.3 日本の学校教育と博物館………[石渡尊子]…89
　2.3.1 近代日本の学校教育と博物館…………89
　　a. 「実物」への注目…………………………89
　　b. 近代学校のはじまりと一斉授業の導入…89
　　c. 一斉授業への批判からの総合・合科
　　　　学習…………………………………………90
　　d. 身近な郷土を具体的に学ぶ郷土科の
　　　　導入…………………………………………91
　2.3.2 学力観から考える博物館の可能性……93
　　a. 学校教育の基準としての学習指導
　　　　要領…………………………………………93
　　b. 新しい学力観と博物館……………………93
　　c. 現行の学習指導要領と博物館への
　　　　期待…………………………………………96
2.4 博学連携の現状と今後の可能性
　　　　……………………………………[石渡尊子]…98
　2.4.1 生涯学習の理念と「博学連携」…………98
　2.4.2 博学連携の現状と課題…………………101
　　a. 博物館調査からみる博学連携の実施
　　　　状況…………………………………………101
　　b. 学校側からみた博学連携の課題…………104
　　c. 博学連携推進のための必要条件…………106
2.5 博物館の市民利用と学び………[井上由佳]…112
　2.5.1 生涯にわたる学びに向けて—博物館
　　　　教育の変遷と市民との関わり…………112
　2.5.2 地域との関わり—ボランティア・
　　　　市民学芸員・担い手の育成………………113
　　a. ボランティア・市民学芸員………………113
　　b. 担い手の育成………………………………115

2.6 博物館教育の将来性............[井上由佳]...119
  2.6.1 現状と課題............119
  2.6.2 今後の展望―博物館と市民の
    つながりを広げ深める............121
    a. 学芸員と博物館教育の関わり方の
      見直し............121
    b. 博物館を楽しめる市民を育てる............121
    c. 器を新たに作るのではなく，器を
      活かす............122

3 日本の博物館論の展開――125

3.1 西欧博物館の経験と博物館思想の醸成
    ....[金子 淳]...126
  3.1.1 博物館学に関わる研究史の視点と
    課題............126
    a. 博物館学の研究史をとらえる視点............126
    b. 博物館法・学芸員養成制度との関係......127
    c. 専門分化と時期区分............127
  3.1.2 西欧への渡航経験と「博物館思想」
    の醸成............128
    a. 福沢諭吉『西洋事情』とその受容........128
    b. 博物館創設の建議・建白書に
      みられる博物館思想............128
    c. 殖産興業への志向と佐野常民............129
    d. 美術工芸への傾倒............129
  3.1.3 欧米への留学経験と博物館への
    積極的紹介............130
    a. 坪井正五郎............130
    b. 黒板勝美............131
    c. 濱田耕作............131
    d. 欧米博物館活動の積極的紹介............132
3.2 棚橋源太郎と博物館事業促進会
    ....[金子 淳]...134
  3.2.1 棚橋源太郎の登場とその思想形成......134
    a. 理科教育と博物館の接点............134
    b. 留学経験と博物館への関心............135
    c. 通俗教育館での実践と2回目の留学......135
  3.2.2 博物館事業促進会の設立............136
    a. 一元的組織の成立............136
    b. 博物館学の基盤形成............137
    c. 運動団体としての博物館事業促進会......137
  3.2.3 『眼に訴へる教育機関』の刊行............137
    a. 記念碑的著作............137
    b. 羅列的，網羅的............138
    c. 博物館の範囲............138
    d. 欧米への視線............139
  3.2.4 棚橋源太郎と藤山一雄............139
    a. 『新博物館態勢』............139
    b. 棚橋源太郎との差異............140
    c. 満洲国国立中央博物館の活動............140
  3.2.5 博物館事業促進会から日本博物館
    協会へ............140
3.3 博物館法の制定と博物館学の制度化
    ....[金子 淳]...142
  3.3.1 「新しい博物館」の理論化............142
    a. 木場一夫『新しい博物館』............142
    b. 棚橋源太郎『博物館学綱要』............143
  3.3.2 博物館法の制定と学芸員講習会............143
  3.3.3 日本博物館協会による『博物館学
    入門』の刊行............145
  3.3.4 博物館学の"隆盛"............146
    a. 富士川金二『博物館学』............146
    b. 博物館学の模索............146
    c. 『博物館学講座』と『博物館概論』......147
  3.3.5 博物館学の定義と体系化をめぐる
    議論............148
    a. 博物館学の定義............148
    b. 博物館学の構成と体系............149
    c. 博物館の機能............151
  3.3.6 機能主義博物館論批判............152
3.4 博物館学における郷土と地域
    ....[金子 淳]...155
  3.4.1 棚橋源太郎の郷土博物館論............155
    a. 学校教育における郷土............155
    b. 郷土教育運動と師範学校における
      郷土室............155
    c. 棚橋源太郎による郷土室への見解......156
    d. 『郷土博物館』の刊行............156
  3.4.2 博物館地域社会論............157
    a. 加藤有次............157
    b. 倉田公裕............158

c. 後藤和民	158
3.4.3 伊藤寿朗の地域博物館論	159
a. 博物館地域社会論から地域博物館論へ	159
b. 基礎作業としての第三世代の博物館像	159
c. 地域博物館論	160
d. 地域博物館論の研究史的位置づけ	161
3.5 多様化する博物館研究……［金子　淳］	162
3.5.1 博物館学から博物館研究へ	162
3.5.2 マネージメントへの関心と体系化の夢	162
3.5.3 来館者研究・コミュニケーション・構成主義	165
3.5.4 文化の表象・博物館の政治性	165
3.5.5 博物館史の細分化と多様化	166

付　博物館関連法令　　169

付.1　博物館法　　169
付.2　博物館法施行令　　172
付.3　博物館法施行規則　　172
付.4　博物館の設置及び運営上の望ましい基準　　176
付.5　［参考］公立博物館の設置及び運営に関する基準（昭和48年基準）　　178
付.6　［参考］公立博物館の設置及び運営に関する基準の告示について　　180

索　引　　183

1
博物館概論

1.1 博物館の定義と機能

1.1.1 「博物館」とは何か

a. 「博物館」ということば

博物館学の最初の授業で,「生まれてから博物館に行ったことのない人」と質問すると,「博物館学芸員」(博物館で働く専門的職員)資格を目指そうとする学生にもかかわらず,毎年,かなりの数の学生の手が挙がる.しかし,その多くは誤認識で,実は博物館に何度も行っていたという学生がかなりいる(浜田,2012).一般的にもいえることであるが,美術館が博物館であると気付いている人は多くとも,科学館や動物園・水族館までもが博物館であることを知る人は少なく,レジャー施設であると思っている人が意外と多い.日本には,1951(昭和26)年に博物館法という法律が制定されていて,細かな問題はたくさんあるが,生き物を扱う動物園や水族館なども博物館とされているのである.

また,博物館学を教える立場として,筆者は毎年,学生に博物館へのイメージに関するアンケートをとっている.それをみると,学芸員資格を取得しようとしている学生でさえも,博物館のイメージとしてよく挙げるのが「暗い・静か・堅苦しい・難しい」などであり,資料も「土器・石器・化石・恐竜の骨」などといったものが多い.一方,科学館や動物園・水族館も博物館であるということを知る学生は,「明るい・楽しい・きれい・発見がある」とそのイメージも変わってくる(浜田,2012).どちらも日本の博物館をとりまく現実である.

さて,国語辞典の代名詞ともされる『広辞苑』(岩波書店)で「博物館」ということばを引いてみると,「古今・東西にわたって考古学資料・美術品・歴史的遺物その他の学術的資料を広く蒐集・保管し,これを組織的に陳列して公衆の利用に展覧する施設.また,その蒐集品などの調査・研究を行う機関」と説明されている.この辞典では,古い時代の記述が現在も生きていて,これから想像される博物館は,郷土博物館あるいは東京国立博物館であろうか.この説明自体は決して誤ったものではないが,博物館が古色蒼然とした場所であるというイメージを醸し出していることは否定できない.具体的にみると「考古学資料・美術品・歴史的遺物」が具体的資料として挙げられ,「蒐集」「陳列」「公衆の利用に展覧する」といった,現在の博物館や博物館学の世界では,ほとんど用いることのない古い用語が並んだ説明となっている.日本人の博物館に対するイメージは,こんなところにも象徴されているのかもしれない.

そもそも,「博物館」ということばが誕生するのは幕末期のことで,日本語として成立するのは明治以降のことである.つまり江戸時代までは,我が国には「博物館」という概念自体が存在しなかったのである.このことばは,幕末期に幕府(蕃書調所)の欧米派遣使節団の文書に仮訳語として登場する外国語の訳で,ほかにも当時の訳語には,「百物館,博物所,究理ノ館」などという表現もみられる.同様に,今日の美術館は「芸術館」,動物園は「鳥畜園」などの訳語もあった(東京国立博物館,1973).「博物館」が博物館として日本語に定着するのは,福沢諭吉の『西洋事情』(1866～70)がベストセラーになったことが契機で,この本により,美術館,動物園,植物園などの言葉とともに全国へ広まった(樋口・椎名,1981).

日本で最初に設置された博物館は,現在の東京国立博物館である(図1.1.1).文部省博物局が,1872(明治5)年に東京の湯島聖堂大成殿で開催した,日本最初の博覧会を出発点としている.この博覧会は当初,同年3月10日から20日間の会期で開催される予定であったが,好評を博し4月末まで延長された.その後も,常設化の声が高まり,陳列品の一部をウィーン万国博覧会に送った後に,残った資料を月に6回1と6のつく日に公開する

図 1.1.1 東京国立博物館

ようになったものである（棚橋，1950）．なお，現在地の上野には1882年に移転し，その際に，現在の上野動物園の前身が付属施設として設置されている．

「博物館」は，英語ではミュージアム（museum）であるが，これはギリシャ語のムセイオン（μουσειον）をもとに，ラテン語のムーセウム（museum）が原典となったもので，フランス語でミュゼー（musée），ドイツ語でムゼウム（Museum），スペイン語はでムゼオ（museo）などと表現される．ムセイオンとは，紀元前4世紀に，現在のエジプトのアレクサンドリアに誕生した学術総合施設の名で，芸術や文化の神・ミューズの殿堂という意味を持っている．

b. 博物館の定義と種類

今日，博物館は，第二次世界大戦後の1946（昭和21）年に創設された，国際的な非政府機関である国際博物館会議（International Council of Museum）によって，国際的に定義付けがされている．通称ICOM（アイコム）と呼ばれ，135の国と地域にわたる約33,000人の博物館専門家によって組織されている（2013年現在）．ICOMが2007年に改訂した規約の第3条では，「博物館とは，社会とその発展に貢献するため，有形，無形の人類の遺産とその環境を，研究，教育，楽しみを目的として収集，保存，調査研究，普及，展示をおこなう公衆に開かれた非営利の常設機関である」（ICOM日本委員会訳）と定義している．

我が国では，社会教育法に基づき1951年に公布された博物館法第2条において，「歴史，芸術，民俗，産業，自然科学等に関する資料を収集し，保管（育成を含む）し，展示して教育的配慮の下に一般公衆の利用に供し，その教養，調査研究，レクリエーション等に資するために必要な事業を行い，あわせてこれらの資料に関する調査研究をすることを目的とする機関」と定義されている．さらに，このうち地方公共団体（都道府県・市町村など），一般財団・社団法人，宗教法人，日本赤十字社・NHKが設置し，かつ登録を受けたもののみが対象とされており，かなり限定的である．つまり，国立博物館は法律上，博物館ではないのである．

また，国内にはさまざまな博物館があり，その名称も博物館・ミュージアム以外に，資料・郷土館・歴史館・宝物館・記念館・展示館・保存・参考館など歴史系のもの，美術館・彫塑館・絵画館・民芸館・工芸館など美術系のもの，文学館・文庫・文書館など文学・文書系のもの，科学館・技術館・科学センター・プラネタリウムなど科学系のもの，動物園・植物園・動植物園・水族館・野鳥園・昆虫館・標本館・サファリパークなど生物系のもの，民家園・文化園・鉄道公園など野外系のものと，実に多様である．

博物館の分類にはさまざまな方法がある．文部科学省では，3年に1度実施する「社会教育調査」において，総合博物館・科学博物館・歴史博物館・美術博物館・野外博物館・動物園・植物園・動植物園・水族館（図1.1.2～1.1.7）の9つに分類して統計をとっている．みてわかる通り，この分類では美術館は「美術博物館」，科学館も「科学博物館」とされている．博物館法の上では，教育委員会が所管し学芸員を配置することや，年間150日以上開館することなどを条件とした登録博物館，同様に年間100日以上開館することなどを条件とした博物館相当施設に分けられる．そのほかに，法的規制を全く受けない（法律対象外の）博物館類似施設もある．また設置者別では，法律上は公立博物館（都道府県立・市町村立など）と私立博物館（公益法人立・宗教法人立など）のみが対象であるが，現実に

図 1.1.2　総合博物館

図 1.1.5　動物園

図 1.1.3　科学博物館

図 1.1.6　植物園

図 1.1.4　美術館

図 1.1.7　水族館

はこれに国立博物館が加わり3分類される.

　日本の博物館行政をわかりにくくしているのは,国立博物館は博物館法の範疇外の施設であるということである.つまり,国民が紛れもなく「博物館」と思っている国立博物館は,実は登録博物館にはなれないのである.国立館は現在,各独立行政法人法により運営されているが,東京・京都・奈良・九州にある4つの国立博物館と,西洋・近代(東京・京都)・国際・新の5つの国立美術館はいずれも,文化庁所管の文化財保存施設となっていて,社会教育機関としての公立博物館・私立博物館とは立場を異にしている.唯一,国立で社会教育機関として設

表 1.1.1 利用・立地形態による博物館の類型

	立地の性格	資料の性格	利用者の性格	活動の中心
中央型博物館	大都市部	広域的	広域的	調査研究
観光型博物館	観光地	広域的／地域的	広域的	展 示
地域型博物館	市町村内	地域的	地域的	教育普及

置されているものに国立科学博物館があるが，これも国立であるがゆえに登録博物館とはなれないのである．また，国立民族学博物館（大阪府）や国立歴史民俗博物館（千葉県）のように，大学共同利用機関として設置されているものもある．

このほか，利用・立地形態による博物館の分類もある（表1.1.1）．主に大都市部に立地し，資料収集や利用者の対象が広範囲にわたる中央型博物館，主に観光地に立地し，展示を主としている観光型博物館，主に各市町村に立地し，資料収集も利用者も地域を対象とした地域志向型博物館がある（伊藤，1993による）．

1.1.2 博物館の構成要素と基本的機能

博物館が博物館であるためには，基本的構成要素と基本的機能が必要とされる（鶴田，1956）．基本的要素は3つあり，その第一は「もの」つまり博物館資料であり，第二は「ところ」つまり土地・建物・設備等の博物館施設，そして第三は，博物館を運営する学芸員を主とする博物館職員とその利用者である「ひと」である．「もの」がなければ博物館とはいえないし，「ところ」がなくして博物館は成り立たない，また「ひと」がいなくては博物館は機能しない．つまり博物館とは，博物館資料という「もの」を媒介とし，それを置く博物館施設「ところ」を利用して，博物館職員（学芸員）が利用者である「ひと」に働きかける場であるといえ，「もの」と「ひと」とを結び付ける「ところ」なのである（図1.1.8）．

基本的機能としては，資料収集・整理保管・調査研究・教育普及の4つがある．収集・保管に関し

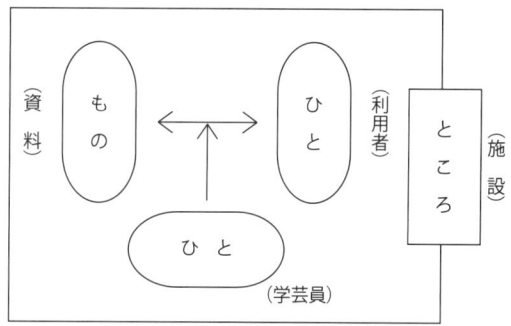

図 1.1.8 博物館の基本的構成要素

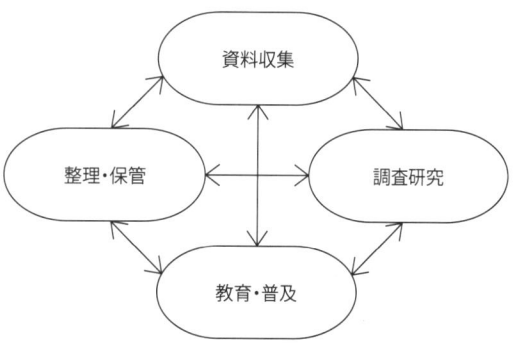

図 1.1.9 博物館の基本的機能

ては，資料収集の一連の流れであることから，これをまとめて1つの機能とし，収集保管・調査研究・公開教育3つの機能とする立場もある（伊藤，1993）が，現場経験を踏まえると「もの」を選定・検討して収集するという行為と，それを整理・分類して保管する行為とはやはり違うものと考える（図1.1.9）．

「資料収集」は，「もの」を集めることであるが，限りある収蔵スペースや学術的価値などが考慮されるため，単に古いから，珍しいからというだけで収集されることはほとんどない．博物館は骨董品収集をしているわけではなく，対象となる物（「素資料」という）の調査研究を行い，それによって得た「情報（データ）」を踏まえて収集している．それゆえに，資料の収集をするうえで，調査研究は欠かすことができない．国宝や重要文化財など狭義の文化財にとどまらず，時には日常的な生活道具類も収集対象とすることがあり，博物館資料の概念は広範にわたる．その収集方法にはさまざまあるが，人文系の

資料で最も多いのは，市民からもらい受ける「寄贈」である．また5年，10年という長期間にわって資料を預かる「寄託」や，特別展のときなどに短期間だけ借り受ける「借用」によることも少なくない．美術品などは「購入」する場合もあるが，近年は予算の削減に伴い，収集予算の確保は厳しい状況にある．土器・石器などの考古資料や，地質資料の化石の多くは「発掘」することによって収集される．また，昆虫や植物など生物資料の場合は，「採集」が中心となる．そのほか予算が必要となるが，展示資料として模型や複製品などを「製作」することもある．時には，博物館同士で資料を「交換」する場合もある．つまり収集方法は，寄贈・寄託・借用・購入・発掘・採集・製作・交換の8種類となる．

「整理・保管」は，集めた資料を後世に残すことであるが，分類や修復・復元といった作業も伴う．博物館が資料を収蔵する場合，汚れているものはまず清掃・洗浄を行い，害虫やカビの害が心配される場合は，消毒・殺菌（くん蒸）も行われる．資料は，写真撮影や計測作業などを行って記録化し，収集の際に集めた情報などと合わせて，「資料カード」（図1.1.10）などに記載する．さらに，公共財産として「資料台帳」等へ記載する手続き等を経て，資料は博物館に登録される．その後，図書館の本と同様に，資料はそれぞれ分類されたうえで，図書館の書庫に当たる「収蔵庫」で保管される．さらに資料を

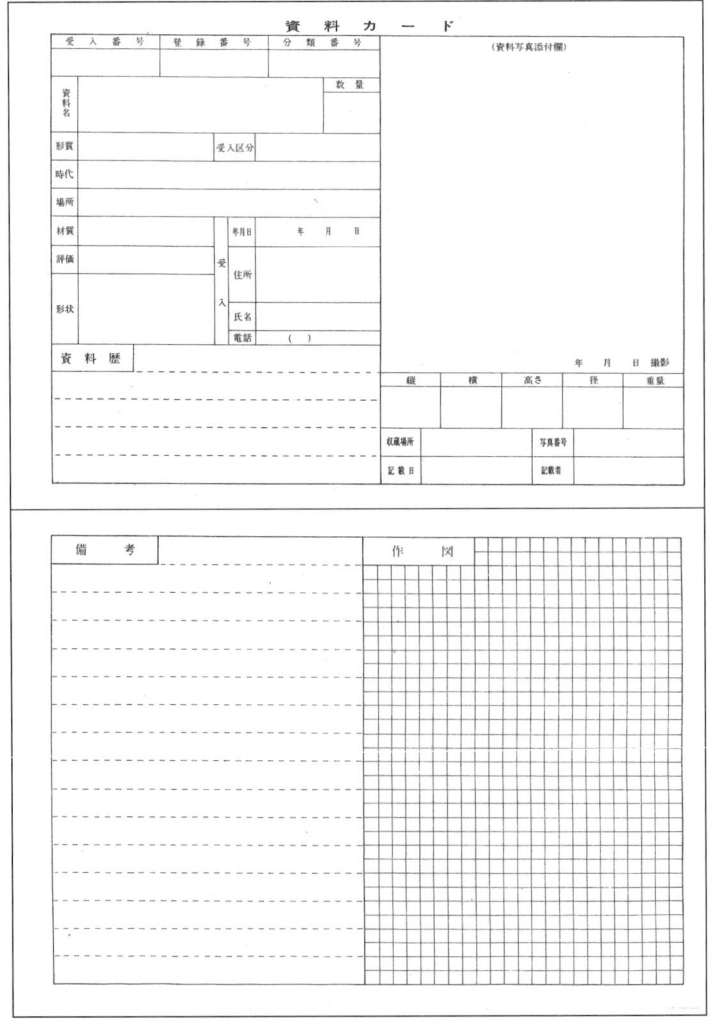

図 1.1.10　資料カードの一例

半永久的に保存するためには，収蔵庫で一定の空調管理を24時間，365日行うことが必要で，日本の文化財の場合は，20℃・60％前後の温湿度が良いとされる．

「調査・研究」は，資料を調べることが中心となるが，対象や内容は必ずしも専門領域に止まるものではない．一般に学芸員の仕事，ことに調査・研究に関しては，好きな研究をして給料がもらえてうらやましいとか，楽な仕事でいいといった誤解があるかもしれないが，そのようなことはまずない．研究も趣味でするのとは違い，仕事として行う以上，さまざまな限界や困難があり，時には専門外のことについても取り組まなければならない．内容は，考古学，古文書学，民俗学など自分の専門領域の「学術的調査・研究」ももちろん行うが，「もの」を扱う博物館ならではの資料保存や修復方法などに関する「保存科学的調査・研究」，さらには当然のことながら展示や解説方法，利用者研究などに関する「博物館学的調査・研究」も取り組まなければならない課題である．このような観点からとらえると，学芸員は研究者であることはもとより，資料に関する技術者であり，教育者でもあるということがいえる．

「教育・普及」は，資料を公開することが主になるが，直接的には展示によって行われる．学芸員の日常業務で大きな位置を占めるのは，いつ行っても見ることのできる常設展示よりも，むしろ短期間に年数回開催される特別展示や企画展示に関する仕事である．開催のための企画や予算の立案から，展示資料の調査・借用交渉・資料運搬・展示作業に至るまで，作業は広範にわたる．このほか，狭義の教育活動としての展示解説・講座・講演会・野外観察会・見学会・体験発掘の実施など，日常的教育活動は館内外の広範囲にわたる．また，博物館実習生の受入れをはじめ，小中学校への出前授業（博学連携事業），公民館や図書館での出前講座など，学校教育や他の社会教育機関との連携も重要である．近年，展示解説や市民調査にボランティアとして参画する市民も増えているが，そうしたボランティア活動の支援や協力なども学芸員の仕事の一つである．普及活動に関しては，研究相談・レファレンスや資料の貸出・閲覧業務，図書・資料の公開など情報サービス，さらには，博物館ニュースやホームページの作成なども手掛ける．また，年報・紀要・報告書・目録・図録などの執筆・編集・校正に至る一連の出版活動や，ポスター・チラシの作成やマスコミへの情報提供・取材協力など広報活動にも関わる．

1.1.3　学芸員の職務と資質

a．学芸員とは何か

博物館法第4条第3項の規定により，博物館には専門的職員として学芸員が置かれている．その職務は，同条第4項において，「学芸員は，博物館資料の収集，保管，展示及び調査研究その他これと関連する事業についての専門的事項をつかさどる」とされている．つまり，博物館の業務全般を担当するのが，学芸員の仕事ということになる．

2011（平成23）年現在（文部科学省「社会教育調査」），全国に非常勤職員を含め，8,254人の学芸員が博物館で働いている．しかし学芸員と一口にいっても，地方公共団体によって職の位置付けはさまざまである．生涯にわたって学芸員として働くには，専門職として学芸員採用されることが最も望ましく，各都道府県や市町村において毎年，学芸員採用試験が実施されている．採用後は，学芸員職や研究職あるいは技術職と位置付けられるところが多いが，県立クラスの大きな博物館においては，学芸員資格を持たないものの修士号や博士号を有する研究員や，文化財技師などの学芸専門職もいる．

動物園の場合は，獣医学を学んで獣医師の資格を有していること，水族館では水産学の専攻者，植物園では農学の専攻者が優遇される．また，飼育員やトレーナーについては，専門学科の専攻以外の者でも従事が可能であるが，動物専門学校で動物を扱う専門知識を身に着けておくと優遇される．

地方の市町村では，学芸員を専門職として採用することは少なく，一般行政職採用試験の合格者の中から，学芸員有資格者を博物館や資料館に配属するケースも少なくない．そのため，地方博物館の学芸員を目指す場合は，地方上級一般行政職採用試験に臨む必要がある．また，イレギュラーな採用形態ではあるが，近年は教育職の学芸職員も多く，小・中

学校や高校の教員が異動により、博物館で指導主事等として博学連携業務に携わるケースも増えている。

このほか、私立の博物館や科学館を中心に、教育業務や展示案内担当の専任職員として、インタープリター、コミュニケーター、アテンダント、ミュージアム・ティーチャーなどが配置されており、学芸員有資格者が優遇されている。

学芸員として正規に採用されると、定年まで学芸員として勤務することとなるが、公務員の場合、キャリアアップが必要となることから、学芸員補（高卒以上）→学芸員（大卒以上）→主任学芸員（学芸係長）→専門学芸員（学芸課長）→総括学芸員（学芸部長）→副館長→館長という具合に、独自の職名が付与される場合が多い。公務員としての学芸員の主な職場は、博物館や資料館に限らず、異動によって隣接する業務に携わるケースもある。例えば、教育委員会事務局において埋蔵文化財行政や文化・芸術行政に従事したり、埋蔵文化財センターで埋蔵文化財の調査（発掘）や整理に従事したり、首長部局で県史や市史編さん事業に従事したり、公文書館において歴史的公文書の収集・整理・公開業務に従事したりすることもある。

さて、実際に学芸員として従事する場合、博物館・美術館で求められる素養が大きく分けて3つある。1点目が研究者としての学芸員資質であり、地域や専門分野についての専門知識や論文作成能力等が要求される。2点目は、技術者としての学芸員資質であり、資料取扱や保存、展示に関する実務についての技術が要求される。3点目は教育者としての学芸員資質であり、講座を自らが担当する能力や、展示解説や研究相談業務についての技量が問われる。さらに公務員として、また社会人として問われる資質もある。公務員としての学芸員という点では、地方公務員法・文化財保護法・著作権法などの法律を知り順守しなければならない。専門家としての学芸員という点では、資料取扱技術や調査技術、教育技術などの技術の習熟が求められる。さらに、学芸員は人格者であることが求められるケースがあり、対人関係や社会的習慣などに配慮できるように人間性や社会性を向上させることも求められる。

b. 学芸員の日常

すでに述べたように、学芸員は資料収集、整理・保管、調査・研究、教育・普及に加え、一般事務の仕事を日常的にこなしている。

資料を集める仕事については、分野によって異なるが、考古資料の土器・石器などは野外での発掘作業によって収集される。歴史・民俗資料となる民具・農具・古文書などについては、旧家から寄贈（図1.1.11）を受けたり、寄贈が難しい場合は寄託や借用のための交渉を行う。美術資料については、美術商からの購入するための予算立てを行ったり、コレクターからの寄贈や寄託、借用の交渉にも当たる。動植物標本については、野外での採集によって収集され、場合によっては事務手続きとして採集許可を得ることが必要な場合がある。地質標本は、野外での岩石採集や化石の発掘などによって収集される。

資料を整理する仕事についても、分野によって異なるが、土器・石器・民具・農具は洗って陰干しする。昆虫・蝶・草本類は、乾燥させて標本化し、魚類・爬虫類はアルコール漬けにして標本化する。必要に応じて殺菌・殺虫のくん蒸を行い、修復や復元作業も行う。その後、資料カードに必要な情報を記入し、それをもとにデータベース化を図るとともに、資料写真の撮影なども行う。

図1.1.11　資料収集

調査・研究においては，文献や地図を調べる仕事として，専門書・論文・地図類を集めて読んだりするが，絶版のものは国会図書館や専門図書館へ行ってコピー収集したり，古文書・古文献・古地図など古い資料は解読を行ったりする．また聞き取りや記録の仕事もあり，古老からの昔話などを聞き取ったり，民家の間取りなどを図面化することもある．聞き取りから，道具（有形文化財）の使い方やつくり方の記録をしたり，映像により芝居や芸能（無形文化財）の舞いや振りを記録することもある．聞き取った内容は，記録カード化して保存し，映像や音響化した資料は編集して保存する．さらには，展示解説文や図録，調査報告書・研究報告作成のための原稿を書く仕事とともに，出版のための図版作成，編集，校正作業なども行う．

教育や普及の仕事においては，特別展などの展示計画の検討から，資料の収集・列品に至るまでの作業，さらには展示ケースの清掃や照明の調整などもこなす．また展示の解説や，講座・講演会・見学会での講師，学校や公民館への出前授業（図 1.1.12）など人に話す仕事も多い．

さらには事務的仕事も多く，展示・教育事業など企画書の作成から，予算案の作成，委託業者の選定や契約事務にまで，その業務は及ぶ．また展示や事業の広報活動，ホームページの運営などにも携わる．非常に幅広いが，これが学芸員が携わる具体的日常業務である．

図 1.1.12　出前授業

1.1.4　今日の博物館

今日の博物館は，その社会的存在意義や位置付けとして，およそ次の4つを挙げることができる．その1つは，文化・教養施設としての意義・位置付けで，いまだに文化や政策の政治的シンボルとして博物館・美術館が建設されることが少なくない．2つ目は，レジャー・娯楽施設としての意義・位置付けで，科学館・動物園・水族館などはその代表格といえ，参加・体験の場として重要な役割を果たしているが，行き過ぎるとテーマパークと化してしまう懸念がある．3つ目は，生涯学習・社会教育施設としての意義・位置付けで，博物館はことに，生涯にわたる学習やボランティア活動の場として注目されている．4つ目は，地域活性化や観光振興策としての意義・位置付けで，都心・地方を問わず，まちづくりや村おこしの拠点として博物館を位置付けたり，新たな博物館づくりを進めたりしている．

このような流れの中で，博物館はただ資料を保存し，非日常を求めて展示を観覧するだけの場ではなく，市民生活に必要な場として浸透しつつある．その大きな契機となったのが，「地域博物館」の台頭である．旧来の博物館は，展示を中心に据えて，城下町や古都であるとか，国宝を有しているような町に設置されてきたが，1976（昭和51）年に開館した平塚市博物館（図 1.1.13）は，そうではない町における博物館づくりのさきがけとなった．

平塚市域の一部は，東海道の宿場町ではあったが，第二次大戦中に空襲被害に遭い，多くの文化財や歴史的遺産を焼失した．七夕で知られる町であるが，これは戦後の復興事業として始められたものである．国宝を持つわけでもない，そのような町に当時，博物館をつくることは，困難を極めたことが想像される．当時，博物館準備室では，従来型の展示中心の博物館ではなく，市民とともに活動する教育や普及活動を重視した博物館づくりを提案し，かつ行政区域にとらわれない「相模川流域の自然と文化」をメインテーマとして定め，博物館活動をしようという方針を打ち出したのである．こうした提案ができたのも，準備段階から，学芸員を配置したか

図1.1.13　平塚市博物館

図1.1.14　市民向けの博物館講座

らこそのことである．今日においても，準備室を設置し，そこに学芸員を配置することは容易ではないが，平塚市では40年以上も前に，それを実現したのである．

　開館後は，市民向けの講座や学習会（図1.1.14）が盛んに開催され，その受講生OBらが中心となって，博物館を拠点としたさまざまな研究会が結成されるとともに，市民自らの参加による資料収集や調査活動，資料整理が進められ，まさに市民のための博物館活動を実現したのである．その活動成果は，特別展や企画展にとどまらず，何度かに及ぶ常設展示の改修に当たっても大きく反映されている．こうして，博物館は市民の生涯にわたってのボランティア活動の場，生きがいとしての学習活動の場として注目され始めたのである．市民の市民による市民のための博物館，それが「地域博物館」といえるのかもしれない．このような形が，博物館における市民ボランティア活動の望ましい姿と考えるが，近年は，ただで働いてもらえる労働力として，あるいは博物館の義務としてボランティアの受け入れをシステム化する博物館も少なくなく，当初の趣意とは異なるものも散見される．

　また，従来の学校教育の中では，博物館は遠足や修学旅行の見学先の一つでしかないことが多く，必ずしも授業と一体化された利用形態ではなかった．しかし，学習指導要領の改訂に伴い，1990年代後半からは，社会科や理科学習を中心に，学校の教科による博物館利用も盛んになってきた．さらに，2002（平成14）年から「総合的な学習」が導入されると，地域学習の場として，博物館は一躍注目を浴びるようになり，博物館の教育的役割はいっそう強くなっているといえる．今日では，博物館と学校教育とが連携して，授業のサポートなどを行う「博学連携」が盛んになっており，博物館（学芸員）は，児童・生徒を受け入れるばかりではなく，学校への「出前授業」なども行い，博物館の理解者と未来の博物館利用者の開拓にも力を入れている．

　そのほか，博物館の新しい活用法として，展示や資料の医学的・福祉的利用の検討も進んでいる．近年，1960年代ブームもあって，その時代の資料の収集や，当時を回顧する特別展示の機会や常設展示も増えてきている．ことに話題になっているのが，認知症患者への昭和時代の展示や生活資料の活用である．回想法とか回想療法と呼ばれるこの手法は，お年寄りに対し，若かりし頃の記憶を呼び起こすのに有効的な方法といわれ，こうした展示や資料収集は，福祉施設などにも広がっている（トータルメディア開発研究所，2001）．

　さらには，博物館の概念自体も変わりつつあり，建物だけが博物館というわけではなく，地域の文化遺産や自然遺産全体を博物館的に保護し，活用しようとする地域も増えている．これは，フランスで1960年代に始まった「エコ・ミュージアム」という考え方の新しい博物館の延長と位置付けられる．我が国では1980年代後半から実現化が始まり，「生活・環境博物館」（新井，1989）と訳されるが，

地域丸ごと博物館・屋根のない博物館・青空博物館などとも呼ばれている．博物館を建設しようとすると初期投資は大きなものとなるが，エコ・ミュージアムでは拠点施設は必要なものの，博物館建設ほど大規模な予算を必要としないこと，エリアが広範囲にわたるため，地域生活や地域経済への波及効果が大きいことなどを理由にブームとなっている（浜田，1993）．

　博物館は，その概念が変質しつつあるとともに，資料や展示も，さらなる新たな価値の発見の時代へと展開しているのである． 　　　　　[浜田弘明]

参考文献

新井重三（1989）「野外博物館総論」『博物館学雑誌』14巻1・2号合併号

伊藤寿朗（1993）『市民のなかの博物館』吉川弘文館

棚橋源太郎（1950）『博物館学綱要』理想社

鶴田総一郎（1956）「博物館学総論」日本博物館協会『博物館学入門』理想社

東京国立博物館（1973）『東京国立博物館百年史　資料編』第一法規

トータルメディア開発研究所（2001）『痴呆の人の体験世界とケアのあり方に関する調査研究』高齢者痴呆介護研究・研修東京センター

浜田弘明（1993）「現代の博物館を読み解く～博物館における『環境』へのアプローチ」相模原市教育委員会博物館建設事務所『研究報告』第2集

浜田弘明（2012）『博物館の新潮流と学芸員』御茶の水書房

樋口秀雄・椎名仙卓（1981）「日本の博物館史」樋口秀雄編『博物館学講座2　日本と世界の博物館史』雄山閣

 1.2 博物館学の発展と方法

1.2.1 博物館学とは何か

a. 日本の博物館学のあゆみ

博物館学は古くて新しい学問である．先に述べたように，我が国に「博物館」ということばが誕生しておよそ150年，1872（明治5）年に東京国立博物館の前身となる「博物館」が東京・湯島に誕生して140年あまりが経つ．しかし，「学」として博物館を本格的に研究するようになったのは，その後100年近くを経てからのことである．

その間の1928（昭和3）年に，現在の日本博物館協会の前身となる博物館事業促進会が発足し，専門雑誌『博物館研究』が創刊され，日本にも博物館研究の兆しがようやく現れた．その2年後の30年には，東京教育博物館（現国立科学博物館）の館長などを務めた棚橋源太郎（以下，棚橋）が，『眼に訴へる教育機関』（寶文館）という本（旧字のため「え」が「へ」となっている）を著し，博物館学の基礎がようやく形作られることとなる．「眼に訴える教育機関」とは，まさに博物館を指すものであり，内容も専門書的なものであったが，当時「博物館学」ということばは，まだ用いられることはなかった．

博物館学を冠した専門書が登場するのは，第二次大戦後の1950（昭和25）年のことで，先の棚橋が著した『博物館学綱要』（理想社）である．博物館法公布前年のことであった．翌51年12月に博物館法が施行され，博物館に「専門的職員として学芸員を置く」（第4条第3項）こととなり，大学でこの国家資格を養成する制度が確立し，大学での博物館学教育が始まった．しかし当時，テキストとすべき専門書は，棚橋のものが唯一であったことなどから，日本博物館協会では，学芸員養成のための博物館学テキストの制作に取り掛かった．

博物館法が公布されて4年余りを経た1956（昭和31）年1月，本格的な学芸員養成テキストとして，日本博物館協会から『博物館学入門』が刊行された．そのテキストの半分を占める「博物館学総論」を著したのは，当時，国立自然教育園（現国立科学博物館附属自然教育園）の次長を勤めていた鶴田総一郎（以下，鶴田）である．この中で鶴田は，博物館の基本的構成要素を「もの・ひと・ところ（ば）」（図1.1.8参照）とし，基本的機能を「資料収集・整理保管・調査研究・教育普及」の4つとした（図1.1.9参照）．この考え方は，今日もなお日本の博物館学の基礎となっているものである．鶴田はその後，国立科学博物館事業部長となったが，早期に退職し法政大学で博物館学の初代専任教授を務め，後進の指導に当たった．筆者もその教え子の一人で，このテキストに沿った内容で博物館学を学んだ．

博物館学の専門書が次々と刊行されるようになったのは，1970年代になってからであった．この時期，70年に博物館問題研究会（通称，博問研）が発足し，全日本博物館学会（以下，博物館学会）も，73年にようやく発足するに至った．我が国に博物館ということばが誕生して，100年以上を経てからのことであった．博物館そのものの歴史は古いものの，学会が誕生してまだ40年あまりの博物館学自体は，新しい学問といえよう．また今日においても，博物館学会の会員数は約500名と，他の学会に比較すると小規模な学会であり，博物館学の社会的認知度はいまだ低いといわざるをえない．

その一方で今日，全国で学芸員を養成する大学は，2008（平成20）年度の文部科学省の調査によれば320を超え，学芸員資格取得者も年間1万人を越える．一方で，実際に博物館に就職する（できる）有資格者は，1％にも満たないという現実もある．さらに学芸員課程を有する多くの大学では，考古学や美術を専門とする教員が兼任の形で博物館学教育に携わっているのが現状となっている．現在もなお，純粋な博物館学研究者の絶対数は少なく，学

芸員養成教育はしていても博物館学研究ができる大学はほとんどないのが現実である．

このことは，近年まで文部科学省科学研究費（以下，科研費）の専門領域に，「博物館学」という科目が存在しなかったということからも理解できる．博物館学会等の働きかけがようやく実り，2007（平成19）年度から時限付きながら，科研費の分科細目に「博物館学」が置かれることとなり，さらに2011年度から，ようやく正式な科学研究領域に位置付けられた．その分野は，文化財科学とともに「総合領域」に分類されている．棚橋の『博物館学綱要』が刊行されて61年，鶴田の「博物館学総論」（『博物館学入門』所収）刊行から55年を経て，ようやく正式な科学研究領域として認められることとなったのである．しかしながら，博物館学研究の応募はいまだに決して多いとはいえず，2013年から博物館学は文化財科学と統合された形で科学研究領域に位置付けられている．

b． 学芸員養成科目としての博物館学

学芸員資格を取得するうえで長い間，教育原理・社会教育概論・視聴覚教育とともに，博物館学は必修科目とされてきた．これら科目群の並びからわかるように，博物館学は教育学の一翼を成していることが理解される．これはいうまでもなく，我が国において博物館は，図書館・公民館とともに社会教育施設であり，博物館法の上位法令が社会教育法であり，教育基本法であるからにほかならない．

しかしながら実際のところ，学芸員として職を得るためには，教育学的知識や博物館学に関する知識よりも，個別の資料に関する専門性がより重視され，人文系であれば考古学や歴史学・民俗学・美術史，自然系であれば地質学や動物学・植物学・天文学などの博士や修士号を持つ専攻者が優位を占めるという現状にある．このため，ややもすると博物館学を学んでいない学芸員無資格者が，博物館の専門職として研究員等の肩書きで採用され，勤務するという形態が散見されるのも事実である．こうした現実は，診療科目については学んだものの，医師免許を持たずに病院で患者を診察しているに等しい行為といってもよいのではないだろうか．つまり，他の資格制度と比較して，博物館の世界では，学芸員という資格や博物館学という学問が，非常に軽視されてきたともいえるのである．

学芸員資格取得のための基本要件は，学士の称号を得ることであるが，2000年代に入り，学芸員の高度専門職としての資格要件のさらなる向上や，大学院レベルにおける学芸員養成の必要性について，国においてもしばしば論議されてきた．しかし，博物館のことを学ばずに博物館に専門職として勤務することの問題点や，高度専門職化するにあたり，資料研究領域の専門性強化という問題のみに終始して良いのかといった，学芸員資質に関する本質的議論はほとんど見受けられないまま今日に至っている．

現在，学芸員養成は大学の学部において行われているが，そこにおける博物館学については，近年少しずつではあるが変化がみられる．1955（昭和30）年の博物館法施行規則（以下，施行規則）の制定以来，40年あまりの間，博物館学は1科目・4単位であった．1996（平成8）年の施行規則改訂の際に，「博物館学」は博物館概論・博物館経営論・博物館資料論・博物館情報論の4科目・6単位へと見直され，2単位ではあるが増となった．博物館概論のほかに，経営論・資料論・情報論という博物館学としての専門領域の科目が明確化されたのである．これに従前からの博物館実習3単位が加わり，5科目・9単位が学芸員養成上の博物館学科目となった．

しかしこれでもなお，学芸員養成のための博物館に関する専門科目・単位数は，図書館司書や社会教育主事の養成科目と比べて少ないという問題点が，しばしば指摘されてきた．海外の学芸員制度と比較した場合には，雲泥の開きがあることも事実であるが，日本の学芸員のしごとの現状を踏まえると，我が国特有の学芸員制度のあり方を前提に考える必要があろう．

2006（平成18）年から再び，文部科学省において博物館法の改訂に向けて，学芸員の資格制度並びに養成科目の再編を含めた論議が進められ，2008年に博物館法が，翌09年に施行規則が再び改訂された．2012年度の大学入学生から博物館学科目のさらなる拡充が図られ，博物館実習を除く「博物館

学」は，博物館概論・博物館経営論・博物館教育論・博物館資料論・博物館資料保存論・博物館展示論・博物館情報メディア論の7科目・14単位へと見直され，3科目・8単位追加の大幅増となった．情報論は情報・メディア論へと変わり，資料論には資料保存論・展示論が付加された．また，教育学概論に代わり，博物館教育論も専門領域として明確化された．現在は，博物館実習3単位を含めると，8科目・17単位が学芸員養成上の博物館学科目となる．

c. 博物館学とは何か

すでに述べたように，我が国では，学芸員という資格制度と博物館学という科目の歴史は，博物館法とともに歩んできたのである．法的に大学の資格科目として博物館学が登場するのは，博物館法の4年後の1955（昭和30）年10月に制定された，施行規則の中であった．しかし当時，我が国で博物館学は未確立の学問で，法制定当時に存在した博物館学の名を冠する専門書は，法制定前年の50年に刊行された棚橋源太郎の『博物館学綱要』（理想社）が唯一であった．最も棚橋自身が博物館法案の審議委員であったことから，逆に本書が博物館法及び同施行規則の骨格を成したといっても過言ではないかもしれない．棚橋の博物館学は，戦前からの数々の欧米の博物館視察の結果に基づくところが多く，記載的な輸入学問としての性格が強かった．

その後，施行規則の制定を受けて，本格的に日本の博物館学テキストとして作成されたのが，翌56年1月に日本博物館協会から発行された『博物館学入門』（理想社）である．その中核を成す「博物館学総論」を著したのが鶴田総一郎であるが，この中で，

> 博物館の目的とそれを達成するための方法について研究し，あわせて博物館の正しい発達に寄与することを目的とする科学である．

と博物館学の目的を初めて定義し，

> 博物館学的方法と思われるものを，追求し分析して行くと，すべてこれ既成の基礎科学または応用科学のいずれかに入ってしまい，何も残らないかのごとく見られる．これに対して結論からいうと，博物館学は心理学を片翼とする教育学の未開拓の一分野として存在し，したがってこれから研究せねばならぬ教育学の特殊な方法として，博物館学的方法が厳存するといえる．そしてこの方法の特殊性は，博物館資料という「もの」を媒介として，「それをおく場所」（施設と土地）を利用して，人間に「働きかける」（教育普及）というところにある．前提条件は「もの」である．この「もの」は，教育・学術・文化等に関するあらゆる既成科学の方法によって扱われるであろう．しかしこうして整理保存された「もの」は，物そのものであって，正確な意味での博物館資料とはいえない．これが公開されて人間に正しく利用されてはじめて意義があるのである．この一般科学資料は人に結びつくために再編成されなければならない．この場合「もの」そのものはかわるわけでも何でもない．結局受け入れる「人」の側からみた再編成となる訳である．この意味で物と人との結び付きを常に研究する科学的方法すなわち博物館学的方法といって過言ではない．そして，これは明らかに教育学の特殊な一未開分野である．

と博物館学の方法についても明らかにした．

このテキストの中で，鶴田は博物館の機能を「資料収集・整理保管・調査研究・教育普及」の4つとし，博物館の構成要素として「もの・ひと・場所（ところ）」であることを定義付け，今日の日本の博物館学の基礎を築いたのである（図1.1.8，1.1.9参照）．

1.2.2 経験の学としての博物館学からの脱却

a. 博物館学の研究・教育体制

各地の大学で学芸員養成課程の発足が隆盛するのと並行して，博物館学テキストとしての専門書も次々と刊行されるようになった．しかしながら，スタート当初から，大学における博物館学教育は学芸員資格取得のためという性格のものであったため，理論よりも実践が重視される傾向が強く，「経験の学」としての博物館学が中心に展開されてきて，そ

の伝統は今日にも及んでいるといえる.

　先にも触れたが,大学の科目として存在しながら博物館学が「学」となりえなかった時代は長く,博物館学研究者の全国組織としての全日本博物館学会が発足したのが 1973（昭和 48）年,博物館学の体系書として『博物館学講座』（全 10 巻）が刊行されたのは 78 年から（81 年に完結）のことである.博物館法制定後 30 年を経て,ようやく日本の博物館学の体系化が進んだわけであるが,この時点での博物館学の水準を客観的観点から眺めると,相変わらず現場の実戦報告や現状紹介に終始しているものが少なくなく,理論化はなかなか進んでいないのが現状であった.

　これは,大学の教育体制や博物館学を専門とする人材育成の不十分さなどに起因しているところが大きい.博物館学を実際に担当する大学教員の多くは,博物館の資料分野,とくに多くを占める人文系の考古学や歴史学・美術史を専門とする研究者で,いわば片手間に博物館学の講義を受け持つという現実があったということは無視できない.このことは,専任の博物館学担当教員を置いている大学がきわめて少ないという事実からもわかる.

　2006（平成 18）年度に実施した全国大学博物館学講座協議会（以下,全博協）『実態調査報告書』（第 10 回）によれば,回答 217 大学のうち,博物館学を専門とし,専任教員として勤務している者は,わずかに十数名にすぎない.中には「博物館学」の科目自体を,文化財学や考古学・美術史といった,他の科目と読み替えている大学さえあることは驚きである.また,2009 年 3 月に文部科学省委託事業として丹青研究所が刊行した『大学における学芸員養成課程及び資格取得者の意識調査報告書』では,博物館学を担当している教員でも,26% あまりは学芸員資格を保有していないという結果も出ている.

　つまり,これまでの我が国の学芸員養成や博物館学教育は,考古学・日本史学専攻者が主導してきたこと,その結果として考古学や文化財学と博物館学とが混乱してきたことなどが,博物館学の進展を阻害し,博物館の現場において資料の専門性のみが重視される結果を生んできたという構図が浮かび上がる.また,このことは,文化財学科を設置する大学はあっても,純粋に博物館学を学科や学部として設置している大学が我が国ではほとんどないという現状からも理解される.

　博物館のことを専門に学べる大学は,常磐大学（水戸市）のミュージアムマネージメント専攻,東京学芸大学の博物館学副専攻など,きわめて少ない状況にある.そのほか近年,筆者の勤務する桜美林大学では,2007 年度からリベラルアーツ学群に博物館学副専攻が設けられ,2010 年度からは,国学院大学大学院に博物館学専攻コースが設置されるなど,多少の動きがみられるが,まだまだ少ないのが現状である.学芸員養成制度が発足して 60 年近くが過ぎた今日もなお,我が国には博物館学を専門とする研究者・専門家の育成体制は全く不十分なのである.

　また,博物館学関連の講義を外部の非常勤講師に任せる大学も多く,その大半は現場の博物館学芸員である.しかし,この学芸員も考古や歴史など資料分野の専門家ではあっても,博物館学の専門家というわけではない.いずれにしても,大学教育における博物館学の多くは,今日もなお,博物館における実践論を中心に展開されているということがいえ,日本の学芸員の専門性の高度化を図るためには,この博物館学教育を根本から見直す必要があろう.つまり,博物館学の専門家の養成なくしては学芸員養成の高度化はありえず,大学院における博物館学研究及び博物館学教育の重要性は,真剣に検討され論議されなければならない課題といえる.

b. 博物館学と学芸員養成

　さて,今日,博物館の現場で求められる学芸員としての最低限の知識や技術・能力を眺めてみると,二分化の傾向にある.一つは,県立や政令市などの大型博物館における学芸員採用要件にみられ,学術研究能力つまり専門性を重視するもので,大学院修士修了を基本要件に細かい専門分野指定をするものである.極端な場合は,学芸員資格よりも修士号や博士号の方が優先されることさえある.しかし,専門性をうたいながらも,現場では対市民の教育事業や事務的業務にも従事するという現実がある.もう一つは,大多数を占める市町村の小規模な博物館の

採用要件にみられるような，専門性よりも対市民の教育事業や事務的業務を含め，広い分野をカバーし，何でもこなしてくれる人材の登用である．この場合，残念ながら学芸員有資格者であっても，一般行政職として発令されるケースが少なくない．つまり，学芸員の高度専門職化といっても，現場では二つの側面があり，資料に関する専門性のみではなく，博物館教育や博物館経営など博物館業務全般に精通した専門性も重要となってきている．博物館の大小を問わず，学芸員の高度専門職化には，博物館学の知識が必要不可欠になっているといえる．

文部科学省では，このたびの博物館法改正の検討を進めた「これからの博物館の在り方に関する検討協力者会議」（以下，協力者会議）から，2007年6月に『新しい時代の博物館制度の在り方について』という報告書を刊行している．ここには，学芸員養成制度の見直しが論点として組み込まれており，養成科目の見直し，実務経験の重視，学芸員資格の階層化，さらには大学院での学芸員養成の検討などが掲げられている．学芸員の職務の多様化・高度化に対応しての「博物館に関する科目」の見直しについては，

　①資料（コレクション）への対応：
　　資料の収集・保存・管理といった資料の取り扱い・ドキュメンテーション
　②交流（コミュニケーション）・教育への対応：
　　展示の理論・手法，プレゼンテーション等による知識・技術，博物館における教育や学習支援能力
　③経営（マネジメント）への対応：
　　博物館の経営・運営に関する知識・技術

という3つの方向性が明示されている．つまり，従前の博物館資料論や博物館経営論に加え，博物館展示論や博物館教育論，博物館地域論といった新たな科目の設定を想定していることがわかる．博物館における教育事業の重視化より，学芸員にもコミュニケーション能力が強く求められるという結果になっている．

この協力者会議において，大学院における専門教育に関しては，今後の検討課題としているが，報告の中で「大学院に博物館学及び博物館資料等に関する専門的な科目を位置付け，例えば大学院の各分野の研究成果を，収集・保存，展示，教育普及等の具体的な博物館活動として展開する知識・技術を身に付けられる養成教育を検討することが必要である」としていて，「大学院における博物館学」の位置付け等を促している．

その後，2009（平成21）年2月に，検討協力者会議は第二次報告書として『学芸員養成の充実方策について』を刊行している．本報告は，施行規則の改訂に向け，「博物館に関する科目」と「学芸員資格認定」の見直しが柱となっている．今回（2008年）の法改訂では結局見送りとなった「上級学芸員」制度に関しては，「大学院における教育の充実を図ることや上級資格をはじめとする高度な人材の認定も視野に入れた検討」を，引き続き将来の課題としてうたっている．しかし，大学における学芸員養成教育については，「博物館についての知識理解を深めるのみならず，専門的職員たる学芸員としてのスタートが切れるだけの基本的な素養を身に付けるようにする必要」があり，"博物館のよき理解者・支援者の養成の場"と位置づけるのではなく，学芸員として必要な専門的な知識・技術を身に付けるための入口として位置づけることが必要である」と結論づけている．

1.2.3　近年の学芸員や博物館学に関する各種論議

a. 文部科学省の動向

高度専門職学芸員養成のための方向性を検討するに当たり，ここ十数年ほどの間に文部科学省をはじめ，日本博物館協会や日本学術会議においても制度的・学術的観点から論議がなされ，報告されている．ここに，主だった内容を紹介しておきたい．

1996（平成8）年4月の生涯学習審議会社会教育分科審議会報告「社会教育主事・学芸員及び司書の養成，研修の改善方策について」を受け，同年に1955（昭和30）年の施行規則制定以来，41年ぶりに博物館学科目が4単位から6単位へと充実が図られた．このとき，「高度化・専門化する学芸員の業務」を的確に遂行できるよう，「博物館に関する基礎的知識に加え，博物館経営や博物館における

1.2.3 近年の学芸員や博物館学に関する各種論議

教育普及活動,博物館資料の収集・整理保管・展示,博物館情報とその活用等に関する理解と必要な知識・技術の習得を図る必要がある」とされた.また,現職学芸員の研修については,「各専門分野の博物館資料の収集・整理・保存,企画展示の方法,教育普及活動」などの内容があげられた.さらに実施には至らなかったが,学芸員の高度な専門性を評価するため,専門分野を付記した「名称付与制度」についても報告されている.このときの高度な研修体制は,大学ではなく国・都道府県・博物館関係団体で整備することとされ,専門性は「専門分野」による評価となっていた.

その後の,1997(平成9)年3月の「学芸員の資質向上の在り方に関する調査研究協力者会議」報告「自然科学系学芸員の体系的な現職研修の実施について」においても,「学芸員の高度で実践的な専門性を評価する制度」について研究し,「専門性を評価する名称を付与する制度」を設けることが提言されている.

一方,大学に対しては,1996年4月の生涯学習審議会答申「地域における生涯学習機会の充実方策について」の中で,同年1月の学術審議会学術情報分科会学術資料部会報告「ユニバーシティー・ミュージアムの設置について―学術標本の収集,保存・活用体制の在り方について―」を受け,「ユニバーシティー・ミュージアムを設置して学術標本の多面的活用を図ること」や,「学芸員の現職研修への協力や研究活動への援助」などについての期待が示されている.

2000年2月の日本博物館協会による,文部科学省委嘱事業「博物館の望ましいあり方」調査研究委員会報告『「対話と連携」の博物館』では,「新しい博物館の『機能』と『条件』」の項の「人材(学芸員)・専門職の養成」の中で,「大学における博物館学講座により取得される学芸員資格は,その質を高める必要があ」ることから,「大学院または博物館で長期実習のうえで取得可能とすべき」と提言している.この内容は,今日しばしば話題にされるインターンシップ制度を念頭に置いたものとなっている.また,パソコン技術も問われる現場の職務を念頭に,「学芸員課程のカリキュラムに情報機器入門およびコンピュータ(グラフィックスを含む)専門科目を導入すべき」としている.

また,2001年3月の『「対話と連携」の博物館(要旨)』の中では,「大学院においては,専門知識の高度化への対応と,博物館学的専門職業人養成との両面を考慮したカリキュラムの充実」を求めている.そして,「専門知識には,博物館資料に関するものと,博物館学的なものとがあげられる.後者には展示,資料の保存・修復,博物館教育,経営,マーケティングなどがあるが,特に後者に関する研究の充実が求められている」とし,大学院における博物館学の研究と教育の必要性が強調されている.

その2年後の,2003年3月の日本博物館協会『博物館の望ましい姿―市民とともに創る新時代博物館―』においては,マネージメント・コレクション・コミュニケーションを3つの柱として,「学芸員は,専門分野における研究能力と深い専門知識を持つとともに,経営を含めた博物館活動の全般について広範な知識と経験をあわせ持つ」ことを具体目標としてあげている.

さらに,2004年3月の中央教育審議会生涯学習分科会報告「今後の生涯学習の振興方策について(審議経過の報告)」では,「博物館の学芸員等の専門性を高めるため,資質向上のための資格要件の向上」とともに,「現職者に対して,定期的に再教育し,資格を更新していく」という仕組みや,「高度な専門性を評価する制度について」の検討意見が加えられている.ここでは,学芸員資格についても,教員免許と同様に更新制度の導入がうたわれた.

同年3月の日本博物館協会の「博物館運営の活性化・効率化に資する評価の在り方に関する調査研究委員会」報告「体制・税制委員会の審議状況」では,「博物館の事業や運営を円滑に進めるためには,資料に係る学問分野に関係する専門知識・技術とともに,資料の保存や事業展開,経営など博物館学に関する広い視野の専門性を身に付けることが不可欠」とし,「そのような資質を備えた専門職員を上級学芸員として,大学院で養成する制度を創設」するとして,大学院での「上級学芸員」養成制度の必要性が示され,その「資格を更新する」こととしている.

そして，2007年6月の「これからの博物館の在り方に関する検討協力者会議」報告書『新しい時代の博物館制度の在り方について』では，「新たな養成段階の可能性」の項のサブタイトルを「大学院における専門教育の必要性」とし，「今後，大学院に博物館学及び博物館資料等に関する専門的な科目を位置付け，例えば大学院の各分野の研究成果を，収集・保存，展示，教育普及等の具体的な博物館活動として展開する知識・技術を身に付けられる養成教育を検討することが必要」としている．報告書の「別紙」では，さらに「大学院における資格付与制度を整備」するための前提として，「大学院と博物館が協力し，教育プログラムの中に博物館実務を十分に含める」としている．

そのほか，2006年3月の丹青研究所による文部科学省委託調査研究報告『博物館制度の実態に関する調査研究報告書』によれば，全国の学芸職員の32％が修士号以上を取得しており，大学院での博物館学教育や学芸員養成の必要性はますます高くなっていることをうかがわせている．同研究所では，2009年3月にも文部科学省委託事業の『大学における学芸員養成課程及び資格取得者の意識調査報告書』を刊行している．現場の学芸員を対象とした調査結果を見ると，実際のところは，日常業務の中で調査研究活動に割くことのできる時間は1割で，展示活動に3割，その他の教育普及活動に2割が充てられており，全体としては半分が教育普及に関わる仕事であることがわかり，展示・教育普及活動を展開するための知識や技術がとくに求められているのである．

b. 日本学術会議の動向

日本学術会議においても，しばしば博物館に関する問題が取り上げられ，各種の報告等がなされている．国立博物館等の独立行政法人化が進められる中で，1999（平成11）年7月に芸術学研究連絡委員会では，「国立博物館（芸術系）・美術館の今後の在り方について」と題する報告をまとめ，研究水準の低下を懸念して「調査・研究機能の重視」をあげ，「調査・研究，展示活動，作品・資料の購入，作品の保護・修復，教育・普及活動，情報の公開など」の業務を行う「必要な人員と予算の確保」を掲げている．とくに「学術的知見を十分に所有する必要人員の確保がはかられなければならない」としている．

翌2000年12月には，歴史学研究連絡委員会から「歴史資料の検証とその社会的活用について」の報告がなされ，「学芸員個人の能力・資質や過重負担にもっぱら依存する割合が高」いため，「博物館・資料館などは，地域・時代・分野の広がりに見合う学芸員を配置することが重要」であるとしている．

さらに2002年3月には，学術基盤情報常置委員会から「行政改革と各種施設等独立行政法人化の中での学術資料・標本の管理・保存専門職員の確保と養成制度の確立について」と題する報告が提出され，「学芸員・コンサベータ等は大学院レベルの専門的知識が要求される」ことから，学芸員課程の大学院教育との連携の必要性をうたっている．また，アーキビストに関しては「大学院レベルでの教育の拡充」，「資料・標本の管理・保存の専門職員である，いわゆるキュウレータ・コンサベータの養成について」は抜本的検討と早急な養成計画の樹立の必要性をうたっている．

その後，同じく学術基盤情報常置委員会から2003年6月，「学術資料の管理・保存・活用体制の確立および専門職員の確保とその養成制度の整備について」の報告がなされ，図書館・博物館の高度化に対応した「専門職員の十分な養成・研修制度の確立」がうたわれ，同報告の「参考資料1」の中で，博物館の学芸員等専門家の育成の体系が不備で，大学院水準の教育体系がないことの指摘をしている．また，公文書館職員については「より高度の専門職員の養成を目指した大学院課程の設置とそれに対応した資格制度の導入」が必要であるとしている．

人文系のみならず，自然系においても学芸員の専門性について論議が盛んに行われるようになり，2003年6月に動物科学研究連絡委員会と植物科学研究連絡委員会では，「自然史系・生物系博物館における教育・研究の高度化について」の報告をまとめている．学芸員の待遇改善をうたうとともに，「学芸員資格制度の整備」の中で，たとえばとしながら，博士号学位取得者を資格取得の最低要件とした

「シニアキュレーター」制度の創設を提言している．また，博物館職員の再教育制度として「大学・大学院と指導的立場にある博物館に横断的なカリキュラムを持つ『博物館高度化機構』を設置」し，環境整備することも提案している．その後06年8月に両研究連絡委員会は，報告「自然史系博物館における標本の収集・継承体制の高度化」をまとめ，大学・大学博物館は「研究と教育を実行できる能力の高い人材を，社会に送る必要性に迫られている」などとしている．

さらに2008年1月には，基礎生物学委員会・応用生物学委員会・地球惑星科学委員会合同自然史・古生物学分科会において，対外報告「文化の核となる自然系博物館の確立を目指して」をまとめている．ここでは，「学芸員制度と研究環境について」の中で「わが国の学術の発展において自然史科学研究の中核を担ってきたのは博物館である」としたうえで，「博物館の学芸員には高い専門性が必要である．その養成には高度な科学リテラシーとコミュニケーション能力を賦与しうる大学院レベルの教育が必須である」としている．

前後するが2006年1月には，日本学術会議主催で公開講演会「博物館が危ない！ 美術館が危ない！」が開催された．翌07年5月，日本学術会議では，この講演会とそれ以前の各種報告などを受け，「博物館の危機をのりこえるために」と題する声明を発表した．この中の「新たな学芸員制度」の項目では，「現状の学芸員制度に加えて，より上級の学芸員資格を設け，学芸業務に携わる人々の専門性を高めると同時にキャリアパスを保障し，より多様な社会的ニーズに適切に応えることのできる優秀な人材を養成すると同時に確保することが必要」であるとしている．学術的観点からも，人文系・自然系を問わず，大学院教育で学芸員の専門性を担保することの重要性が示された．

学芸員の高度専門性がうたわれる一方で，2011年8月には，史学委員会博物館・美術館等の組織運営に関する分科会において，提言「地域主権改革と博物館—成熟社会における貢献をめざして—」をまとめ，博物館（学芸員）の危機的状況を訴えている．ここでは，地方分権委員会による博物館登録制度の規制緩和への危機感から「登録博物館への規制が緩和され，博物館に学芸員が必ずしも常駐しなくなるとどのようなことが起こるだろうか」，そして「専門家を欠いた博物館は責任を持てるのだろうか」などの，高度化以前の基本的問題として，学芸員の存在自体を危惧しなければならない状況が述べられているのである．

［浜田弘明］

参考文献

全国大学博物館学講座協議会（2006）『実態調査報告書（第10回）』
棚橋源太郎（1930）『眼に訴へる教育機関』寳文館
棚橋源太郎（1950）『博物館学綱要』理想社
丹青研究所（2006）『文部科学省委託調査研究報告 博物館制度の実態に関する調査研究報告書』
丹青研究所（2009）『文部科学省委託事業 大学における学芸員養成課程及び資格取得者の意識調査報告書』
日本博物館協会（1956）『博物館学入門』理想社
日本博物館協会（2000）『文部科学省委嘱事業「博物館の望ましいあり方」調査研究委員会報告「対話と連携」の博物館』
日本博物館協会（2003）『博物館の望ましい姿—市民とともに創る新時代博物館—』
文部科学省「これからの博物館の在り方に関する検討協力者会議」（2007）『新しい時代の博物館制度の在り方について』
文部科学省「これからの博物館の在り方に関する検討協力者会議」（2009）『学芸員養成の充実方策について』

1.3 博物館の歴史と現在―世界

1.3.1 中世以前の博物館

a. 人類はなぜ博物館を生んだか

多くの人は、子どものころ何かものを集めたという経験をお持ちなのではないだろうか。あるいは、現在もコレクションを続けているという人もいるかもしれない。それは、人によっても、時代によってもさまざまに変わるものと思われる。収集対象は、人形であったり、シールであったり、カードゲームであったり、ピンバッジであったり、あるいはミニカーであったり、切手や古銭であったりするかもしれない。

このように、人間は無意識のうちに（少なくともコレクションという認識を持たないうちから）、ものを集めるという行為を行っている。ものを収集するという行為は、人間の本能的なものといえるのかもしれない。これを人間心理の側面からみたならば、こうした「もの」を集めたいという行為は物欲（あるいは収集欲）といえよう。

また、ものが集まれば、集めた「もの」を大事にしまっておきたいという気持ち、つまり所有欲に発展し、さらにより多くのものを集めると、その「もの」を人に見せたい、見せびらかせたいという、つまり顕示欲へと発展することになる。つまり、これら「物欲（収集欲）」「所有欲」「顕示欲」という3つの行為が、収集・保存・公開の思想へと発展し、人類は博物館を誕生させたともいえよう。

一見、どんなにつまらないものであったとしても、「集まる」ということで、「もの」そのものに新たな価値が生ずる可能性を持っている。これが、コレクションの意義といえる。

b. 博物館のはじまり

博物館の原形は、今から2300年以上さかのぼる紀元前（B.C.）300年頃に、エジプトの古代都市アレクサンドリア（現在は海底に埋没している）に設立された「ムセイオン（Mouseion）」と呼ばれる施設であるとされる。今日の博物館とはかなり様相を異にするが、英語のミュージアム（Museum）の語源となったものである。

この施設は、アレクサンドロス（アレクサンダー）大王の死後に、古代エジプト王朝を継承したプトレマイオスⅠ世によって設立されたムーサイ学園に、「ムーサイ（Mousai）」（文芸・学術を司るミューズ神）の神殿として設置されたものである。つまり「ムセイオン」とは、文芸・学術を学ぶ場所を意味するギリシャ語を語源としているのである。

この施設の実際は、研究所・図書館・博物館・天文台・解剖室・動物園・植物園・宿泊施設などが一体となった総合的施設であったとされ、今日風にいえば「国際学術研究所兼附属図書館・博物館」ということになり、今日の博物館とはかなり様相は異なる。この施設は、当時の学術振興の拠点、資料蓄積機関として機能し、紀元後（A.D.）4世紀末に至るまで700年近くにわたり存続したとされる（野町，2009）。

今日の博物館により近い施設は、美術館の原形とされる「ピナコテーカ（Pinacotheca）」と呼ばれるものである。紀元前2世紀頃に設けられた、古代ギリシャのアクロポリス（Acropolis，図1.3.1）に

図 1.3.1 アクロポリス

所在した，絵画を飾って一般に公開したホールである．このピナコテーカは，ギリシャにおいて現在も美術館を指す名として使用されている．

c. 古代・中世の博物館

ギリシャ世界で設けられた博物館に類する施設は，時の政権である王を中心とした貴族的階級の人々のためのものであったといえる．しかしローマ共和制の時代に入ると，権力者（王侯貴族）階級の勢力が増し，収集した個人的趣味による珍品・奇品を客室や応接室などに飾ることによって，権力を誇示する傾向が高まった．

つまり，ローマ世界における博物館（らしきもの）は，「王侯貴族の家庭博物館の時代」であったということができる．屋内に室内装飾として，彫刻・絵画あるいは略奪品・戦利品などを陳列し，来客に見せることが中心であったが，その一部は民衆にも公開されることがあったとされる．しかしながら，あくまでも権力者の物欲表現にすぎないものであり，博物館とはいい難いものであった（鶴田，1956）．

また，珍品・奇品以外に，生きた動植物も集められた．屋外の庭園では，動物の飼育や植物の栽培もなされ，今日でいう動物園や植物園の芽生えがみられる時代であったということもできる（棚橋，1950）．

ヨーロッパ世界も中世を迎えると，教会や寺院では，教義の普及のために芸術品・珍品・奇品を収集し，民衆に公開するようになる．つまり，中世ヨーロッパ世界における博物館（らしきもの）は，「宗教（教会・寺院）博物館の時代」であったということができる．

その陳列資料は，古美術品・生物標本類などが中心で，陳列資料には説明が付けられることもあった．しかし，その説明の多くは，迷信・俗信的内容であったとされる．たとえば，石器時代の石斧は雷避け，ゾウの牙は巨人の歯，ダチョウの卵は怪物（鷲とライオンが合体したもの）の卵，ヤギの角は怪物の角といったように，非科学的内容であったとされる（棚橋，1930）．

しかしながら，資料に解説が付されたことは，展示という観点からみると大きな飛躍であったといえる．また，資料自体には優れたものもあり，後世の学術研究資料として有効なものも存在した．この時代においても，博物館と呼べるものは存在しないが，巨大・珍奇・高価・未知の品々を集めて公開することは，民衆を驚嘆畏怖させ，教義を普及させるには有効なものであったに違いない．

1.3.2 近世の博物館

ヨーロッパ世界では14〜15世紀を迎えると，文芸復興（ルネサンス）期となる．この時期に開花したルネサンスは，神中心の中世的思想に対し，人間と自然の調和を回復する人文主義（ヒューマニズム）に立脚して，人間中心の文化体系であったギリシャ・ローマ時代への古典回帰であり，古典を復興しようとする文化運動であった．ことに，イタリア北部のフィレンツェはその中心地として知られ，レオナルド・ダ・ヴィンチやミケランジェロなどの天才を輩出した．その背後にはフィレンツェ最大の富豪・メディチ家の庇護があったことも重要である．

メディチ家は，14世紀末より金融業で蓄財を成し，1434年にコジモ・デ・メディチがフィレンツェ共和国（現在のイタリア北部）の国家元首となっている．彼は，研究機関であるアカデミー（プラトン学園）や図書館を設置して古代ギリシャの学問研究を盛んにし，ルネサンスの発展に大きな影響を与えた．このように，学芸の庇護者として重要な役割を果たすとともに，自身でも莫大な美術品収集を手掛けた．その後，代々美術品収集が続けられたが，15世紀末から16世紀初頭にかけてメディチ家が没落した際に散逸した（森田，1999）．

しかしその後，2代のフランチェスコⅠ世が再興を遂げて，1580年にウフィツィ宮の改造を手掛け，そこに美術品のためのギャラリーを設置しているが，これこそが美術館と呼ぶにふさわしい最初の建物であったといえる．室内には，ライティングのために大きな窓を設置したり，遠近法を利用した配置を考えたりなどの工夫がなされたという（クラウディオ・ベジオほか，1992；小川，1981）．

このようにルネサンス期は，王侯貴族による熱心な古物・美術品の収集の結果，コレクションが形

成され，ギャラリーを設置するに至り，今日的な美術館や歴史博物館の原型を誕生させた．

また，王侯貴族らによる大規模な発掘も進められ，発掘古物の収集・保存も進んだ．これらは，当時の学者らによって研究と整理が進められ，後に考古学博物館や文化史博物館を誕生させるに至った．ルネサンス期におけるヨーロッパ各地の博物館数は，オランダが約300館，ドイツが約150館，イタリアが約380館，フランスが約200館などという状況であったとされる（棚橋，1950）．

15～16世紀には，ヨーロッパ世界では大航海時代を迎える．王侯貴族らの富豪がパトロンとなり，1492年にはコロンブスが新大陸を発見し，1498年にはバスコ・ダ・ガマがインド航路を開拓するなど，ヨーロッパ世界の人々は，未知の世界へと眼を向け始める．

こうした大航海は，ヨーロッパ世界に世界各地の博物資料（動物・植物・鉱物・宝石類）や民族資料（衣服・生活用品・武器類）をもたらし，自然史博物館や民族博物館の誕生をみることとなる．とはいえ，当時のヨーロッパ世界からみると，これらの収集品は珍品・奇品の類であり，見せ物博物館的存在であったであろうことは否めない．その後，ヨーロッパ諸国が植民地を拡大するとともに，博物的コレクションはいっそうの充実が図られていった（小川，1981）．

15～17世紀のヨーロッパでは，王侯貴族が世界から集めた珍品・奇品を一堂に寄せ集め，自宅邸宅内に「珍品陳列室」（cabinet of curiosities）や「驚異の部屋」（Wunderkammer）を競って設置した．このような「珍品陳列室」の成立は，ルネサンス期の人文主義が古代の遺物への関心を高めたことや，大航海時代に発見された未知の世界の珍奇なものが人々の驚きを誘ったことが要因といえる．こうしたコレクションは，それを集めた人物の権力や地位を語るものとして存在していた（吉田，2011）．

1.3.3　近代の博物館

a.　17～18世紀の博物館

ヨーロッパ世界も17世紀を迎えると，科学的研究が進展し，専門的視野に立った科学博物館や大学博物館が誕生し，さらに18世紀には市民のための今日的な博物館が誕生する．

世界初の大学博物館かつ，イギリス最古の科学博物館とされるアシュモレアン博物館は，1683年オックスフォード大学に開設された．イギリスのトラデスカント家が親子2代にわたり収集した科学（博物学）資料を，後に手にした友人のエリアス・アシュモールが，さらに自分の収集資料を加え，その全コレクションをオックスフォード大学に寄贈したのが始まりである．この博物館は，学生への公開を主体としたもので，その性格上，研究機能が重視されたものではあったが，世界初の公共博物館の誕生となるものであった．その後，この博物館は150年間にわたり，オックスフォード大学の科学研究の中心となった．

これに続く，個人コレクションが公共博物館へと展開した顕著な例としては，ブリティッシュ・ミュージアム（大英博物館）の誕生があげられる．イギリスの有名な収集家であった医師のハンス・スローン卿が，膨大なコレクションを国に提供したことに始まる．1753年に英国議会は，この申し出を受けてコレクションの購入と博物館での公開を決議し，これらをモンタギュー・ハウスに収め，1759年に公開を開始した．ここに，世界初の国立博物館となる大英博物館が誕生したのである．当初は，刊行書籍部門（版画を含む），写本部門（コインを含む），自然物・人工物部門の3部門制となっていて，図書が大きな比重を占めていたことがわかる（吉田，2011）．また，特定の有資格者以外への公開は実現せず，一般公開が実現するのはしばらく経ってからのことであった．

1793年にはフランス革命により，ルーブル宮殿とその美術品が民衆に開放された．当初は，共和国美術館として成立し，これが後のルーブル美術館の誕生へとつながる．ルーブルの歴史は，シャルル5世が旧ルーブル宮の一角に，ドローイングと呼ばれる挿絵入りの写本を収蔵するリブレリー（図書館）を14世紀末に建てたのが始まりとされる．その後，フランソワ1世がカビネ・ダマトゥール（愛好家の陳列室）に移して，古代美術品やルネサンス

期の傑作の収集に努めている．さらに，ルイ14世の秘書官コルベールは，コレクションを充実させるとともに陳列室を大拡張し，ルーブル宮に一大コレクションが形成された．

フランス革命は1789年に始まったが，1791年に召集された国民議会において，没収した王室の収集美術品をルーブルに集約し，中央芸術博物館を設立することを決議した．そして，1793年8月10日に共和国美術館として民衆に広く公開されることとなったのである．こうしてルーブルは，公共美術館として公開されたが，いうまでもなく，今日的な美術館とは様相が異なり，解説文もなく，ただ空間に作品が所狭しと飾られているのみであった．またフランス革命下においては，このほかにも，宮廷の庭園であったジャルダン・デ・プランテ（パリ動物園）が公開されるなど，美術館のみならず動植物園の誕生もみたのである（小川，1981）．

b. 19〜20世紀初頭の博物館

この時期は，博物館の市民化への第一歩を迎える時代となり，産業革命と博物館・博覧会の時代であったということもできる．1760年代以降，イギリスでは産業革命が起こり，工場労働者が増大するが，そうした労働者に向けた大衆教育が推進されるようになった．

イギリスでは，1759年に大英博物館の公開が始まったが，それから86年を経た1845年に英国議会では，博物館令（Museum Act of 1845）を成立させ，公費による博物館の設置・運営を定めた．これを契機として，博物館の民衆化（市民化）はいっそう進んでいった．1824年には，ロンドンにナショナル・ギャラリーも設置されている．

さらに産業革命と相まって，最先端の科学技術を終結した万国博覧会がイギリスで開催されることとなった．第1回万国博覧会は，ロンドンのハイド・パークを会場として1851年に開催され，最先端技術の展示会場となった．博覧会は好評を得て，半年間で600万人もの入場者でにぎわった．これを契機として，博覧会翌年の1852年にイギリス政府は実用美術局を設立して，万博出品作品の中から技術的に優れたものを購入し，マニファクチュア・ミュージアム（工業博物館）を創設するに至っている．この博物館はその後，コレクションを増大させて，後にビクトリア＆アルバート・ミュージアムと改称し，科学部門は分離してサイエンス・ミュージアム（科学博物館）として，1909年に発足している（小川，1981）．

万国博覧会はその後，1855年にパリで，1862年に再びロンドンで，1867年には再度パリで，1873年にオーストリアのウィーンで，1876年はアメリカのフィラデルフィアで，そして1878年に再びパリで開催されている．1862年の第2回ロンドン万博には日本から遣欧使節団を送り，1867年の第2回パリ万博では幕府と佐賀藩・薩摩藩が参加し，1873年のウィーン万博からは正式に日本政府が参加するようになった（棚橋，1950；安高，2014）．

博物館の組織化も図られるようになり，1889年には世界初の博物館協会となるイギリス博物館協会が設立されている．その後，1917年にドイツ博物館連盟が，1921年にフランス博物館協会が，1928年には日本でも博物館協会（当初，博物館事業促進会）も設立されている．

この時代には，数々の展示技術の進展をみることができる．時代は少しさかのぼるが，1787年にはイギリス人画家のロバート・パーカーがパノラマを考案し，1802年には，パリのモンマルトルにパノラマ館が建築されている．また1789年には，フランス人のダゲール・ボートン兄弟によって，見せ物としてジオラマが考案され，その後1822年に，パリにおいてジオラマ展示法が具現化されている（青木，2003）．さらに1856年にドイツのニュルンベルグに開設されたゲルマン博物館では，館内に中世の教会や僧院，住宅の一部などを復元し，その時代の家具・調度品や服飾をまとった人形などを配置し，時代別陳列あるいは総合的陳列の形式を実現している（小川，1981）．

また，スウェーデンの首都ストックホルムには，1891年に世界初の野外博物館となるスカンセン野外博物館が誕生し，これまで屋内展示が主体であった博物館の概念を大きく変えた．創設者のアルツール・ハツェリウスは，1878年のパリ万博におい

て，スウェーデンの伝統的農家や衣服の展示を担当しており，これをきっかけとしてスウェーデンの伝統的生活様式を建物ごと復元し，野外に展示することを思い立ったとされる．その後，北欧を中心に，フリーランド博物館（デンマーク，1901年），ノルウェー民俗博物館（ノルウェー，1902年），リレーハーマ民俗博物館（ノルウェー，1904年），セウラサーリ野外博物館（フィンランド，1909年）など，続々と野外博物館が設置された（小川，1981）．

c. 19世紀アメリカの博物館

次に，19世紀アメリカの博物館について，眺めることとしたい．アメリカにおいても，市民の寄付による市民教育のための博物館が数多く設置されていった．それを代表するのが，1846年に設立されたスミソニアン研究機構である．イギリス人科学者のジェームス・スミソニアンが，35年に10万ポンドに及ぶ寄付をしたのが始まりである．この寄付金をもとに，合衆国では研究所・図書館・博物館・ギャラリーの開設を計画した．61年になってスミソニアンに国立博物局が設置され，81年にようやく国立博物館が完成した．さらに1910年には，国立自然史博物館が開設されている．

また，アメリカにおいては，1853年にニューヨークで初の博覧会が催された．その後も，アメリカの急速な工業化と好景気などが相まって，76年にフィラデルフィア，93年にシカゴ，1904年にセントルイス，15年にサンフランシスコと相次いで博覧会が開催されている．中でも1893年に開催されたシカゴ万博は，アメリカ大陸発見400年を記念したものであった．このシカゴ博覧会の跡地には，シカゴの富豪であった商人・フィールド氏の100万ドルに及ぶ寄付金をもとに，万博開催翌年の1894年にフィールド自然史博物館が開館している．

大学博物館としては，ハーバード大学に1859年，比較動物学博物館が開設されているが，新興の貿易商であったピーボディは，13万ドルに及ぶ寄付金をハーバード大学に贈り，この資金をもとに66年にピーボディ博物館が開設されている．この

ようにアメリカ初期の博物館は，ヨーロッパ同様，個人の寄付行為に基づく博物館の設立が目立つ．

このほかニューヨークには，市民のための教育機関として1869年にアメリカ自然史博物館が，70年にメトロポリタン美術館が開設されている．その後100以上の博物館が設置され，1906年にはアメリカ博物館協会が設立されるに至っている（小山，1981）．

1.3.4 20世紀の博物館

20世紀前半は戦争の世紀であったが，このことは博物館にも大きな影響を与えている．博物館は，国策として利用されることがしばしばみられるようになり，教化を目的とした博物館も誕生した（小川，1981）．

1914年に始まる第一次世界大戦以降になると，一党独裁体制下の博物館が誕生するようになる．つまり，博物館事業に国家が介入する時代を迎えたのである．それらは，全体主義国家の啓発と思想教育を主な目的とするものであった．

ことに，17年に起こったロシア革命後のソビエト連邦では，新社会主義体制の建設の名の下，社会史博物館・革命博物館・労働保護博物館・反宗教博物館など，新たなイデオロギーを推進する意図を持った博物館が誕生した（小川，1981）．

イタリアにおいては，ファシストの全体主義思想の啓発と教育を目的として，26年にローマ帝国博物館，38年にムッソリーニ博物館などが建設された．またナチス・ドイツ下においても，国内の愛国・郷土教育推進のため，政治的イデオロギーに立脚した郷土博物館が急速に増大した（棚橋，1957）．日本においても，明治後期から昭和の初期にかけて郷土博物館が各地に建設され，郷土教育や国威宣揚の手段として利用されている．

また戦争の時代は，軍事博物館や戦争博物館の建設に加え，植民地における教化教育のために，植民地博物館も多数建設された．言葉は，学校教育の中で教えていくことは可能であるが，生活様式や習慣は実物を通して伝える方が効果的であったことから，博物館での教化活動が行われた．日本において

も，第二次世界大戦中に植民地支配を行った，旧満州（中国東北部）や朝鮮半島・マレー半島などアジア各地域に，このような植民地博物館を建設した．

45年の第二次世界大戦終結後は，現代博物館体制がようやく確立することとなる．アメリカ合衆国や西欧を中心とする自由主義体制下の博物館においては，民衆教育や生涯教育が推進された．46年には，人類の平和と幸福のための博物館の実現のため，国際博物館会議（ICOM）が設立された．第一次世界大戦終結時の26年にも，西欧諸国が中心となって博物館国際事務局が設置されたが，10年ほどで再び第二次世界大戦が勃発したために，機能は停止せざるをえなくなってしまったという背景がある．

さて1970年代後半以降を迎えると，新時代の博物館が誕生する．77年には，フランスのパリに国立ポンピドゥー・センターがオープンする．ここは，むき出しのパイプとガラスに覆われた前衛的建築物で構成された，近現代美術館・公共図書館・音響音楽研究所・映画館などの総合施設で，当初は奇抜なデザインに悪評も立ったが，ポストモダン（脱近代主義）ミュージアムのパイオニアと評価されている．また81年には，フランスでグラン・ルーブル計画が打ち出され，その計画を受けて，89年に国立ルーブル美術館にガラス製ピラミッド（図1.3.2）が完成する．さらに93年には，地下ショッピングモールには逆ピラミッドも完成をみた．その後，2012年12月には，フランス北部のランスに新館のルーブル・ランスが開館している（ジャック・ラング，2013）．

イギリスの大英博物館では97年，ITテクノロジーを活用したオンラインサービス"COMPASS"（Collections Multimedia Public Access System）の運用が開始された．所蔵資料の検索等がインターネット上で容易となり，現在は"Explore"により，5,000点に及ぶコレクションの情報が公開されている．このように20世紀後半以降は，博物館においてもITテクノロジーの活用が盛んになってきている．さらに，2000年12月には創立250周年を記念して，大ガラス天井を備えた中心スペース「グレート・コート」の完成をみている（大英博物館，2003）．

最後に，第二次大戦終結期までにおける世界の博物館年表を表1.3.1に示す．

[浜田弘明]

参考文献

青木豊（2003）『博物館展示の研究』雄山閣

小川光暘（1981）「ヨーロッパの博物館史」樋口秀雄編『博物館学講座2 日本と世界の博物館史』雄山閣

奥平耕造（1983）「博物館の設計」『新建築学体系30 図書館・博物館の設計』彰国社

クラウディオ・ベジオほか（1992）『ウフィツィ美術館』（日本語版）ポネキ観光出版社

小山修三（1981）「アメリカの博物館史」樋口秀雄編『博物館学講座2 日本と世界の博物館史』雄山閣

ジャック・ラング（2013）『ルーブル美術館の戦い―グラン・ルーブル誕生をめぐる攻防』未来社

大英博物館（2003）『大英博物館』（日本語版）大英博物館出版社

棚橋源太郎（1930）『眼に訴へる教育機関』寶文館

棚橋源太郎（1950）『博物館学綱要』理想社

棚橋源太郎（1957）『博物館・美術館史』長谷川書房

鶴田総一郎（1956）「博物館学総論」日本博物館協会編『博物館学入門』理想社

野町啓（2009）『学術都市アレクサンドリア』講談社学術文庫

森田義之（1999）『メディチ家』講談社現代新書

安高啓明（2014）『歴史の中のミュージアム』昭和堂

吉田憲司（2011）『改訂新版博物館概論』放送大学教育振興会

図1.3.2 ルーブル美術館

表 1.3.1　世界の博物館年表（奥平，1983 を一部加筆修正）

西暦年	人文科学系博物館	自然科学系博物館
1471	ローマ（イタリア）／カピトリーノ美術館	
1543		イタリア／ピサ大学植物園
1545		イタリア／パドウバ大学植物園
1587（16世紀）	フィレンツェ（イタリア）／ウフィツィ美術館，パラティナ美術館，ローマ／ヴァティカン美術館	オランダ／ライデン大学植物園
1616	ローマ／ボルゲーゼ美術館	
1635		パリ／国立自然史博物館
1662	バーゼル（スイス）／州立美術館	
1670	パリ／軍事博物館	イギリス／エディンバラ植物園
1683		イギリス／オックスフォード大学アシュモレアン博物館
1713		ロシア／レニングラード国立植物園
1731	ダブリン／アイルランド国立博物館	
1748		ウィーン／自然史博物館
1752		ウィーン／シェンブルン動物園
1753	ロンドン／大英博物館	
1755	ベニス（ヴェネツィア）／アカデミア美術館	
1759		ロンドン／キュー王立植物園
1760	コペンハーゲン／王立美術館	
1764	レニングラード（現サンクトペテルブルク）／エルミタージュ美術館	
1765		セントヴィンセント島／セントヴィンセント植物園
1773	サウスカロライナ／チャールストン博物館	
1776	ウィーン／アルベルティーナ国立美術館	
1784	フィレンツェ／アカデミア美術館	
1786	スペイン／タラゴナ県立考古学博物館	
1787	チューリヒ／クンストハウス	カルカッタ／インド植物園
1791	ニューヨーク／オーバニー歴史芸術研究所	
1792	ストックホルム／国立美術館	
1793	パリ／ルーブル美術館	パリ植物園ジャルダン・デ・プラント
1799	マサチューセッツ／セイラム・ピーボディ博物館	
（18世紀）	ナポリ／国立美術館	
1802	ブダペスト（ハンガリー）／国立博物館	
1804	ニューヨーク歴史協会，チェコ／モラヴィア博物館	
1805	フィラデルフィア／ペンシルベニア美術アカデミー	
1807	コペンハーゲン／デンマーク国立博物館	
1808	アムステルダム／国立美術館リイクスムゼウム	リオデジャネイロ／国立（科学）博物館，リオデジャネイロ植物園
1809	ミラノ（イタリア）／ブレラ美術館	ミュンヘン／ニンフェンベルク植物園
1810	アントワープ（ベルギー）／王立美術館	
（19世紀初頭）	モスクワ／トレチャコフ国立美術館	
1812		ニキツキー（ウクライナ）／国立植物園，フィラデルフィア自然科学院
1813		ロンドン王立外科医大学博物館
1814	カルカッタ／インド博物館	オスロ植物園
1816		シドニー植物園
1817	フランクフルト（ドイツ）／市立美術館	ジャワ（インドネシア）／ボゴール植物園
1818	リオデジャネイロ／国立博物館，プラハ／国立博物館	ストックホルム／スウェーデン国立自然史博物館
1819	マドリード（スペイン）／プラド美術館	ハンブルク植物園
1820		
1821	ハーグ（オランダ）／王立絵画美術館	コロンボ（スリランカ）／ペラデニア植物園，マンチェスター博物館
1822	メキシコシティ／国立歴史美術館，リマ／ペルー国立人類学考古学博物館	
1823	ボゴタ／コロンビア国立博物館	ニューヨーク／ブルックリン美術科学研究所
1824	ロンドン／ナショナルギャラリー	フィラデルフィア／フランクリン研究所
1825	メキシコシティ／国立人類学博物館，ケープタウン／南アフリカ博物館	
1827		シドニー／オーストラリア博物館
1828		ロンドン動物園
1830	ブリュッセル／ベルギー王立美術館	
1832		ブエノスアイレス／アルゼンチン自然科学博物館
1834	カロリーノ（オーストリア）／アウグステム博物館	
1835	ブリュッセル／王立歴史美術館	ロンドン／地質学博物館
1836	オスロ／ナショナルギャラリー，ミュンヘン／古代絵画館アルテ・ピナコテーク，パリ／国立ヴェルサイユ・トリアノン美術館	
1838		オランダ／アムステルダム動物園
1841	オーストラリア／ネルソン地方博物館	
1842	モントリオール／カナダ歴史博物館	オタワ／カナダ国立博物館，シュツッツガルト動物園
1843	ローマ／ラテラーノ美術館	アントワープ王立動物園
1844	パリ／クリュニー美術館，オーストリア／ハルシュタット博物館，セルビア／ベオグラード国立博物館	ドイツ／ベルリン動物園，ブエノスアイレス／ラプラタ博物館
1846		ワシントン／スミソニアン財団国立博物館
1847	ロッテルダム（オランダ）／ボイマンス美術館	

1.3.4 20世紀の博物館

年		
1849	オーストラリア／レイクス地区100年記念博物館	
1850	ワシントン／合衆国博物館	
1851	インド／マドラス博物館	イギリス／リバプール公立博物館,（ロンドン／第1回万国博覧会）
1852	ケベック(カナダ)／ラバル大学博物館, ロンドン／ビクトリア＆アルバート博物館, オーストラリア／オークランド協会博物館	
1853		サンフランシスコ／カリフォルニア科学アカデミー
1854		エディンバラ(イギリス)／スコットランド王立博物館
1855	ボンベイ(インド)／ビクトリア＆アルバート博物館, ドイツ／国立バイエルン博物館	
1856	シカゴ歴史協会, モスクワ／トレチャコフ国立美術館, アデレード／南オーストラリア博物館, ニュルンベルグ／ゲルマン博物館	
1857	ロンドン／国立肖像画美術館, ポーランド／ポズナン考古博物館, カイロ／エジプト博物館	ロンドン／国立科学産業博物館, ロッテルダム動物園, メルボルン／ビクトリア国立標本館
1858		ドイツ／フランクフルト動物園
1859	フィレンツェ／イタリア国立美術館, メルボルン／ビクトリア国立ギャラリー, ワシントン／コーコラン美術館, エディンバラ／スコットランド国立ギャラリー	デンマーク／コペンハーゲン動物園
1860	モントリオール美術館	ドイツ／ケルン動物園
1861		ニューヨーク／バッファロー科学博物館
1862	ナープルステック(チェコ)／アジア・アフリカ博物館, ポーランド／ワルシャワ国立博物館	(ロンドン／万国工芸博覧会)
1863		オークランド(ニュージーランド)／クライストチャーチ植物園
1864	ダブリン／アイルランド国立ギャラリー, パキスタン／ラホール中央博物館	ケンブリッジ(マサチューセッツ)／ハーバード大学グレー標本館, モスクワ動物園
1865	オーストラリア／オタゴ博物館, フィレンツェ／国立美術館バルジェルロ, メキシコ国立人類学博物館	チェコ／プラハ博物館
1866	アテネ／国立考古博物館, ケンブリッジ(マサチューセッツ)／ピーボディ考古民族博物館	ハンガリー／ブダペスト動物園
1867	フランス／国立サンジェルマンアンレー考古学博物館	(パリ／万国博覧会)
1868	インドネシア／ジャカルタ中央博物館	ハリファクス(カナダ)／ノバスコシア博物館
1869	イスタンブール考古美術館, フィレンツェ／サンマルコ美術館, ワシントン／コーコラン美術館	ニューヨーク／アメリカ自然史博物館, ハイデンプラネタリウム
1870	オーストラリア／カンタベリー博物館, ボストン美術館, ニューヨーク／メトロポリタン美術館	
1871	ケープタウン／南アフリカ国立美術館	
1872		ボストン／アーノルド樹木園
1873	ストックホルム／北方美術館, オランダ／プリンスヘンドリック海事博物館, モスクワ／歴史博物館	シカゴ／リンカーン動物園,（ウィーン万国博覧会）
1874	ミュンヘン／シャックギャラリー, ノイエピナコテーク	シンガポール植物園, スイス／バーゼル動物園, アメリカ／フィラデルフィア動物園
1875	フィラデルフィア美術館, マドリード／民族学博物館	カルカッタ(インド)／アリポール動物園
1876	ボストン美術館, アントワープ／プランタンモレタス博物館	（アメリカ独立百年祭フィラデルフィア万国博覧会）
1877	スリランカ／コロンボ博物館	
1878	パリ／人類学博物館, ブルガリア国立考古博物館	
1879	シカゴ／アートインスティテュート, フランス文化財博物館, ベルン美術博物館	
1880	サンチアゴ／チリ国立美術館, シンシナチ美術館, モントリオール／カナダ国立ギャラリー	アスカニア(ウクライナ)／ノバ動物園
1881	イタリア／ボローニャ市立美術館	ロンドン／大英自然史博物館
1882	スウェーデン／文化史博物館	ミシガン(アメリカ)／クリーブランド動物園
1883	リスボン(ポルトガル)／国立古代美術館	オーストラリア／アデレード動物園
1885	アメリカ／デトロイト美術館, パリ／ギメー美術館	
1886	アテネ／ギリシア国立考古博物館	
1888	北アイルランド／ベルファスト美術館	アルゼンチン／ブエノスアイレス動物園
1889	アテネ国立考古学博物館, イタリア／ヴィラジウリア博物館, ルーマニア／コンスタンシア考古博物館, ハノーバー／ケストナー美術館, アメリカ／ビショップ博物館, ニューヨーク／ブルックリン美術館, 西オーストラリア博物館, ローマ国立美術館	スペイン／バルセロナ動物園
1890	ロシア／アルセーニエフ記念沿海州郷土誌博物館	ワシントン国立動物公園
1891	ウィーン(オーストリア)／美術史美術館, ストックホルム(スウェーデン)／スカンセン野外博物館	スウェーデン／ストックホルム国立動物園, ニューヨーク植物園
1892	アレキサンドリア(エジプト)／グレコローマン美術館	
1893		アメリカ／シカゴ自然史博物館,（シカゴ万国博覧会）
1894	オスロ／ノルウェー民族博物館, インド／パロダ美術館	
1895	ウィーン民俗博物館, ケンブリッジ(マサチューセッツ)／フォッダ美術館, ブエノスアイレス(アルゼンチン)／国立美術館, マドリード／国立近代美術館	アメリカ／ピッツバーグ動物公園
1896	ニューヨーク／装飾美術クーパーユニオン工芸館, ロシア／ハバロフスク郷土誌博物館, ピッツバーグ(アメリカ)／カーネギー研究所美術部	ハンガリー農業博物館, ピッツバーグ(ペンシルバニア)／カーネギー博物館
1897		
1898	アルジェリア国立考古博物館, ロンドン／テートギャラリー	プレトリア／南アフリカ国立動物公園
1899	ベルギー王立中央アフリカ博物館, レニングラード／ロシア美術館	ニューヨーク動物園
(19世紀)	コペンハーゲン／デンマーク国立美術館	
1900	カイロ／エジプト美術館, カナダ／トロント美術館, オンタリオ美術館	

年		
1901	ロシア諸民族学誌博物館, フィリピン国立博物館, デンマーク／フリーランド博物館	
1902	フランス／ビクトルユーゴー記念館, ドイツ／リスト記念館, ノルウェー民俗博物館	
1903	ミュンヘン／ドイツ博物館	アメリカ／セントルイス動物園
1904	ブエノスアイレス／民族学博物館, インド／プリンスオブウェールズ博物館	テキサス(アメリカ)／ダラス動物園, (セントルイス万国博覧会)
1905	バッファロー(ニューヨーク)／アルブライトノックス美術館, フランス／装飾芸術博物館	ポルトガル国立馬車博物館
1906	ルーマニア国立民俗博物館, ワシントン／国立美術コレクション, ワシントン／フーリア美術館, ミュンヘン科学博物館	モンテカルロ(モナコ)／海洋博物館, 北京動物園
1907	カーディフ(イギリス)／ウェールズ国立美術館, パキスタン／ペシャワール博物館	ハンブルク(ドイツ)／ハーゲンベック動物園
1908		コロンボ／スリランカ動物園, チェコ／プラハ国立技術博物館, ヤンゴン(ミャンマー)ラングーン動物園
1909	サンタフェ／ニューメキシコ博物館, フィンランド／セウラサーリ野外博物館	ソウル／昌慶苑動物園, ベルリン／ダーレム植物園
1910	ジュネーブ／歴史美術博物館, インド／カジュラホー考古博物館	ミュンヘン／ヘラブルン動物園
1911	カーディフ／ウェールズ国立博物館, ケニア国立博物館	ローマ動物園
1912		トロント(カナダ)／王立オンタリオ博物館, ロサンゼルス動物園
1913	アメリカ／クリーブランド美術館, 台湾省立博物館, ロサンゼルス郡美術館	イギリス／エディンバラ動物園, ケープタウン／キルステンボス植物園, リスボン／ポルトガル動植物園, リマ(ペルー)／レーエンダス動物公園
1914	アテネ／ビザンチン美術館, ボルチモア美術館, カナダ／ロイヤルオンタリオ博物館	
1915	インド／ナーランダー考古博物館	(サンフランシスコ／パナマ太平洋万国博覧会)
1916	サンフランシスコ美術館, ニューヨーク／アメリカインディアン博物館, ベルリン(ドイツ)／ダーレム美術館, パリ／ロダン美術館, ギリシア／ロドス考古学博物館	アメリカ／サンディエゴ動物園, シドニー／タロンガ動物園
1917	モロッコ考古博物館, モスクワ／プーシキン近代西洋美術館	
1918	アフガニスタン／カブール民芸博物館, ギリシア民芸博物館, パキスタン／タクシラー考古博物館, オランダ／アルンヘム野外博物館	
1919	シカゴ大学東洋研究所, サンマリノ(アメリカ)／ハンチントン図書館博物館	
1920	インド／サンチー考古博物館, ロシア／ザゴルスク国立歴史美術博物館, パリ／ジュードポーム印象派美術館	アメリカ／クリーブランド自然史博物館
1921	カナダ／フォートチャムプリ国立歴史公園	
1922	リオデジャネイロ／ブラジル国立歴史博物館	カナダ／ケベック博物館
1923	コロラド／デンバー美術館, ニューヨーク市立博物館, バグダッド／イラク博物館, ワシントン／フリア美術館	
1924	北京／故宮博物院, モンゴル国立博物館	
1925	パキスタン／モヘンジョダロ考古博物館	ドイツ博物館
1926	オランダ／ユトレヒト中央博物館, パキスタン／ハラッパ考古博物館	シカゴ／科学産業博物館
1928		ドイツ／ボーフム鉱業博物館
1929	ディアボーン(ミシガン)／グリーンフィールド村, ニューヨーク近代美術館	ディアボーン(ミシガン)／ヘンリーフォード博物館, ミスティコネティカット(アメリカ)／海事歴史協会
1930	ウズベキスタン／ウズベキスタン諸民歴史博物館, ニューポートニュース(ヴァージニア)／海洋美術博物館, ニューヨーク／ホイットニーアメリカ美術館	ブルームフィールドヒルズ(ミシガン)／クランブルック科学研究所
1931	グァテマラ国立考古学民族学博物館, フランス／国立アフリカオセアニア芸術博物館	
1932	ヴァージニア／ウィリアムズバーグ開拓村, オランダ／ユダヤ歴史博物館	
1934	グリニッジ(イギリス)／国立海事博物館	
1935	グァテマラ国立歴史美術館	
1936	スターブリッジ(マサチューセッツ)／古スターブリッジ村, ニュージーランド国立博物館	
1937	フランス／国立民族学博物館, ワシントン／国立美術館	イギリス／海洋博物館, (パリ万国博覧会)
1938	フランス／人類博物館	
1939	ニューヨーク／グッゲンハイム美術館	
1940	ポルトガル国立古代芸術博物館, ワシントン／ダンバートンオークス研究所	
1944	メキシコ国立歴史博物館	
1945	ドイツ／海外博物館, ニューヨーク州歴史協会博物館	

1.4 博物館の歴史と現在—日本

1.4.1 中世以前の博物館

a. 日本における展示行為のはじまり

すでに述べたように，日本語として博物館ということばが定着し，正確な意味で日本に博物館が誕生するのは明治時代になってからのことである．しかしながら，歴史をさかのぼってみると，それ以前の時代から日本にも博物館らしきものが存在し，日本型ともいうべき博物館の原型をたどることができる．

人が物を集め，それを人に見せる場あるいは行為は，日本にも紀元前から存在していたかもしれないが，残念ながらそれを立証する十分な資料はない．縄文時代のストーンサークルや配石遺構が「石材という"もの"をもって具現化した展示」とする意見や，古墳の「墳丘上に配列された埴輪が明らかな展示物」とみなす意見（青木，2003；油井，1986）もある．

人々にものを見せるという，明らかな意図を持って公開された「我が国の原始的博物館施設とみなすべきもの」としては，寺院建築における仏殿を挙げることができる（棚橋，1953；棚橋，1957；鶴田，1956）とされる．

b. 宝庫・宝物館の時代—飛鳥・奈良・平安時代

奈良時代の6世紀に日本に仏教が伝来すると，奈良を中心に仏教の布教を目的として寺院が建築された．そこには仏殿が建立され，仏像を祀るとともに絵画や工芸品なども置かれ，広く人々の目に触れることとなった．ことに，人々は大きなもの（大仏など）や美しいもの（美術・工芸品類）には目を引かれたことであろう．仏教の布教を目的とするものではあったが，そこは仏教の美術・工芸品類を収蔵する施設であるとともに，それらが人々に拝観という形で公開された，原始的な博物館的施設であった

ということができる．

また，奈良の東大寺にはその宝物殿として，正倉院（宝庫）が設置されている．その創建年代は，『東大寺献物帳』から756年頃とされ（橋本，1997），近年の建築木材の科学的年代測定結果からもほぼ正しいとされている．

宝庫は，南北に長い高床式の倉庫建築で，北倉・中倉・南倉に分かれ，中倉は板倉造，北倉と南倉は「校倉造（あぜくらづくり）」の建築様式となっている．校倉造は，柱を用いずに断面が台形もしくは三角形の木材を井の字型に組み，壁面を構成する建築様式で，湿度による木材の膨張と収縮を利用して，壁面による外気の流入調整を可能としている．つまり，雨天時など湿度が高いときには木材の膨張により外気と室内は遮断されて内部の湿度上昇が抑えられ，晴天時など湿度が低いときには木材の収縮によってできた隙間から室内に乾燥した外気が取り込まれるという仕組みとなっている．

近年の科学調査によれば，この校倉造の建築構造と調湿機能を備えた桐箱との組み合わせによる収蔵と，秋季の曝涼（ばくりょう）（虫干し）の継続により，日本の文化財保存に適した湿度60%という数値を永年の間保つことができたとのことである．正倉院宝庫は，温室度調整機能を持つ世界最古の収蔵施設ともいうべきものである．

内部には，聖武天皇の遺品を中心に，文書・木製品・銀製品・織物など約7,000点が収蔵されてきた．現在は，宮内庁の管理下に置かれ，宝物は空調設備の整ったコンクリート作りの新宝庫に移されているが，戦後は奈良国立博物館において，その宝物の一部を公開する「正倉院展」が毎年，曝涼期間の秋に開催されている．また今日，全国各地の寺社には，宝物館・宝物殿・宝蔵庫などと呼ばれる博物館的施設が散在するが，これらの原型がこの時代に誕生したといえよう（棚橋，1957）．

c. 床の間博物館と絵馬堂の時代―鎌倉・室町・安土・桃山時代

中世の武家社会の誕生と禅宗の普及は，日本文化に大きな影響を与えたが，ことに建築様式としての「書院造」の発達は，日本住宅に展示空間をもたらしたといえよう．書院造は，室町時代に成立した住宅建築様式で，現代日本住宅の基本となる様式である．禅宗寺院の書斎の影響などを受けて，床・違い棚・付書院を備え，障子や襖を多く用いている．

床の間は，室内装飾空間としての役割があるが，武具・戦利品などを置き，権力誇示の場ともなった．こうした行為は，屋内に室内装飾として彫刻・絵画あるいは，略奪品・戦利品などを陳列し，来客に見せるという，西欧ローマ世界における「王侯貴族の家庭博物館の時代」と類似したものといえる．日本における床の間も，客人に見せる展示空間といえるが，権力者の物欲表現にすぎず，博物館とはいい難いものであった．

また，書院造建築では，室内の仕切りとして欄間や絵襖が配置された．絵襖は，襖に描かれた絵画であり，また襖の上部には欄間が配され，木彫彫刻などが施され，これらは室内空間を彩る装飾美術であったといえる．今日では，これら欄間・絵襖自体が，重要文化財とされているものもある．さらに野外には，庭園も配されるようになり，眼精の美術的配置や植物の鑑賞的植栽も行われるようになった．

さらに室町末期には，絵馬が流行し，それらが神社へ奉納されることにより，各地に絵馬堂あるいは絵馬殿と呼ばれる施設が誕生した．この施設は，壁面を有さない四方が吹き抜けの建築様式である（図1.4.1）．絵馬は，すでに平安時代に発生し，板に馬の絵を描き，神への奉納を目的とする絵画（板絵）である（岩井，1974）．絵馬堂・絵馬殿は，その絵馬の奉納の場所であると同時に，神社を訪れた参拝客が見学できる公開された展示施設でもあり，板絵が集積された原始的美術館ということもできる（鶴田，1956；棚橋，1957）．

1.4.2 近世の博物館―江戸時代

a. 見世物と開帳の発達

室町時代に創始した見世物は，社寺の境内や盛り場などで宗教的勧進を名目として展開し，その後，桃山時代に古来の奇術が禁止されたことなどにより一時縮小したが，江戸時代に入り，娯楽・芸能的要素を強めて隆盛を極めた．見世物は，種々の芸能や珍奇なものを見せて入場料を取る，大衆娯楽として発展した．具体的には，社寺境内や盛り場で奇術・遊芸などを見せてお金を取ったり，小屋掛けをして珍品・天然奇物類，あるいは人形やからくりなどの細工物を見せて料金徴収をするなどの興行が行われた（朝倉，2002；古河，1982）．

今日においても，人の集まる観光地・温泉場などには，小さな博物館や美術館が多数みられるが，人々が集まる場での，こうした盛り場での珍品・奇品の展示公開は，今日的表現でいうならば仮設型観光博物館の原形といえよう．

また，珍獣・珍品類の見世物小屋として，孔雀小屋・花鳥茶屋・鹿茶屋・兎茶屋なども登場した．その名の通り，孔雀小屋はクジャク類を，鹿茶屋はシカ類を，兎茶屋はウサギ類を専門とした小屋掛けであった．比較的飼育が容易な鳥獣が好まれたようであるが，当時の木版画資料などをみると，ライオン，ゾウ，ヒョウ，ラクダなども散見され，遠くアジアやアフリカ大陸から連れてこられたとみられる動物も確認できる．これらは，生きた動物を有料で公開した，原始的動物園であるということもできる．また，ゾウなどは人が乗った姿もあり，調教してサーカス的な興行も行われていたようで，サーカスと動物園の要素が未分化ながら誕生していたこと

図 1.4.1 絵馬殿

がわかる．

　また江戸時代は，現世利益の思想に基づき，秘仏などの社寺宝物を特別公開する開帳（御開帳）が隆盛した時代でもあった．開帳には，当該社寺で行う「居開帳」と，他所で行う「出開帳」とがあった（古河，1982）．ちなみに，国語辞典の『広辞苑』（岩波書店）によれば，「開帳場」というのは盛り場で，つまりは娯楽の中心地であると説明されている．開帳自体は，鎌倉時代には行われていたようであるが，江戸時代になって各社寺の教義の布教と，社寺修復再建のための財源確保の2側面を目的として隆盛したようである．

　人口が最も多かった江戸での開帳は，『武江年表』で確認できる承応年間から慶応年間（1652～1867年）の200年あまりの間だけでも1,565回に上り（田中，2011），単純に割算すると年に7回以上実施されていたことになる．江戸後期を迎え，開帳が一般に定着し，隆盛してくると，そこに集まる参詣人を目当てに，見世物などの小屋掛けも増加し，まさに盛り場としての様相を呈するようになっていった．

　こうした秘仏・秘宝類を特別公開する開帳は今日でいう「特別展示」であり，ことに出張して公開される出開帳は「巡回展示」ということができよう．現に，東京国立博物館などで今日開催されている奈良や京都の秘仏・秘宝を公開する特別展は，出展する社寺側では，展示を開帳と位置付けている．

b. 薬園と物産会の発達

　薬園自体の成立は，奈良時代にさかのぼるとされるが，江戸時代になって，漢方医学の発展とともに隆盛を極めるようになる．薬園は，薬用植物の栽培を目的としたもので，江戸幕府は1638（寛永15）年に，麻布と大塚に薬園を開く（上田，1972）．後に，麻布薬園（南薬園）は1684年に小石川御薬園へと移転し，明治を迎えた1875（明治8）年に小石川植物園と改名され，さらに1877年からは東京大学の付属施設となって，300年以上を経た今日まで存続し，現在は東京大学大学院理学系研究科附属植物園となっている（図1.4.2）．このように江戸時代の薬園は，今日の植物園の母体ともなっているものである．日本の三大庭園と呼ばれる，岡山の後楽園，水戸の偕楽園，金沢の兼六園をはじめとする大名庭園なども，大枠では植物園の原型といってもよいかもしれない．

　さらに，菊人形や菊細工も見世物として登場し，花をテーマとした「花屋敷」や「梅屋敷」が誕生している．「花屋敷」は，1853（嘉永6）年に牡丹と菊細工を主とした見世物として江戸浅草に開かれた．大正から昭和初期にかけては動物園としても知られたが，戦時期にいったん廃園に追い込まれ，戦後の1949（昭和24）年に遊園地として再開し，現在に至っている．ここは，植物園の走りの施設が遊園地として現存する一例である（浅草花やしきウェブサイト）．

　また江戸時代には，薬草を中心とした，「物産会」「本草会」「薬品会」「博物会」などと呼ばれる，今日でいうところの見本市もしくは博覧会的な催し物も開催されている．「物産会」は，1751（宝暦元）年頃に，薬草の標本展覧会として「本草会」として始まったものが起こりとされ，1757年に平賀源内らが主導して開催された「薬品会」も知られているところである（上野，1973）．その後，薬品のみならず各種の自然物や珍品・奇品類に展覧資料が及び，「物産会」と呼ばれるようになったとされる．これらの催し物は，期間が限られたもので博物館らしきものとはいいがたいが，今日の見本市や博覧会の原始的形態といえる．

1.4.3　近代の博物館—明治・大正・戦前期

a. 近代西欧博物館思想の移入

　日本に近代型の博物館が誕生するのは，明治時代になってからである．その先駆けとなったのは，ヨーロッパで開催されていた万国博覧会への関心である．まず江戸幕府は，1862（文久2）年にロンドンで開催された第4回万国博覧会に遣欧使節団を派遣し，博覧会とともに西欧の博物館事情等についての視察・調査を行っている．

　その使節の一人に，福沢諭吉も参画しており，1860（万延元）年と67（慶応3）年の遣米使節としての見聞録と合わせて，後に『西洋事情』（1866

～70）を発表している．この中で，「博物館」を「世界中ノ物産，古物，珍品ヲ集メテ人ニ示シ，見聞ヲ博クスル為ニ設ルモノナリ」と定義している（マリオン・ソシエ；西川編，2002）．当時，この本はベストセラーとなり，museum の訳語として「博物館」ということばが定着していった．合わせて，この本の中で，美術館・動物園・植物園のなどの訳語も扱われ，日本語としてこれらの博物館関連のことばも同時に広まることとなった．

その後，1867 年にパリで開催された第 5 回万国博覧会に，江戸幕府は佐賀藩・薩摩藩と共同参加している．このとき，派遣された博物学者であった田中芳男は，博物館や動物園等の調査を行い，後に日本にも博物館を誕生させる原動力となった（棚橋，1949）．翌 1868 年に明治維新を迎え，1873（明治 6）年にオーストリアのウィーンで開催された第 6 回万国博覧会からは，町田久成が御用掛となって，日本も明治政府として正式に参加することとなった．

このような万国博覧会の影響を受けて，国内でも博覧会の開催が計画された．明治を迎え，1871 年 9 月に文部省に「博物局」が設置され，その翌年 1 月には内務省に「博覧会事務局」が創設された．博覧会としての「文部省博物館」は，田中や町田が中心となって東京の湯島聖堂の大成殿を会場に開催された．当初は 1872 年 3 月 10 日から 20 日間の予

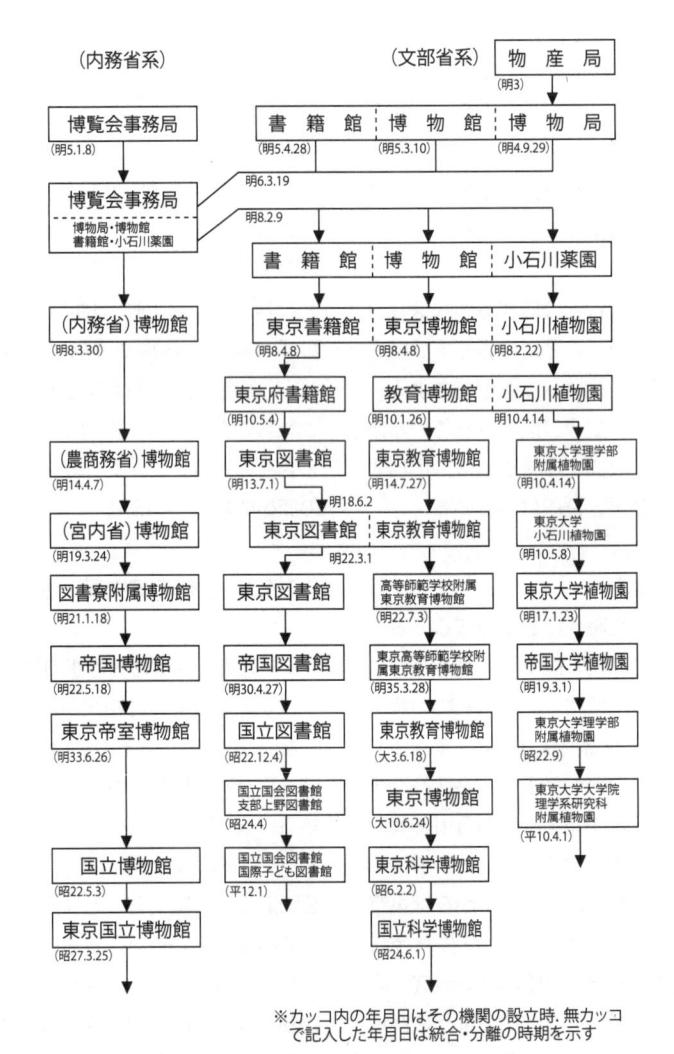

図 1.4.2 博物館変遷図（椎名，1993 に一部加筆）

定であったが，好評を博し4月30日までのおよそ50日間に及んだ．期間限定で開催された「博物館」であったが，継続の要望が強く，一部の資料を同年開催のウィーン万博の出品に向けた後（73年1月に送付），残りの資料を5月から毎月31日を除く1と6の付く日に定期的に公開することとなった（棚橋，1950）．

その後，博物館は1873年3月から内務省に統合され，現在の東京国立博物館へとつながっている．この博物館は，その9年後の1882年に，農商務省所管の博物館として上野公園内に移転し，その際に農商務省博物局天産部の附属動物園が開園している．これが日本最古の動物園である，現在の東京都恩賜上野動物園となっている．なお文部省の博物館は，その後1875年2月に再出発することとなり，同年4月に東京博物館，さらに77年1月に教育博物館へと変わり，幾多の変遷を経て，現在の国立科学博物館へとつながっている（図1.4.2，椎名，1988；椎名，1993）．

b. 中央集権化と博物館

1889（明治22）年に大日本帝国憲法が公布され，中央集権国家体制が名実ともに確立するとともに，天皇制の強化が図られると，博物館体制もこれに呼応して変質していく．社会背景としては，翌90年に第一回帝国議会が召集され，さらに教育勅語が発布されている．

内務省の博物館は，1881年に農商務省博物館となるが，86年3月からは宮内省に移管され，天皇制強化や国威宣揚の手段化への道を歩むこととなる．大日本帝国憲法が公布された89年に，宮内省の博物館は「帝国博物館」として制度化され，東京の他に85年4月に奈良，87年5月には京都に設置され，3館体制が確立する．その後，帝国博物館制度は，1900年6月に帝室博物館官制が施行され，新制度へと移行する（図1.4.2）．1907年から帝室博物館は，宮内大臣の管理下に属することとなり，天皇制との関わりが強化される．

宮内省の帝国博物館が帝室博物館へと強化される一方で，文部省の東京教育博物館は，帝国博物館が誕生する前年の1889年7月から，高等師範学校附属施設へと変わって縮小化され，対照的な道を歩むこととなる（図1.4.2）．

また1885年12月に定められた，文部省学務局事務章程において「通俗教育」という用語が登場する．庶民を対象として普及した平易な成人教育として，その活動を奨励したが，1910年代になると広い社会での教育に対応できなくなり，「社会教育」という用語に置き換えられる（松田，2004）．

1873年以降90年までの約20年間の博物館開館数は30館を数えるが，設置者は83％を占める25館が官公立または大学附属の博物館で，国主導の設置であったことがわかる．また，90％を占める27館が産業・自然系の博物館となっていて，殖産工業政策との対応関係も明確にみえる（伊藤，1978）．

1890年代になると，ドイツの学制を移入したことに伴い，愛国心や郷土愛を涵養することを目的とした郷土教育運動とともに，「郷土博物館」が登場する．ことに1910年代以降は，小学校の附属施設などとして広まり，1930年代前半を中心に県や市町村を中心に全国各地で設置が進んだ（棚橋，1932）．

また，1897（明治30）年には，古社寺に限定したものではあるが文化財保護制度を一本化した「古社寺保存法」が制定される．明治維新以来の神仏分離政策に伴う廃仏毀釈などによる社寺所有の文化財の荒廃化とともに，それらの海外流出も課題となっていた．また1894年の日清戦争により，民族的な自覚が呼び起こされたことなどによる，ナショナリズムの高揚を背景として，成立したものといえる．

この時期の1891年から1911年に至る，20年間に開館した国内の博物館数は55館にのぼるが，そのうち半数近い26館は社寺立・私立で設置されたもので，25館が歴史系・美術系の博物館となっている（伊藤，1978）．1890年以前の博物館が殖産興業政策と合致するように産業・自然系の博物館が多数を占めたが，明治後半は，上記のような，ナショナリズムの高揚を背景に歴史系・美術系の博物館へと移行していったといえよう．

c. 戦争・娯楽と博物館

　明治20年代から大正期にかけて，東京を中心とする都市部において娯楽型博物館的施設の普及がみられる．1889（明治22）年には，東京・浅草公園の花屋敷隣にジオラマ館が建設されている．また，パノラマ館も明治時代に登場し，1890年に東京・上野公園で開催された第3回内国勧業博覧会を当て込んで，上野パノラマ館が開館している．さらに同年に，東京・浅草にも日本パノラマ館が開館し，翌91年には東京・神田錦町，大阪・難波，京都・新京極などに開館していった（青木，2003；神山，2012；古河，1982）．画題としては，日清・日露戦争前後の時期は，戦争ものが多かったようである．

　大正時代に入ると，さらに動物園，水族館，個人美術館が多数開館していく．また日清・日露戦争の戦勝国，資本主義経済体制の確立を背景に，1914（大正3）年の東京大正博覧会，22年の東京勧業博覧会など，娯楽的要素の高い博覧会も開催されている．いずれの博覧会も好評を博し，前者は750万人，後者は900万人の入場者を数え，当時の日本

表 1.4.1　日本の博物館年表（奥平，1983 を一部加筆修正）

西暦年	人文科学系博物館	自然科学系博物館
1872	文部省博物館（東京国立博物館）	
1873	物品陳列所（新潟博物館）	
1874	大阪博物場（府立大阪博物場）	
1875	勧業寮・縦覧場，京都博物館，東京博物館（教育博物館）	小石川植物園（東京大学附属植物園）
1876	秋田博物館（秋田県物産陳列所），開拓使仮博物場，金沢博物館（石川県勧業博物館）	
1877	広島県博物館（広島集産場）	開拓使札幌博物場（札幌農学校附属博物館）
1878	浦和勧業博物館，公立名古屋博物館（愛知県博物館），函館支庁仮博物場（函館博物館），福岡博物館	
1879	鹿児島教育博物館，長崎博物館，和歌山集産場	
1880	神奈川県物産陳列場，(島根県)教育博物室	東京大学理学部博物場
1881	愛媛県物産陳列場，(滋賀県)博物館	
1882	靖国神社就遊館（宝物遺品館）	農商務省博物局天産部附属動物園（上野動物園）
1883	（鹿児島県）興業館（物産陳列場）	
1884	大分県物産陳列場，長野県勧業博物館（物産陳列場），山形県勧業博物館	
1885	（三重県）物産陳列場	
1886	宮崎県勧業物産陳列場	
1887	福井市物産陳列場（物産陳列所），福島県物産陳列場	
1888	茨城県勧業見本品陳列場，帝国京都博物館（京都国立博物館），北海道海陸産物見本品陳列場（物産陳列場）	
1889	大阪府立商品陳列所，帝国奈良博物館（奈良国立博物館）	
1891	岩手県物産陳列場（物産館）	（三重県）農業館
1892	鳥取県物産陳列場，宮城県物産陳列場	
1893	富山県工芸品陳列場	
1894	（三重県）工芸館（徴古館）	
1895	岡山県物産陳列場，観聚館（熊本県物産館）	
1896	佐賀県物産陳列場，農商務省貿易品陳列館（商品陳列館）	農商務省蚕業講習所標本館（東京蚕業講習所標本館）
1897	島根県物産陳列場，長崎市商品陳列所	
1898	群馬県物産陳列館	
1899		浅草公園水族館
1901	岐阜県物産陳列場，和歌山県物産陳列場	
1902	千葉県物産陳列館，新潟県物産陳列場，奈良県物産陳列場，松崎神社宝物陳列場（防府天満宮歴史館）	埼玉県立農事試験場附属物産陳列所，郵便博物館（通信博物館）
1903	神戸商品陳列所	京都市記念動物園，堺市水族館
1905	金刀比羅宮宝物館，静岡市物産陳列場	特許品陳列館
1906	香川県物産陳列所，松本記念館	地質調査所鉱物陳列館
1907	熊野速玉大社宝物殿	
1908	台湾総督府附属博物館，徳島県物産陳列所	
1909	京都商品陳列所，昌慶苑博物館，広島商品陳列場，宮崎徴古館	
1910		東京帝国大学附属三崎臨海実験所水族室・標本室
1911	菊花文庫附属博物館	

の総人口（約7,700万人）の1割前後が入場した計算となる（伊藤, 1978）.

この時期に, 動物園や水族館も増えていくが, こうした博覧会の会場跡地に設置されたものが少なくない. 日本最初の上野動物園（1882年開園）も, もともとは第1回内国勧業博覧会跡地に博物館が移転した際に付随して設置されたものであった. 1903（明治36）年に開園した京都市（記念）動物園は, 大正天皇御成婚を記念したものであるが, 第4回内国勧業博覧会跡地に建設されている. 大阪市天王寺動物園も, 15年に第5回内国勧業博覧会跡地へ移転したものである. また, 1903年開園の大阪・堺市水族館も, 第5回内国勧業博覧会会場に誕生したものであった（小森, 1981）.

このほか, 東京・浅草公園内に娯楽的施設として, 1899年に個人経営の海水水族館・浅草公園水族館が開館している. なお, これとは別に1885年に浅草水族館が開館しているが, 2～3年で閉館したという（鈴木, 2003）. 美術館についても, 1917年に東京・虎ノ門へ実業家・大倉喜八郎が設置し

1912	高知県物産陳列場（商品陳列所）, 朝鮮総督府商品陳列館, 福島県物産陳列館, 防長教育博物館（山口県立山口博物館）	
1913	浅野観古館, 白峰山宝物殿, 高知県懐徳館	魚津町立水族館, 平瀬介類博物館
1914	出雲大社宝物殿, 鹿児島県立図書館郷土博物室, 瀬戸陶磁器陳列館, 長野県商品陳列館, 乃木神社宝物殿, 出羽三山神社宝物殿	大阪市動物園
1915	忌宮神社宝物館, 岡山市通俗教育館, 朝鮮総督府博物館, 日光東照宮宝物館, 広島県物産陳列場	
1916	呉市択善館, 満蒙物産館（関東庁博物館・記念館）	
1917	茨城県立教育参考館, 大倉集古館, 樺太庁博物館, 台湾総督府商品陳列館	鶴舞公園附属動物園
1918	北海道家庭学校博物館	
1919	菊池神社宝物館, 市立大阪市民博物館, 北海道商品陳列所拓殖館, 最教寺霊宝殿, 竹富蒐集館	島根県立今市高女平田植物園, 名和昆虫博物館
1920	志度寺宝物館, 下郷共済会鐘秀館	
1921	海老名市温故館, 高野山霊宝殿, 鶴林寺宝物殿, 広隆寺霊宝殿, 津和野町立郷土館, 明治神宮宝物殿, 山口県商品陳列所	貝広海産標本陳列所, 秩父鉱石標本陳列所, 鉄道博物館（交通博物館）, 平和記念東京博覧会
1922	日本海海戦記念館	京都大学理学部附属瀬戸臨海研究所水族館
1923	上杉神社稽照殿, 尚古集成館, 毛越寺霊宝館	京都大学附属植物園, 京都動物園
1924		恩賜上野動物園, 甲府市動物園, 東北大学臨海実験所水族館
1925	鎌倉共済会郷土博物館, 教育参考館, 豊国神社宝物殿, 横浜市震災記念館	電気博物館
1926	大山祇神社宝物館, 記念艦三笠, 讃岐博物館, 聖徳記念絵画館, 東京府美術館（東京都美術館）, 日本赤十字社参考館, 満蒙資参考館, 身延山宝物殿,（京都）有隣館, 北野天満宮宝物殿, 仁和寺霊宝殿	恩賜記念科学館（朝鮮）, 長岡高工科学工業博物館, 宮城県立斉藤報恩農業館
1928	鎌倉国宝館, 國學院大學考古学資料室, 太宰府天満宮宝物殿, 高松高商商業博物館, 東洋民族博物館, 平壌府立博物館, 早大坪内博士記念演劇博物館	
1929	徴古館（上田市立博物館）, 常陽明治記念館, 多田神社宝物館, 宮崎宮宝物殿, 明治大学刑事博物館, 山形師範郷土室	熊本動物園
1930	永平寺聖宝閣, 大原美術館, 黒田清輝記念室, 多摩聖蹟記念館, 天理大天理参考館, 三島大社宝物館, 米沢郷土館	中之島水族館, 湊川水族館, 栗林公園動物園
1931	大阪城天守閣, 逓信博物館分館前島記念館, 東京都復興記念館	
1933	厳島神社宝物館, 小泉八雲記念館, 長門尊攘堂（長府博物館）	
1934	春日大社宝物殿, 楽翁公百年記念祭宝物館	
1935	宗吾霊宝殿, 報徳二宮神社宝物殿	
1936	釧路市立郷土博物館, 網走市郷土博物館, 阿寒和琴博物館	
1938	日清講和談判記念館	
1939	豊国神社宝物殿, 野口英世記念館, 法隆寺大宝蔵殿	
1940	山陰徴古館（米子市立山陰歴史館）	
1941	長崎市立博物館, 耶馬溪風物館	
1942	同志社大学新島遺品庫	
1943	和鋼記念館, 吉備考古館	

た，日本最初の私立美術館として大倉集古館が開館している．26年には，公立の東京府美術館も開館している（武田，1981）．

1921年に文部省官制改正に伴い，従前の通俗教育では広い社会での教育に対応できなくなり，社会教育へと転換された．24年に通俗教育を担当してきた文部省普通学務局第四課は，社会教育課に改編され，29年には社会教育局へと昇格している．21年には，公立図書館職員令が発令され，司書養成制度が確立する．さらに，同年の東京博物館官制により，同館が社会教育機関として成立し，23年には学芸官制度も設けられた（伊藤，1978）．

その後，昭和の時代を迎え，日本においても博物館数が増加し，その組織化が図られるようになる．1928（昭和3）年に昭和天皇の御大典を記念して，博物館事業促進会が創設され，機関誌として『博物館研究』が創刊された．3年後の31年には，恒久的組織化を図り，日本博物館協会へと改称された．

しかしその後，戦争の時代を迎え，37年に日中戦争，41年に太平洋戦争へと進み，博物館は「教育」の場から「教化」の場へと変質していく．国内では，陸軍博物館や海軍博物館が建設され，朝鮮・台湾・満州・昭南島（シンガポール）などの植民地においては，植民地教育を目的とした博物館の建設が進んだ．社会教育の場として発展しかけていた博物館は，国威宣揚や愛国心啓発の場へと転換され，1942年に文部省の社会教育局は廃止され，各地の博物館も休眠状態へと追い込まれた．

最後に，第二次大戦終結期までにおける国内の博物館年表を表1.4.1に示す．

1.4.4 戦後の博物館

a. 博物館の復興と博物館行政

1945（昭和20）年8月の敗戦後，連合国軍の進駐・占領政策により，文部省内に再び社会教育が復活する．国民教育，とくに成人教育の柱として公民館・図書館を中心とする社会教育が推進され，博物館もこの枠の中に入っていくこととなる．戦時中，休眠状態に置かれていた博物館は，いち早く再開を遂げており，敗戦2年後の47年に実施された調査では，当時あった博物館204館中の86%に当たる176館がすでに再開している（伊藤，1978）．

敗戦の混乱期にあっても，いや混乱期だからこそ博物館の再開は急がれ，枯渇した国民の心を癒す場ともなっていった．47年に公布された教育基本法において，博物館は「社会教育のための機関」と定められ，49年に公布された社会教育法では，「博物館・図書館は別の法律をもって定める」とされ，51年12月にようやく初の博物館法の成立をみた．

これにより博物館は法律上，社会教育機関として正式に認められたわけであるが，博物館法が対象とする博物館は，公立博物館と私立博物館のみで，国立博物館は除外されるという結果となった．一つの要因は，博物館法成立前年の50年に公布された文化財保護法である．この中で，文化財保護委員会が東京国立博物館内に設置されることとなり，国立博物館・国立美術館は，社会教育機関ではなく文化財保護機関として位置付けられたのである．

こればかりではなく，戦後日本の博物館行政には幾多の混乱が生じている．公立・私立の博物館は，社会教育局（現生涯学習局）の所管とされたが，国立博物館の中でも国立科学博物館（図1.4.3）だけは，教育博物館を母体としていることから49年の所管替えの際に社会教育機関とされた．

一方，東京・京都・奈良の国立博物館は，51年から文化財保護委員会（現文化庁）所管となり，東京・京都の国立近代美術館についても，それぞれ52年と63年に，国立西洋美術館も59年に同委員

図1.4.3 国立科学博物館

会の所管となっている．なお68年には，文化財保護委員会と文部省文化局を合体して文化庁が設立されている．さらに，77年に開館した国立民族学博物館（大阪）と，83年開館の国立歴史民俗博物館（千葉）は，大学教育機関として設置されたため学術国際局の所管としてスタートしている．このほか，国土交通省国土地理院の地図と測量の科学館，旧郵政省の逓信総合博物館など，各省庁においても，独自に博物館を設置しており，法律上の博物館とそうでないものとの区別はきわめてしにくい状況にある．

b.「博物館大国」へ—政治と博物館

戦後日本の博物館数は急増し，2007（平成19）年までは右肩上がりでの増加を続けた（図1.4.4）．その背景には，国からの補助金や交付金の制度があったことは無視できない．文部省社会教育局では，博物館法制定翌年の1952（昭和27）年から社会教育施設整備事業の一環として公立博物館の施設整備に対する国庫補助を行っている．もちろんこの補助金を受けるためには，基本的に登録博物館とすることが前提とされ，都道府県や市町村の博物館の多くが受けた補助金であったが，97年に廃止された．

また，文化庁からも文化財保存整備事業の一環として，公立地方歴史民俗資料館整備に対する国庫補助が70年から始まり，全国の市町村を中心に「歴史民俗資料館」が建設されたが，この制度も94年に廃止された．実は，補助金制度の違いにより，公立館においても社会教育施設としての博物館と，文化財保存施設としての歴史民俗資料館が存在しているが，一般市民にはこの違いがなかなかわからないのが現実である．さらに文化庁では，71年から遺跡保存整備事業の一環として風土記の丘整備に対する国庫補助制度も設け，遺跡整備と展示施設整備をセットにした「風土記の丘」が各地に建設されたが，これも94年に廃止された．

これらの国庫補助制度が整った時期は，68年の明治（維新）100年や71年の県制（廃藩置県）100年など，地方公共団体は博物館を建設しやすい環境にあったといえよう．また，70年には日本万国博覧会（大阪）が開催され，国内の展示技術の向上なども後押ししたといえる．

このほかにも，厚生省では児童厚生施設整備事業の一環として，国際児童年を記念して79年からこども科学館整備に対する国庫補助を進め，その結果として各地に「こども科学館」が建設された．同年に文化庁では，埋蔵文化財センター建設費の国庫補助を開始し，各地に「埋蔵文化財センター」の設置が進んだ．

また2004年からは，国土交通省が都市再生整備事業の一環として，まちづくり交付金を支出し，地域交流・まちづくりセンターとしての「文化館」の建設も増えている（2010年度より社会資本整備総

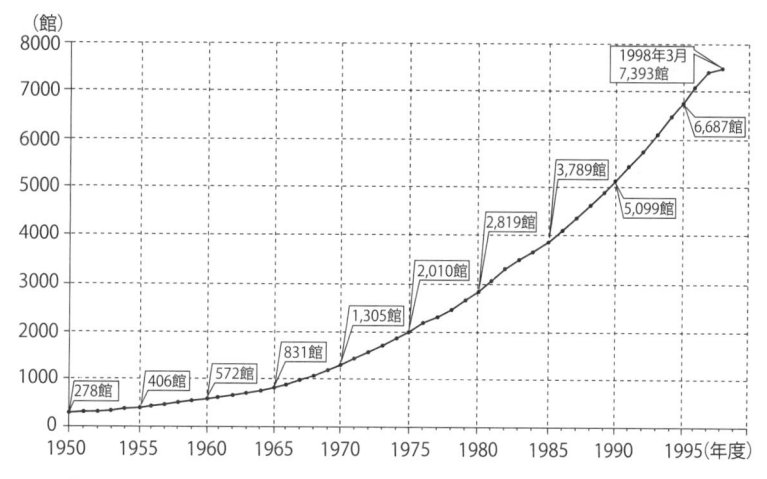

図1.4.4 20世紀後半の国内博物館数の推移（丹青研究所調べ，里見，2000）

図1.4.5　全国の博物館分布（加藤, 1980）

合交付金となっている）．このほか農林水産省においては，田園空間博物館整備事業としての国庫補助制度もある．このように，文部（科学）省や文化庁以外の省庁からも，博物館等整備のための補助制度がもたらされ，行政・市民ともに博物館への理解へ一層の混乱を招いている．

80年代から90年代にかけて公立博物館建設ブームの背景には，77年に当時の埼玉県の畑和知事が「行政の文化化」を，次いで翌78年に神奈川県の長洲一二知事が「地方の時代」を提唱したことなどの影響も見逃せない．それを象徴するのが，78年に開館した山梨県立美術館といえる．当時，首都圏でありながら文化的に後れを取っていた山梨県は，日本人の好きなミレーの絵画に着目し，ミレーの絵画を目玉とした美術館を建設し，文化的挽回を図ろうとした．当時，一点豪華主義といわれたが，目論見は当たり，連日観光バスが訪れる美術館となり，一躍観光スポットとなった．この美術館建設は，地方の文化行政の象徴とされ，政治的ファッションとしての美術館・博物館建設のさきがけと

なった．民間機関の調査によれば，1990年代末には7,000館を超える（図1.4.4）とされる．

その後も，選挙公約としての博物館・美術館建設ブームが続いたが，為政者はソフトである運営や学芸員配置には関心が薄く，建物だけ立派なことから「ハコモノ行政」といわれた．近年もしばしば，美術館建設は政治論争となることがあり，2007年に開館した横須賀市美術館は，市長選の目玉となって，建設推進派と建設反対派の戦いとなった．推進派が当選した結果，美術館はオープンに漕ぎついたが，2009年に反対派市長へと交替した結果，集客施設として経営の合理化が推進されるようになっている．

1.4.5　博物館の現状

a．博物館の分布と立地

2011（平成23）年の文部科学省『社会教育調査報告書』によれば，日本の博物館数は5,747館（民間調査よりも把握数が少ない）にのぼり，全国に散

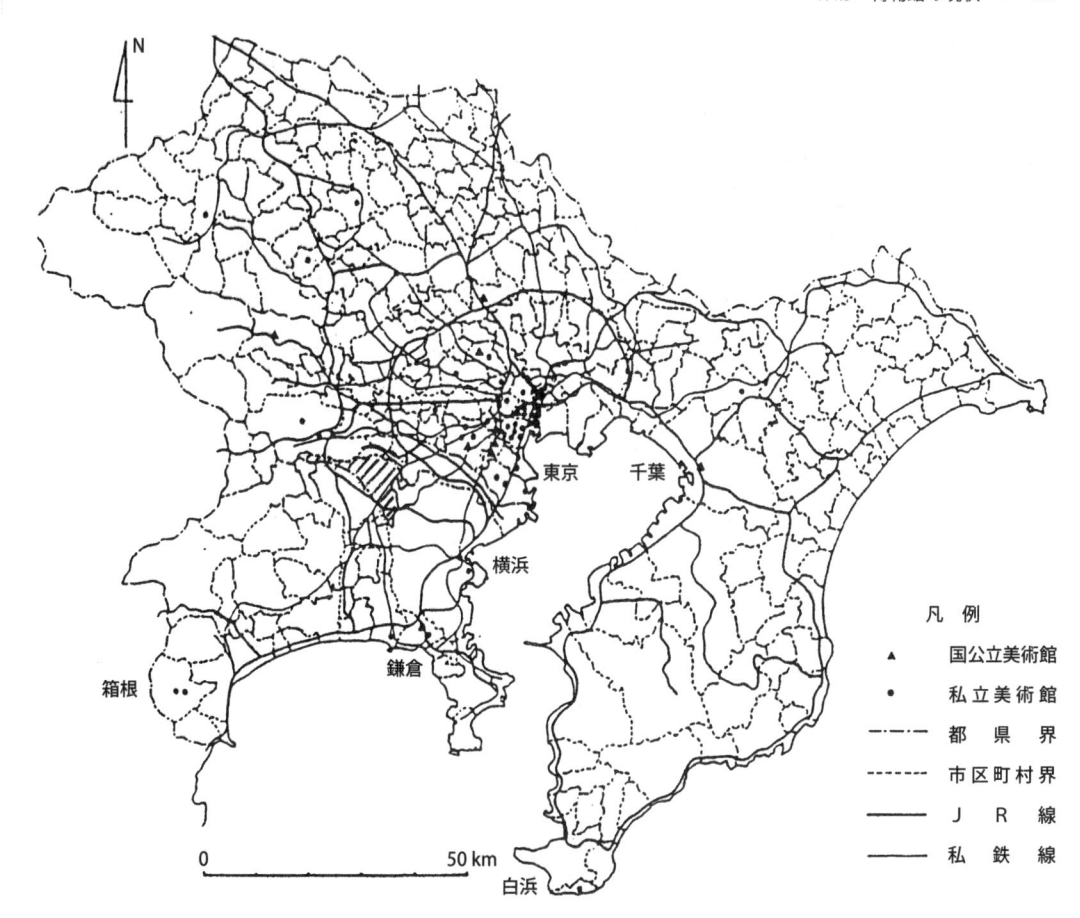

図 1.4.6　東京周辺の美術館分布（1985（昭和60）年現在）（浜田，1985）

在するが，その分布を眺めると，東日本にやや多い傾向にあり，とくに大都市や観光地に多く分布している（図1.4.5）．

大都市部に多くみられる特徴的な博物館は，国立館の存在である．ことに首都・東京には，東京国立博物館をはじめ，国立科学博物館・国立西洋美術館・東京国立近代美術館・国立新美術館と大規模な国立館が複数立地する．また東京では，山の手を中心とする商業・住宅地に，私立を中心とする美術館が多数立地し（図1.4.6），臨海部の埋立地を中心とする工業地帯には科学館が多数分布している．こうした私立美術館や科学館は，分布特性から都市型博物館として類型化することが可能であろう．美術館に関しては，観光地にも個人立など小さなものが多数立地しており，観光型博物館にも分類される．

一方で，動物園・水族館・植物園などは，大都市郊外に立地する傾向が高い博物館である（図1.4.7）．動物園・植物園の設置には，広い敷地を必要とするため，上野動物園など古くから存在するもの以外は，郊外に作らざるをえないのが現実である．また，動物や植物自身のためにも，自然環境に恵まれた立地が望ましいことはいうまでもない．

水族館については，淡水水族館と海水水族館とでは，立地条件が異なるが，いずれも水槽に大量の水を必要とするため，水が得やすい場所に設置するということは，容易に想像できよう．分布をみると，淡水水族館は大きな河川沿いや湖沿いに立地していることがわかる．また，海水水族館は，海沿いに立地していることがわかる．とくに関東南部では，伊豆・箱根，湘南・三浦，外房などに多く，いずれも集客のため，そこが観光地となっていることがわかる．動物園・水族館は，レジャー型の博物館という

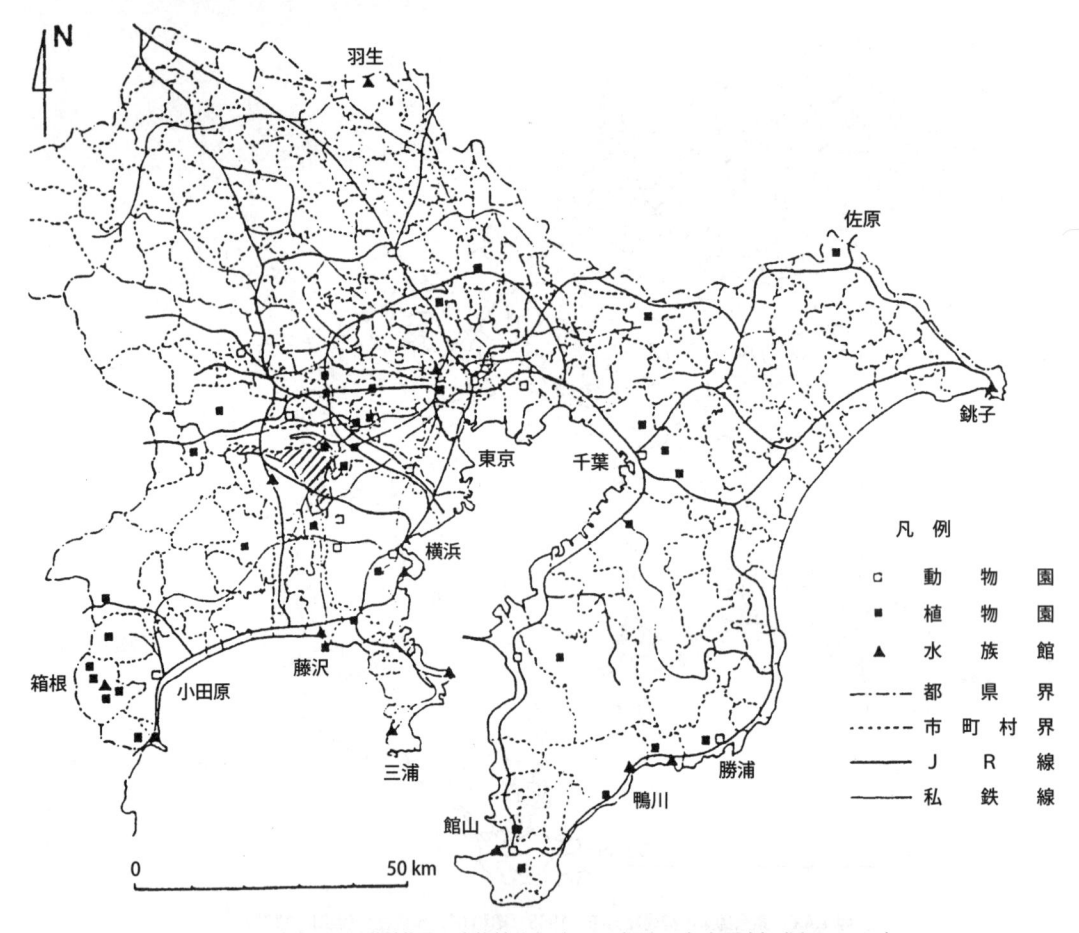

図 1.4.7 東京周辺の動植物園・水族館分布（1985（昭和 60）年現在）（浜田，1985）

ことができ，かつ観光型博物館として分類できる．

近年は，動物園・水族館ブームといわれ，また首都圏では身近な施設と思われがちであるが，実は館数としては少なく，国内に動物園は 92 園，水族館は 83 館（2011 年現在）で，美術館や科学館に比べてはるかに少なく，動物園も水族館もない県も存在するのである．また各市町村には，公立の博物館や美術館が，地域博物館・地域美術館として多数立地している．

b. 博物館「冬の時代」へ

文部科学省の調査では，2011（平成 23）年現在，日本には 5,700 館を超える博物館があり，「博物館大国」と呼ぶにふさわしい数であるが，うち 78 % は類似施設で，残念ながら内情が伴っているとはいいがたい．また，博物館活動を支える専門的職員である学芸員数は，非常勤を含めても 2011 年現在 8,254 人で，1 館当たりにするとわずかに 1.4 人という数になり，非常に厳しい現実が浮かび上がってくる．

とくに地方を中心に日本の多くの博物館では，1 人の学芸員に館の運営がすべて任されるという現実があり，「雑芸員」という言葉を生む背景ともなっている．さらには平成期以降，博物館利用者数は横ばいの状態が続いており，増える博物館数と対比させると 1 館当たりの利用者数は減少傾向にあるといえ，いっそうの厳しい博物館運営をうかがい知ることができる．とくに公立博物館においては，伸び悩む利用者数つまりは収入の中で，予算の削減や人員の削減が進み，平成の大合併のあおりも受けて，

2008年には博物館数が戦後初めて減少し,「博物館リストラ」の時代へと入った.

今日の状況が生まれるまでに,博物館は幾多の変革や改革の経験を経ている.まず1980年代後半以降,公立博物館は,効率的運営や業務の迅速化をうたい文句に,公社・財団など第三セクターによる委託化が推進された.その後2003年の地方自治法改正に伴い,公立博物館の指定管理者制度がスタートした.これにより,公立博物館の運営に株式会社や市民NPO法人などを含めた民間への業務委任が可能となった.

また,1990年代後半からは博物館評価制度が導入され,行政評価による博物館の切り捨ても一部で始まった.教育機関であるはずの博物館で,入館者数や採算性といった数字での評価が先行した結果,博物館は非採算のお荷物施設として,切り捨てや廃館の運命をたどるケースも生じた.東京都では収益性などが問われ,非採算性の高かった高尾自然学博物館や近代文学館は,実際に閉館へと追い込まれた.また川崎市市民ミュージアムでは,「民間なら倒産状況」との外部評価を受け,無料化と入館料値上げの両面から収益性が検討されるに至った.

国立博物館においても,1999年に独立行政法人国立博物館法・独立行政法人国立美術館法・独立行政法人国立科学博物館法が施行され,2001年から独立行政法人化された.ここでも,独立採算化が求められ,入館料の値上げが行われる結果となった.その後,2007年に国立博物館は国立文化財研究所と統合され,独立行政法人国立文化財機構法の下に置かれている.さらには,国立美術館との統合についても検討されたが,実現には至っていない.このようにみると,今日,博物館はまさに転換期を迎えたといわざるをえない. ［浜田弘明］

参考文献

青木豊(2003)『博物館展示の研究』雄山閣
浅草花やしきウェブサイト「160年のあゆみ」http://www.hanayashiki.net/info/160_info.html
朝倉無声(2002)『見世物研究』ちくま学芸文庫
油井隆(1986)『展示論』電通
伊藤寿朗(1978)「日本博物館発達史」伊藤寿朗・森田恒之編『博物館概論』学苑社
岩井宏美(1974)『絵馬』法政大学出版局
上田三平(1972)『増補改訂 日本薬園史の研究』渡辺書店
上野益三(1973)『日本博物学史』平凡社
奥平耕造(1983)「博物館の設計」『新建築学体系30 図書館・博物館の設計』彰国社
加藤有次(1980)「わが国の博物館の概観と設立状況」加藤有次編『博物館学講座3 日本の博物館の現状と課題』雄山閣
神山彰(2012)「パノラマ」倉田喜弘編『幕末明治見世物事典』吉川弘文館
小森厚(1981)「動植物園・水族館史」樋口秀雄編『博物館学講座2 日本と世界の博物館史』雄山閣
里見親幸(2000)「わが国の博物館の現状と課題」『新版 博物館学講座3』雄山閣
椎名仙卓(1988)『日本博物館発達史』雄山閣
椎名仙卓(1993)『図解博物館史』雄山閣
鈴木克美(2003)『水族館』法政大学出版局
全国歴史教育研究協議会編(2009)『改訂版 日本史B用語集』山川出版社
全日本博物館学会編(2011)『博物館学事典』雄山閣
武田厚(1981)「美術系博物館史」樋口秀雄編『博物館学講座2 日本と世界の博物館史』雄山閣
田中嗣人(2011)「開帳」『博物館学事典』雄山閣
棚橋源太郎(1932)『郷土博物館』刀江書院
棚橋源太郎(1949)『博物館』三省堂
棚橋源太郎(1950)『博物館学綱要』理想社
棚橋源太郎(1953)『博物館教育論』創元社
棚橋源太郎(1957)『博物館・美術館史』長谷川書房
鶴田総一郎(1956)「博物館学総論」日本博物館協会編『博物館学入門』理想社
野町啓(2009)『学術都市アレクサンドリア』講談社学術文庫
橋本義彦(1997)『正倉院の歴史』吉川弘文館
浜田弘明(1985)「大都市圏における博物館の分布と立地—南関東を事例として」『法政大学地理学集報』14
古河三樹(1982)『図説庶民芸能江戸の見世物』雄山閣
松田武雄(2004)『近代日本社会教育の成立』九州大学出版会
マリオン・ソシエ,西川俊作編(2002)『福沢諭吉著作集1 西洋事情』慶應義塾大学出版会
吉田憲司(2011)『改訂新版 博物館概論』放送大学教育振興会

1.5 博物館の関連法令

1.5.1 博物館の法制度の概観

　日本における博物館を支える根幹の法律は「博物館法」である．この法律は1951（昭和26）年12月に公布され，翌年3月に施行されている．まず，学芸員として理解しておかなければならない法律の第一はこの博物館法であり，「学芸員」という資格そのものに関してもこの法律の第5条に学芸員資格について規定されていることでその重要性はわかるだろう．

　まずこの法律を含めた博物館に関わる法制度全体をみてみよう．博物館法は日本において教育に関する法律の体系の中で位置づけられており，下のように考えてもらえば，理解しやすい．

　　日本国憲法第26条（教育権）－教育基本法－
　　社会教育法－博物館法

　日本は1945（昭和20）年，敗戦を迎え，民主主義国家として再生していく中で，戦前の大日本帝国憲法の改正という形を取って新たに日本国憲法を制定した．博物館は戦前においても文部省社会教育課が所管していたが，法体系上，明確な形を与えたのは日本国憲法を受けて社会教育に関する法律の整備が行われていくこれ以降のことである．

　日本国憲法第26条では第1項で国民の教育を受ける権利を，第2項で教育を受けさせる義務と義務教育の無償について規定している．第1項では「すべて国民は，法律の定めるところにより，その能力に応じて，ひとしく教育を受ける権利を有する」とされており，学校における教育だけではなく，博物館や図書館などにおける社会教育をも含んだ教育と解される．

　ただし現在の教育基本法は2006（平成18）年に改正されたものであり，そもそも制定されたのは日本国憲法の趣旨を踏まえて（まだ施行されていなかったため）1947（昭和22）年に制定された．改正前の法律では第2条であらゆる機会・場所で教育の目的を達成することとしており，第7条では社会教育の推進と例示として博物館などの設置が規定された．これを受けて社会教育法も1949（昭和24）年に制定された．その後，先述の2006（平成18）年の改正で生涯学習の概念（第3条）について付け加えられ，「国民一人一人が，自己の人格を磨き，豊かな人生を送ることができるよう，その生涯にわたって，あらゆる機会に，あらゆる場所において学習することができ，その成果を適切に生かすことのできる社会の実現が図られなければならない」とした．

　社会教育法は教育基本法の精神に則り，社会教育に関する国及び地方公共団体の任務を明らかにすることを目的とし，社会教育を「学校教育法に基き，学校の教育課程として行われる教育活動を除き，主として青少年及び成人に対して行われる組織的な教育活動（体育及びレクリエーションの活動を含む）」と定義している．そして第9条で「図書館及び博物館は，社会教育のための機関とする」とし，同条2項で「図書館及び博物館に関し必要な事項は，別に法律をもって定める」としている．その趣旨を受けて，図書館法が1950（昭和25）年に，続いて翌年に博物館法が制定されることになる．このように憲法で保障される「教育を受ける権利」を受けて，各法律はその権利を実現するべく制定されてきたのがこれまでの博物館に関わる法制度の歴史であり，考え方である．

1.5.2 博物館法の内容

　日本の博物館の制度は「博物館法」を基本にしている．その博物館法をみてみよう．現在の法律は以下のように全5章29条で構成されている．

第一章　総則（第一条～第九条の二）
第二章　登録（第十条～第十七条）
第三章　公立博物館（第十八条～第二十六条）
第四章　私立博物館（第二十七条・第二十八条）
第五章　雑則（第二十九条）
附則

具体的な条文の内容については巻末付録を参照していただきたいが，以下に重要なものを挙げてみる．

第1章では第2条で博物館の定義について「歴史，芸術，民俗，産業，自然科学等に関する資料を収集し，保管（育成を含む．以下同じ）し，展示して教育的配慮の下に一般公衆の利用に供し，その教養，調査研究，レクリエーション等に資するために必要な事業を行い，あわせてこれらの資料に関する調査研究をすることを目的とする機関」と定義している．第4条では「館長，学芸員その他の職員」として，博物館において館長や専門的職員として学芸員を置くなどの規定が置かれている．第8条では文部科学大臣は，博物館の健全な発達を図るために，博物館の設置及び運営上望ましい基準を定め，これを公表するものとしている．

第2章では登録博物館についての規定である．これは博物館法でいう博物館であって，地方公共団体が設置する公立博物館，そして一般社団法人・財団法人・宗教法人ならびに政令で定めるその他の法人が設置する私立博物館のうち，館が所在する都道府県の教育委員会に備え付けられている博物館登録原簿に登録されている館であって，①資料を有すること，②学芸員その他の職員を有すること，③建物および土地を有すること，④1年を通じて150日以上開館すること，となっている（第12条）．しかし，この登録博物館となっている館が少ないのが大きな問題であり，登録博物館に準ずる形の博物館相当施設となっている館と合わせても全体の2割程度にしかならないというのが実態である．博物館法の第5章，第29条には博物館相当施設に関する規定がある．これは「博物館の事業に類する事業を行う施設」として博物館法上の博物館（登録博物館）に準じる館である．国または独立行政法人が設置する施設の場合は文部科学大臣の，その他の施設の場合は当該施設が所在する都道府県の教育委員会の指定を受ける必要があり，その要件は登録博物館の登録要件に準じて博物館法施行規則に規定されている．登録用件は①博物館の事業に類する事業を達成するために必要な資料を整備していること，②博物館の事業に類する事業を達成するために必要な専用の施設及び設備を有すること，③学芸員に相当する職員がいること，④一般公衆の利用のために当該施設及び設備を公開すること，⑤1年を通じて100日以上開館すること，が求められている．

さらに前述の2つにも属さないのが「博物館類似施設」である．博物館法上の分類だと勘違いされることが多いが，これに関しては博物館法上規定があるわけではない．あくまで登録博物館，博物館相当施設に属さない，その他の館をひとくくりにして，このように呼んでいるのである．これは文部科学省が3年ごとに実施する社会教育調査時に一定の規模の館に関してこの調査の対象に加えているもので，動物園・植物園ではおおよそ $1,320\,m^2$ の土地がある施設，水族館にあっては展示用水槽が4個以上で，かつ水槽面積の合計が $360\,m^2$ 以上の施設，その他の施設では，建物がおよそ $132\,m^2$ 以上の面積を有する施設，とされている．

第3章では「公立博物館」，第4章では「私立博物館」についてそれぞれ規定されている．

1.5.3　博物館法以外の法制度

a.　国立博物館・美術館

前項では博物館法の内容についてみてきたが，その構成をみた際，国立博物館の規定がないことを不思議に思わなかっただろうか．国立博物館は博物館法における登録博物館ではない．相当施設ないし類似施設として位置づけられているが，そもそもこのような経緯になった理由は文化財保護法の制定と大きな関わりがある．文化財保護法は1949（昭和24）年の法隆寺金堂壁画の焼失という大きな事件が発生したため，それ以前に制定されていた「国宝保存法」「史蹟名勝天然紀念物保存法」「重要美術品ノ保存ニ関スル法律（重要美術品等保存法）」の3

つをまとめ，文化財を守るより強力な法律として制定された．その制定の際，東京国立博物館や奈良国立博物館は文化財保護行政を担う文化財保護委員会（現在の文化庁の前身）の付属機関とされたため，博物館法の適用外とされた．またその後設立された国立の美術館（東京・京都の近代美術館，国立西洋美術館，国立国際美術館）も博物館法の適用から外され，これらの館は文部省設置法の中で設置根拠となる規定が置かれ，文化庁所管の館となった．

その後，九州国立博物館や国立新美術館を加え，館数は増えたが，2001（平成13）年の行政改革により，独立行政法人として再編成された．この独立行政法人とは独立行政法人通則法第2条第1項で「国民生活及び社会経済の安定等の公共上の見地から確実に実施されることが必要な事務及び事業であって，国が自ら主体となって直接に実施する必要のないもののうち，民間の主体にゆだねた場合には必ずしも実施されないおそれがあるもの又は一の主体に独占して行わせることが必要であるものを効率的かつ効果的に行わせることを目的として，この法律及び個別法の定めるところにより設立される法人」とされている．そして独立行政法人通則法のもとに博物館をまとめる各法人の設置法が制定された．

当初，東京，京都，奈良，九州の国立博物館は「独立行政法人国立博物館」に，国立科学博物館は「独立行政法人国立科学博物館」，東京・京都の国立近代美術館，国立西洋美術館，国立国際美術館，国立新美術館が「独立行政法人国立美術館」，東京・奈良の国立文化財研究所が「独立行政法人文化財研究所」としてそれぞれ編成された．さらに「独立行政法人国立博物館」と「独立行政法人文化財研究所」は2007（平成19）年に統合され，「独立行政法人国立文化財機構」となった．最初の国立の館の独立行政法人化の際には，法人化の是非がまず問題にされたが，さらにどの館とどの館を同一の法人にするのか，が大きな議論となった．また中期計画が終了し，次期の計画の策定の際にはどの法人をどのように再編成するのか常に国立の館ということから毎回大きな注目を集めることになる．

b. 博物館制度の問題点

このように日本の博物館制度は国立の博物館と公立・私立の博物館が別の枠組みになっているという，複雑な制度のまま今日に至っている．また博物館法については20回ほど改正が行われたが，多くの改正は行政改革や地方分権の推進を受けてのもので，博物館制度に対する主体的な改正はあまりないといってよく，1955（昭和30）年の改正だけであるといってよいだろう．しかし，近年の博物館における最大の問題点は1.5.2項でも触れた「登録制度」にある．この登録制度は公立博物館では国からの補助金の交付などを受けるための指標になるが，1997（平成9）年に施設整備費補助金は一般財源化されて廃止されたため，現在は機能していない．私立博物館でも税制上の優遇措置を受けられるようになるが，公益法人改革によって公益法人と認定された法人によって設置された館に限定されることになる．このように博物館法が制定されて60年以上が経過したが，制定当初の意図とは大きく隔たるようになってしまった．施設整備費補助金や税制優遇措置の対象から不適切な館を排除するという制定当初の目的には有効に働いたが，現状では実態と制度の乖離が甚だしく，制度の空洞化が目立っている．そのため，最新の改正である2008（平成20）年の際にはこの点が改正されるのではないかと期待されたが，結局，解決されなかった．

さらに博物館法のような法律ではないが，1973（昭和48）年に文部省告示として「公立博物館の設置及び運営に関する基準」が出された．これは博物館に必要な施設及び設備，施設の面積，博物館資料，展示方法，教育活動，職員等が詳細に示されていた．この基準によって都道府県，市町村のレベルでの学芸員採用の人数などの目安となっていたが，1998（平成10）年の生涯学習審議会の答申において見直しが検討され，2003（平成15）年に「公立博物館の設置及び運営上の望ましい基準」として新たに出された．これにより学芸員の人数や施設の面積等に関する部分が削られ，さらに2011（平成23）年には「博物館の設置及び運営上の望ましい基準」として新たに告示された．1973年の基準では地方公共団体において一定程度の学芸員を置くこ

とに事実上の効果をもたらしていたが，その後の弾力化，大綱化の名の下に2003，2011年と「望ましい基準」が策定され，告示されたものでは学芸員の人数等の規定が削減され，その効果がなくなってしまい，各館で博物館の専門職として学芸員を適切な人数が置かれず，非常勤や嘱託などの非正規職員が増えている現在の状況がある．

1.5.4 文化財保護制度の概観

a. 文化財保護法の成立

前項までみてきたように博物館の制度は文化財保護の制度とも密接な関係のもとに形作られてきた．また学芸員の仕事として文化財保護もまた重要な仕事の一つである．それゆえ文化財保護の制度についても十分に理解しておく必要がある．ここでは文化財保護法を中心にしたその制度と歴史について解説する．

文化財保護法の制定はこれまでも述べてきたように1950（昭和25）年である．そのきっかけは前年1月26日に発生した法隆寺金堂壁画の焼損である．現在では世界文化遺産にも登録された，日本を代表する著名な寺院であるが，1945年の日本の敗戦により，平和国家，文化国家として再出発していくにあたって，大きな痛手となった事件となった．しかし，この事件がきっかけとなり強力な法制度の必要性が認識され，戦前の3つの法律，国宝保存法，史蹟名勝天然紀念物保存法，重要美術品等ノ保存ニ関スル法律（重要美術品等保存法）を統合し，議員立法によって文化財保護法が制定された．

文化財保護法上の文化財の種類は当初，国宝保存法が対象にしていた「有形文化財」や新たに設けられた「無形文化財」，後に「記念物」と呼ばれるものだけであったが，時代に合わせて，「民俗文化財」や「伝統的建造物群」，そして世界遺産条約の影響から「文化的景観」が加わっている．またこれらの文化財の種類とは別に埋蔵文化財の制度が設けられている．

現在の文化財保護法上の文化財を整理すると次のようになる．

①有形文化財：有形の文化的所産で，わが国にとって歴史上または芸術上価値の高いもの．並びに考古資料およびその他の学術上価値の高い歴史資料．

②無形文化財：演劇，音楽，工芸技術その他の無形の文化的所産でわが国にとって歴史上または芸術上価値の高いもの．

③民俗文化財：衣食住に関する風俗習慣，民俗芸能及びこれらに用いられる物件でわが国民の生活の推移の理解のために欠くことができないもの．

④記念物（戦前の史蹟名勝天然紀念物保存法では「紀念物」）：遺跡でわが国にとって歴史上または学術上価値の高いもの．庭園，橋梁その他の名勝地でわが国にとって芸術上または鑑賞上価値の高いもの．動物，植物および地質鉱物でわが国にとって学術上価値の高いもの．

⑤文化的景観：地域における人々の生活または生業および当該地域の風土により形成された景観地でわが国民の生活または生業の理解のため欠くことのできないもの．

⑥伝統的建造物群：周囲の環境と一体をなして歴史的風致を形成している伝統的な建造物群で価値の高いもの．

b. 文化財保護法の構成

文化財保護法は以下のように13章立て，203条（第2章：第5条〜第26条までは削除）で構成された法律であり，前項の6つの文化財の種類はそれぞれ各章で規定されている．

第一章　総則（第一条〜第四条）

第二章　削除（旧文化財保護委員会の規定）

第三章　有形文化財（第二十七条〜第七十条）

第四章　無形文化財（第七十一条〜第七十七条）

第五章　民俗文化財（第七十八条〜第九十一条）

第六章　埋蔵文化財（第九十二条〜第百八条）

第七章　史跡名勝天然記念物（第百九条〜第百三十三条）

第八章　重要文化的景観（第百三十四条〜第百四十一条）

第九章　伝統的建造物群保存地区（第百四十二

条〜第百四十六条）
第十章　文化財の保存技術の保護（第百四十七条〜第百五十二条）
第十一章　文化審議会への諮問（第百五十三条）
第十二章　補則
第十三章　罰則（第百九十三条〜第二百三条）

1.5.5 文化財保護制度の歴史

a.「文化財」という用語

まず文化財保護制度の歴史を述べる前に「文化財」という用語について解説しておこう．この用語が一般的に使われるようになったのは 1950（昭和 25）年の文化財保護法が制定されてからである．英語の Cultural Property の日本語訳として登場したのだが，この言葉は「物質的」なニュアンスしかないが，日本では無形文化財など形のない概念も含んで広い概念として使われており，「文化財」という言葉は日本独自の考え方に基づいて使用されているといってよいであろう．しかし，文化財保護法制定以前に第二次世界大戦中の日本軍が南京占領の際に「文物」に変えて使われたとされているように一部では使用されていたようであるが，一般的な言葉として使われるようになったのはやはり 1950 年以降ということになる．

b.　第二次世界大戦前の文化財保護

日本の文化財保護の始まりは 1868（明治元）年の神仏分離令（「神仏ノ分離ニ関スル件」）という太政官（現在の内閣にあたる政府の機関）の布告がきっかけとなり「廃仏毀釈」が起きたことによる．それまでの日本は神社と寺院は共存していたが，この布告により神社と寺院の分離，というより事実上の仏教弾圧と受け取られ，仏像が破壊されたり，経文が燃やされたり，また仏教関係建築物が破壊されたりして，多くの寺院が大きな被害を受けた．このような状態が続いたため，1871（明治 4）年大学（文部科学省の前身）が太政官に「集古館」建設と「古器宝物類の保護を全国府県に布告する」提言を行い，それを受けて太政官による「古器旧物保存方」の布告が行われた．「集古館」とは今日でいう博物館のことであり，集古館において寺院等から流出した宝物などを収蔵するためにその建設が提言された．この「集古館」構想が東京の上野公園内にある，後の東京国立博物館や国立科学博物館を建設する動きになっていく．古器旧物保存方は日本で初めての文化財保護に関する法令である．この中で古器旧物は「古今時勢ノ変遷制度風俗ノ沿革ヲ考證」するために必要であるから保全すること，として，今でいう古美術品にあたる石器や土器，調度品などの 31 品目を別紙で列挙して挙げている．この太政官布告がどこまで文化財保護の制度として効果があったかは不明だが，これをきっかけに文化財保護の措置がとられていくことになる．

寺院はこの後，経済的にも維持することが困難になっていき，多くの寺宝を流出させていくことになる．そのため内務省は 1880 年から 1894 年までの 15 年間の間に「古社寺保存金」総額 12 万 1,000 円を全国 539 の主要な社寺に原則 1 社寺 1 回限りで交付した．その積立金の利子を社寺の建造物の維持・修理に充てさせることを目的にしていた．

さらに 1888（明治 21）年には宮内省に「臨時全国宝物取調局」が設置され，九鬼隆一，岡倉天心が中心となって全国の古社寺を中心とする宝物の調査を実施した．この取調局が 1888 年から 1897 年までに鑑査した宝物類は 21 万 5,091 点にものぼる．こういった臨時全国宝物取調局の活動を受けて 1897（明治 30）年，古社寺保存法が制定され，社寺の建造物，宝物が国宝に指定されると共に，文化財保護思想の普及と海外流出防止が図られ，国宝を博物館に出陳することなどが義務づけられるようになった．

一方で遺跡などを含め史跡や名勝などの保護は 1919（大正 8）年に史蹟名勝天然紀念物保存法が制定されることによって図られることになった．その背景にはヨーロッパ等で取り組まれている保存の情報が日本でも知られるようになったためである．法の制定の前には植物学者の三好学博士などが中心になって「史蹟及天然紀念物保存に関する建議」が貴族院に提出され可決されている．またこの建議の提案者の一人でもある徳川頼倫は会長として史蹟名

勝天然紀念物保存協会を支えていくことになる．このような取り組みの結果，最終的に史蹟名勝天然紀念物保存法が制定され，これによって今日まで多くの史跡が保護されて残されたが，一方で明治天皇の休息所や行在所といった建物が史跡に指定され，国家主義的な指定の性格もあった．

このように古社寺保存法と史蹟名勝天然紀念物保存法が制定され，ひとまず文化財の保護体制は整ったが，古社寺保存法はあくまで社寺の宝物や建造物を対象にしたものであったので，個人の所有になるものや地方公共団体などの公有物件については基本的に対象外であった．そのため，この点についての改善を要求する声が高まったため，1929（昭和4）年に古社寺保存法に代わって国宝保存法が制定された．従来の古社寺だけでなく，個人や地方公共団体の所蔵品も指定対象となった．

またボストン美術館に「吉備大臣入唐絵巻」が買い取られる事件をきっかけに1933（昭和8）年には重要美術品等ノ保存ニ関スル法律（重要美術品等保存法）が制定された．この法律はわずか4条だけの法律であるが，重要美術品と認定された物件は輸出の際，主務大臣の許可を必要とするという趣旨のものである．前述の国宝保存法による指定を受けた個人の物件は多くないことや国宝に準じるレベルのものの海外流出する危険性が高く，十分な保護が図られていないため制定された．戦後に文化財保護法が制定された際に廃止されたが，その効力はしばらくの間有効ということにされた．

c. 第二次世界大戦後の文化財保護

戦後の日本の文化財保護は先述したように1950（昭和25）年に文化財保護法が制定されて始まる．だが戦後のGHQ占領下において日本の民主化政策が進められていく中で戦前から存在していた東京帝室博物館，奈良帝室博物館は1947（昭和22）年に国立博物館官制が制定され，「帝室」博物館から「国立」博物館となり，宮内庁から文部省へ移管されることとなった．さらに恩賜京都博物館が国に移管され，京都国立博物館となって国立博物館が3館となる．しかし文化財保護法が制定されたことにより，国立博物館は文化財保護委員会の附属機関となる．この際，博物館側からは博物館は国立博物館も含めて博物館法のもとにあるべきであるという主張がなされたが，結局，国立博物館は文化財保護法に基づく施設ということで決着することになる．このことが今日まで日本の博物館に関する制度が複雑になっている原因であることは前に述べた．また文化財保護委員会は戦前の反省のもとにアメリカの行政委員会制度にならって設置された機関であり，時々の政治勢力に影響されない中立性をもって文化財の指定にあたるよう設けられたが，1968（昭和43）年に行政改革の一環として文部省文化局と文化財保護委員会が統合され，文化庁が設置された．

埋蔵文化財について戦前は皇国史観のもと自由な考古学の研究ができなかったが，敗戦後それが解放され，民主的かつ自由な研究が行われるようになった．このことが考古学の十分な知識のないものによる遺跡の発掘を助長させることになったため，その後発掘は許可制になった．

その後復興が進み，1960年代ぐらいから日本は世界的にみても驚異的なスピードで高度経済成長を遂げていくことになる．その過程では高速道路や新幹線などの巨大な公共事業が進められ，多くの遺跡が破壊されることになった．純粋な学術的動機で調査される件数は年間数百件程度にすぎないが，開発事業に伴う遺跡の緊急調査は年間数千件，バブル期には1万件にも上り，またこれに伴う遺跡の調査費用も大きく膨らむことになり，深刻な社会問題となった．現在，文化庁の統計では約46万ヶ所の遺跡が確認されている．

また地下の遺跡だけでなく，地上の群としての建物や自然と一体となって価値を有する景観もこの1960年代から70年代の高度経済成長期には破壊が進んだ．特に古都とよばれるような京都や奈良，鎌倉など貴重な文化財が多く存在する地域では深刻な問題を抱えることとなった．そのため1965（昭和40）年には古都保存法（古都における歴史的風土の保存に関する特別措置法）が制定され，古都に指定された地域の景観を守る制度が設けられた．さらに1975（昭和50）年には文化財保護法の中に伝統的建造物群の保存制度を新設した．また明日香村の景観を守るために1980（昭和55）年には明

日香保存法（明日香村における歴史的風土の保存及び生活環境の整備等に関する特別措置法）が制定されることになった．このような景観や埋蔵文化財が破壊される状況を受けて，日本ではイギリスの例にならい，ナショナルトラスト運動が展開されることにもなった．

平成に改元されてからは文化財保護の世界に大きな流れを作ることになる世界遺産条約（世界の文化遺産及び自然遺産の保護に関する条約）を日本は1992（平成4）年に締結する．1993（平成5）年に登録した「法隆寺地域の仏教建造物」「姫路城」を始めとして，「古都京都の文化財」，「白川郷・五箇山の合掌造り集落」「広島平和記念碑（原爆ドーム）」「厳島神社」,「古都奈良の文化財」「日光の社寺」「琉球王国のグスク及び関連遺産群」「紀伊山地の霊場と参詣道」「石見銀山遺跡とその文化的景観」「平泉―仏国土を表す建築・庭園及び考古学的遺産」「富士山―信仰の対象と芸術の源泉」「富岡製糸場と絹産業遺産群」など14の物件が世界文化遺産に，「白神山地」「屋久島」「知床」「小笠原諸島」の4件が世界自然遺産に登録されている（2014年9月現在）．

また2006（平成18）年には「無形文化遺産の保護に関する条約」（2003年ユネスコ第32回総会で採択）が発効し，それまでに「人類の口承及び無形遺産の傑作」として宣言されていた「能楽」「人形浄瑠璃文楽」「歌舞伎（伝統的な演技演出様式によって上演される歌舞伎）」が世界無形遺産になり，その後雅楽や京都祇園祭の山鉾行事などが加わり，さらに2013（平成25）年に「和食」が加わって21の物件が登録されている．

さらに近年では世界記憶遺産（Memory of the World）に福岡県田川市と福岡県立大学が共同で提出した炭鉱記録画家の山本作兵衛が描いた筑後の炭鉱画が2011（平成23）年に登録されたのを皮切りに，2013（平成25）年には『御堂関白記』と慶長遣欧使節関係資料（スペインとの共同提案）が登録されている．

［井上　敏］

参考文献

川村恒明（2002）『文化財政策概論―文化遺産保護の新たな展開に向けて』東海大学出版会

中村賢二郎（2007）『わかりやすい文化財保護制度の解説』ぎょうせい

1.6 博物館と学芸員の社会的役割—地域博物館を中心に

1.6.1 地域博物館の市民利用

地域博物館という概念が誕生して，30年以上が経った．21世紀を迎え，今改めて地域における博物館の存在意義や活動のあり方が問われている．1980年代以降，多くの公立博物館の基本構想や活動理念には，この地域博物館という言葉や，その具体的展開としての「市民に開かれた博物館（活動）」という言葉がうたわれてきた．「市民に開かれた」という言葉はよく目にするものの，一体，具体的に博物館の何をどのように「市民に開く」のかということを考えたとき，それはとても重みのあるものであることに気付く．漠然としながらも，地域博物館の名乗りをあげている博物館は，市民＝地域住民との連携を前提とした活動を目指しているのは事実であろう．

すでに述べたように「地域博物館」とは，平塚市博物館が提唱した博物館のあり方である．1977（昭和52）年刊行の同館『年報 第1号』では，「一つの事柄を学問分野にとらわれないいろいろな見方から知ることのできるような博物館」で，「教育普及活動を重視し，テーマを持つ総合博物館」であって，「市民に何度も足を運んでもらえるような密接なつながりが，絶対条件として要求される」博物館であると定義付けている．また，これからの博物館のタイプを表す言葉に，「第三世代の博物館」という表現がある．これは，竹内順一の提案（竹内，1985）を伊藤寿朗が再構築したもので，伊藤は「参加し体験するという，継続的な活用を通して，知的探求心を育んで行く（要求を育むむ）ことをめざす施設であり，日常的利用が可能な場所に設置されることが条件」（伊藤，1986）であると定義している．

博物館や資料館は，学校の週5日制や「総合的な学習」の導入に伴い，総合学習の場，週末の自主学習の場としてクローズアップされてきた．博物館と学校との協力や連携の重要性から，「博学連携」という言葉もよく耳にするようになった．博物館は，自ら見て，触って，試して，考える，参加・体験型学習の場，ハンズ・オン教育の場として，地域におけるもう一つの教室になりつつある．

一方で，博物館は，社会人や高齢者の生涯学習の場としても注目を集めている．市民の大学として市民向けの多彩な講座を開催したり，ボランティア活動の場として展示解説や資料整理・調査研究に市民ボランティア制度を導入している博物館も少なくない．博物館はもはや，単なる展示観覧施設ではなく，利用者自らが働きかけ，活動する場として認識されつつある（図1.6.1）．

では，具体的に地域博物館は，市民にどのように利用されているのであろうか．私はかつて，地域博物館である平塚市博物館（神奈川県）と羽村市郷土博物館（東京都）において，市民利用の実態を調査させてもらったことがある．最も注目したのは，博物館をどのような人々がどのように利用しているかという点であった．当然のことながら，利用者は地元住民ということになるのであるが，そこには自宅と博物館との距離による利用頻度の差異や，利用方法に階層性があることが確認された（浜田，

図1.6.1 博物館でボランティア活動をする人々

1987b；1990).

年齢構成は，両館とも小・中学生や高齢者の利用が他の年代層に比べて多い傾向にあり，これは，多くの博物館に共通するものと思われる．筆者が以前勤務していた相模原市立博物館で来館形態を調査したときは，幼児や小学生とその親から構成される家族連れ利用者が60％以上を占め，近郊都市の博物館では家族連れが多いことがわかる．年齢層で人口に比べて利用頻度が低いのは，高校生・大学生から20代の社会人にかけての若年層で，壮年層の男性も主婦層に比べると低い傾向にある．若年層にとっては，博物館よりも楽しい場所がたくさんあるであろうし，壮年層の男性は仕事に追われているという背景をうかがい知ることができる．また利用内容については，いずれの年齢層も常設展示の見学が最も多いのであるが，特別展を見学したり，博物館が開催する講座に参加するという，やや高度な博物館利用者は成人に多い傾向にある．

また，子ども・大人を問わず博物館の利用者は，近い地域の住民ほど多いことが確認された．羽村市郷土博物館は，市域の外れに位置し，最寄りの駅からのアクセスも悪いという条件にある．その結果，全体として利用者の多くは半径5 km圏の居住者で，30 km以上離れた地域からやってくる利用者はほとんどいないという結果となった（図1.6.2）. さらに，距離を尺度として細かく分析すると，統計上の数値ではあるが，半径1 km圏内の地域住民は圏内総人口に対して100％以上の利用があり，3 km圏内では30％，5 km圏内では4％に激減し，10 kmを超えると1％に満たない数値になるという興味深いデータを得た．

平塚市博物館は，市役所に隣接した市街地に位置し，東海道線の駅からも徒歩圏内にあるため，立地条件としては羽村市よりもはるかに良い．そうしたこともあり，初めての来館者に限ったデータでは，尺度は時間であるが，1時間以上の時間をかけてやって来る利用者が3分の1を占め，2時間以上かけてやって来る遠距離利用者も1割に達する．このことは，一過性的利用者に限っては，地域博物館といえども，交通の利便性が良ければ，かなり遠方からやって来る可能性があることを示唆している．しかし，反復的利用者（リピーター）となると，羽村市のケースと同じように，地元住民に占められ，博物館まで30分以内の居住者が占める割合は，2～5回の利用者で50％を超え，6～10回の利用者では60％，11回以上の場合は75％以上を占め，1時間以上の時間かけてやって来る利用者はもはやほとんどいない（図1.6.3）.

この時間を距離に換算して考えると，博物館の熱心なリピーターとなりうるのは，博物館から30分以内の居住者ということになる．来館方法は，徒歩もしくは自転車が中心と考えられる．徒歩の場合，時速4 kmを一般的速度とすると2 km，自転車の場合は，時速10 kmを一般的速度とすると5 kmがリピーターの居住地ということになる．また，家族連れの場合は，自家用車の利用が考えられるが，市街地の平均走行時速は20 km/hほどであることから，最大半径でも10 km圏内が博物館リピーターの居住地ということになる．

こうしたデータから，この距離圏に住む住民の年齢層や学習志向を分析することによって，その地域に合った博物館の活動計画を立案することはきわめて有効的であり，リピーター確保に貢献できるものと考える．これはいわゆるマーケティングの手法であるが，スーパーマーケットやコンビニエンススト

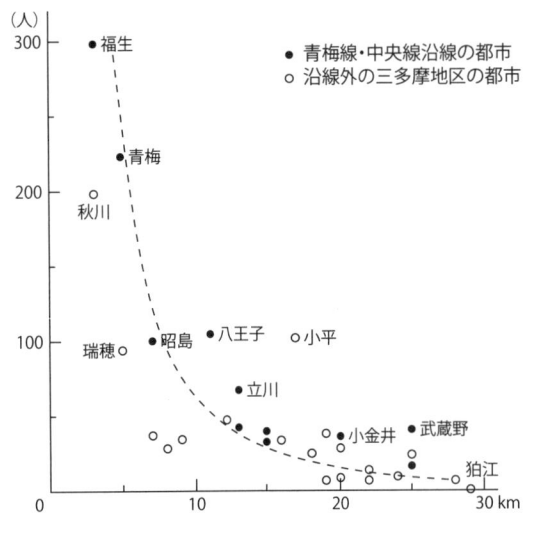

図1.6.2 博物館の利用者数と距離との関係（浜田，1990）
羽村町郷土博物館（当時）「入館表」(1985.10～1986.3) より集計.

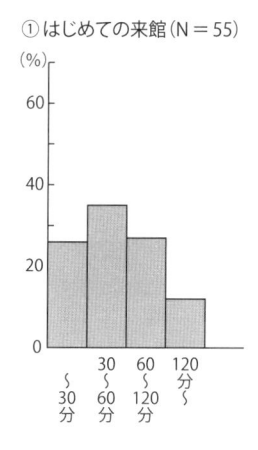

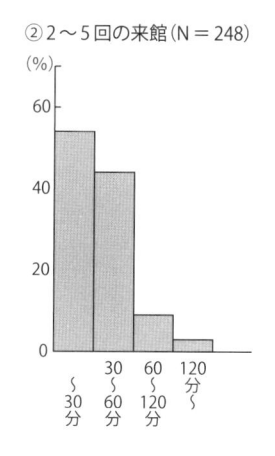

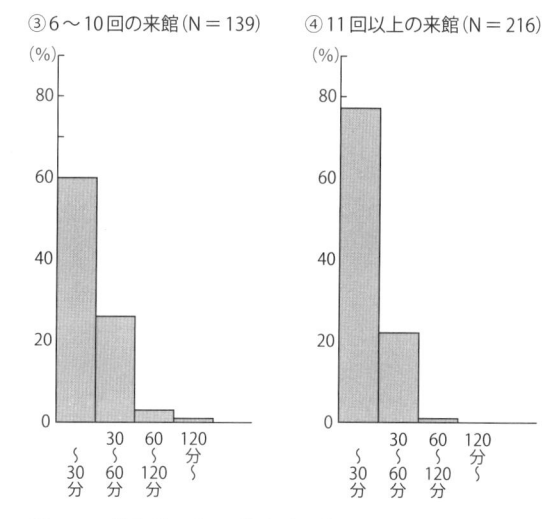

図 1.6.3 博物館の利用回数と所要時間との関係（N＝サンプル数）（浜田, 1990）
平塚市博物館「火山と地震」展（1978）アンケートより集計.

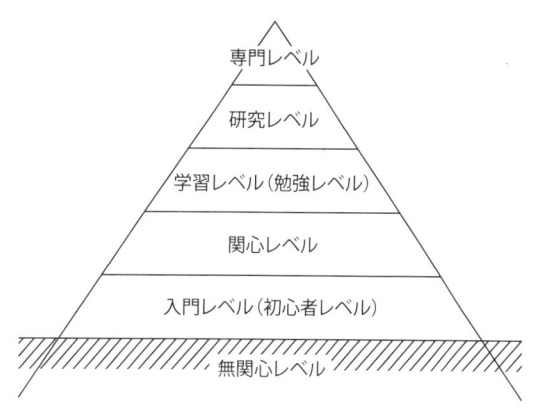

図 1.6.4 博物館利用者の階層性

アの建設など商業の分野では，当然のリサーチとして行われているもので，図書館や保育所の建設においても実績のある手法である．しかし残念ながら，博物館の世界では，いまだにこうした方法がほとんど導入されていないのが現状である．

また一概に，博物館利用者といっても，利用目的にはさまざまな階層性がみられる．最も多い利用は，もちろん常設展示の見学であるが，一過性的利用者も多い．またリピーターの中でも，特別展や企画展の見学を中心とする利用者もいれば，講座などの博物館行事に積極的に参加する利用者もいる．さらには，ボランティアの場として博物館を利用する市民や，専門的研究相談で利用する市民までさまざまである（図1.6.4）.

しかし，最も多いのは博物館にやって来ない市民であろう．こうした博物館の非利用者は，積極的に考えれば将来開拓すべき潜在的利用者といって良く，ここでは「無関心レベル」と位置付けた．人口約72万人の相模原市（2014年現在）の場合，これに相当する博物館から半径5 km圏内の居住人口は，数十万人を数える．最も多い利用者である常設展示見学者は，年間に十数万人いるが，これらは博物館の基本的利用者であることから，「入門レベル」もしくは「初心者レベル」と位置付けられる．特別展・企画展の見学者や情報検索に訪れる利用者は，数回目のリピーターが中心で，これらの利用者は年間数万人にのぼり，初心者以上に博物館への関心を持っていることから「関心レベル」と位置付けられる．講座・講演会など博物館の行事参加者については，年間に延べ数千人おり，これらの利用者は学習意欲の高い利用者であることから「学習レベル」あるいは「勉強レベル」と位置付けられる．さらに，学芸員に研究相談のために訪れたり，研究のために収蔵資料の閲覧を希望する高度な博物館利用者は，年間数百人いるが，これらの利用者は「研究レベル」と位置付けられる．そして，学芸員と共同研究を進めたり，ボランティアとして博物館活動の支援をしてくれる特定利用者は数十人おり，これらの利用者は「専門レベル」と位置付けることができる．このように，博物館を利用する市民は，幼児から研究者までさまざまであるが，これらすべての利用者対応を行うのが学芸員であり，学芸員の仕事なのである．

1.6.2　地域博物館の展示と資料

　さて，今日の地域博物館を主とする公立博物館における展示をみると，その多くは通史の形をとった展示となっている．総合系の博物館の場合でいうならば，地質時代に始まり，原始・古代から中世・近世へと進んで，近現代のコーナーへと至るのが一般的な流れで，民俗資料は近代，動植物は現代の部分に組み込まれるケースが多い．公立博物館が，地域の歴史を実物資料によって示すことは重要なことであるし，展示計画の際には実務上も時系列に沿った資料配列が最も楽であり，さらに学校教育の立場からも通史展示の要望が強いのも事実である．しかし，ここで問題にすべきは，通史展開の仕方である．もし，地質時代・原始時代に始まって，現代で通史の叙述を終えていたとしたならば，通史展示を支持したい．しかし現実の展示をみると，民俗資料が近世あるいは近代のコーナーに展示されるべきかなど，細かい問題はあるが，いまだに戦後が満足に表現されていない博物館も少なくない．それを象徴するのが国立歴史民俗博物館で，高度経済成長期の展示（図1.6.5）がオープンしたのは，開館から30年を経た2011（平成23）年のことである．このように，過去の事象のみに展示を終始している博物館が，地域において果たして現代的課題を考える場となり，住民の生活課題の解決への手掛かりを提示する場となりうるであろうか．以下，地域博物館における現代の叙述に焦点を絞って述べることとしたい．

図 1.6.5　高度経済成長期の展示

　博物館が展示を構想するとき，限られた時間と，限られた人材，そして限られた資料の中で行われるのが実際で，そこにはさまざまな問題が存在している．なぜ，現代が表現されないのか，また，できないのかということをたどっていくと，これも多くは，「ひと」と「もの」の問題にたどり着く．多くの博物館では，計画段階に現代を担当できる人間がおらず，かつ展示すべき現代の資料が満足に収集されていないことが，大きな理由としてあげられる．さらに，公立博物館における展示計画の際に抱える最も大きな問題は，現代を展示表現しようとした場合，内容によっては行政との利害関係が大きい事象もあり，生々しすぎて好まれないという現実もある．それはかつて，博物館が「公害」を取り上げることがタブー視されたのと同様の状況かもしれない．しかし，社会教育機関であるはずの博物館が，そのような要因にのみによって展示できないとしたならば，教育機関としての存亡を問われるべきであろう．かつての「公害」問題が，生活課題としての「環境」問題に変化する中で博物館の大きなテーマとなりえたように，近郊都市において「現代」は，「都市化」という生活課題の中で大きなテーマとなりうるはずである．

　1990年代以降，ようやく各地博物館で戦後の展示が試みられるようになった．しかし残念ながら，その多くは昭和30年代の展示で，戦後通史という形にはなっていない．また展示手法も，ジオラマという形で精緻に情景を再現したものが多く，昭和30年代という一時点のみを示すことから来るノスタルジーが，前面に押し出されるというイメージは拭い去れない．戦後の激しい都市化や激変した地域の生活を，どのような側面から語っていくべきかという点は今日も課題として残る．

　現代を展示表現しようとした場合，テーマに基づいて展示を構成する場合と，時系列に沿って展示を叙述する場合とが考えられる．しかし実際の展示では，この両者を複合することが多く，たとえば「都市化」という現代的課題をテーマとした場合，展示はまさに地域変化をいかに表現するかということになろう．戦後の地域変化を「もの」で語ろうとしたとき，都市景観や消費生活などのテーマは，最もア

プローチしやすい課題と考えられる．戦後の激しい都市化の中で，地域の景観は大きく変わり，生活のスタイルも大きく変わってきた．

公立博物館が，地域の「都市化」を展示として真正面から取り組もうとしたとき，都市計画や公共施設の建設，政治・行政上の事項など，行政資料が全面に押し出されることが想定される．しかし，少しアプローチの方法を変え，都市景観の変化などから考えれば，特定地域の景観変化を縮尺模型化して展示したり，景観写真・空中写真を収集して展示することはもちろんであるが，景観要素の一部を構成している商店の看板や家屋の屋根材などの時代変遷を追うことからも，その変化をたどることは可能であろう．また，生活の変化からみるのであれば，台所や居間で使用された生活用品などを収集することにより，生活の時代的変化を展示でたどることは容易であるし，電化が進む中での家事労働の変化，電気というエネルギー消費の増大，消費生活の変化などを提示することも可能であろう（図1.6.6）．これらはいずれも，現代の生活課題につながるものであるし，こうした問題を提示するためには，現代資料の収集が重要な位置を占めてくる（浜田，1987a；1994a；1996；2000b；2000d；2001）．

指定文化財を収蔵し展示することは，博物館の重要な役割の一つである．しかし博物館は，指定文化財に限らず，より広い意味での有形・無形の文化遺産の収集や展示を行っている．博物館の基本となる資料の多くは過去の遺物・遺産ということになるが，だからといって博物館は単に過去を懐かしみ，先人の遺産に感心するだけの場ではない．生活に身近な存在となってきた博物館は今，現代を知り将来を考えていくための手掛かりを提示する場として，また地域の歴史や文化・環境を考える生涯学習の場として，その存在意義は重要になってきている．

1.6.3 現代資料の可能性

博物館が対象とする資料は多岐にわたり，博物館法第2条では「歴史，芸術，民俗，産業，自然科学等に関する資料」を掲げている．しかし文化財の指定制度同様，一つの博物館において，何もかもを収集するわけにいかないのが現実で，現場の学芸員は，限られた収蔵スペースの中で今何を収集し，何を後世に残すべきかという選択を常に迫られている．このような現実を踏まえると，博物館は必然的に，古い時代の資料を重視せざるをえない現実があることは否めない．

地域博物館が収集対象としている実際の人文系資料は，考古・歴史・民俗資料が中心となっている．博物館法には，歴史資料や民俗資料の具体的対象について示されていないが，多くの公立博物館では，歴史資料については，古文書や古美術品を主体に収集している館が多く，中でも近世以前の資料に力が注がれているというのが実状である．民俗資料についても，慣例的に動力・電化以前のもの，つまり近代化以前の伝統的民具類に重点を置いた収集が長年にわたって行われてきた．民俗資料の対象が「民具」ということに限定された場合，木製の手桶は民具として収集されるが，ブリキ製のバケツになると民具といいがたく，ましてやポリバケツなどは論外ということになってしまう．民俗資料に対するこのような認識が，博物館（学芸員）に，現在もなお根強く残っていることは否定できない．しかし一方で，今日，都市部や大都市近郊の博物館では，従来の民具の範疇ではとらえきれない，新しい機械・器具類を何らかの形で収集せざるをえない状況に迫られている．こうした現実に戸惑う中で，多くの博物館では実務上，民俗担当者がこれら資料の受入れを行い，従来の民俗資料と同様の方法によって収集や整理を

図1.6.6　現代資料の展示

行っているのが実状である（浜田，1991；1994b；1997；2000a；2000c）．

　現実的問題としては，博物館に電動農機具や家電製品の寄贈申込みがあった場合，どの分野で担当するのか，またそれをどのように扱うのかということがある．東京近郊や大都市の多くの博物館ではこのような場合，実務上は民俗分野の学芸員が担当するケースが多い．しかしながら博物館によっては，というよりも担当者によっては受け入れないケースも生じてくる．限られた収蔵スペースでの資料収集を考えたとき，必然的に収集資料のランク付けや選択を行わざるをえなくなる．そうなるとどうしても，希少価値のある古い資料の収集に力が入り，機械化・電化以前の資料や，工場生産・量産化以前の資料しか収集しないということが現実には起きてくる．

　仮に収集したとしても，その分類は館や担当者によって，実はまちまちである．白黒テレビを一例にあげるならば，民俗資料分類の中の位置付けとしては，番組（ソフト）に視点を当てれば娯楽・遊戯具や民俗知識の資料となるが，形（ハード）に視点を当てれば住生活の資料ともなる．家電製品を民俗資料に分類していない館では，歴史資料として取り扱っているところもあるし，理工学分野を有する博物館では，電気機器の一つとして扱っているところもある．このように，少なくとも戦後の生活文化に関わる現代資料の取り扱いについては，博物館における資料の分類体系が各学問分野に依存している現状では，確立されたものがないというのが現実である．しかしそれでも，現代資料は博物館が収集していかなくてはならない，将来の文化財なのである．

　博物館の量的充実とともに，各博物館には専門的職員としての学芸員も配置されるようになり，質的にも充実してきた．しかし，限られた定数の中での学芸員配置を考えたとき，優先順位からして，発掘資料を担当する考古分野，古文書類を担当する歴史分野，民具類を担当する民俗分野の3分野を配置するのが精一杯で，現代資料を担当するような分野の学芸員配置まではなかなか及ばないのが現実である．現在，多くの地域博物館では，資料は職員配置にならって考古資料・歴史資料・民俗資料に分類されている．先にも述べたが，博物館を取り巻くこのような状況の中で現代資料を扱おうとした場合，民俗分野もしくは歴史分野の学芸員が片手間で担当せざるをえないのが現実で，博物館に対する住民要求にも十分に応えきれていない部分も少なくない．

　現在の大都市近郊の住民の大多数が，戦後の流入人口であるという現実を考えたとき，地域博物館をつくるに当たっては，地域の古い歴史のみにとらわれるのではなく，現代に向けた地域への視点はより重要視される必要がある．博物館の中で現代資料に対し，現代史学からでも都市民俗学からでもない，全く新しい考えに立ってのアプローチが必要である．抽象的な表現ではあるが，どこの博物館にも昔の資料，もしくは大昔の資料は必ず収集されている．しかし，ちょっと昔の資料，もしくは少し昔の資料となると，なかなか目にできないのが現状である．

　古い資料の収集は博物館の使命であり，また，限られた収蔵スペースにおいては，必然的により古いものを収集せざるをえない状況にあるのも事実である．しかし，現代的課題に立った博物館活動を考えていくならば，たとえ新しい時代の工業製品であろうと，量産品であろうと，博物館は従来とは異なった視点に立って資料収集を進めていくことが必要になってくるであろうし，博物館資料に対する価値観の転換，ひいては「文化財」の考え方を見直す必要もあろう．大量消費の時代を迎えて半世紀以上を経た今日，従来の文化財という範疇からは全く度外視されてきた，工業製品類・大量生産品も，戦後の地域文化や自らの消費生活を考えていくうえで，必要欠くべからざる資料として，広義の文化財としてとらえていく必要があろう．近年，近代化遺産として注目されつつあるが，それは「もの」ばかりでなく，遺跡や工場，建物などについても同様である．

　一般に市町村の博物館では，調査・研究や資料収集の対象をその市町村をベースとした地域とし，展示も地域史なり地域誌に視点を置いて展開し，さまざまな意味で地域が意識されている．また，こうした博物館では，利用者も大半が地域住民となっていて，住民に求められる展示なり学習要求は，自ずと地域の生活に密着した課題となろうことは容易に想像される．このような中で，調査・研究はもとよ

り，展示・教育活動に至る博物館の諸活動を考えたとき，現代に視点を置いた発想やセンスはより重要となる．地域博物館が，現代を課題とした博物館として展開するのであれば，従前の考古学・歴史学あるいは民俗学の発想とは異なった角度からのアプローチが必要となろう．

博物館と住民の接する部分が最も大きい展示についていうならば，時系列とは異なった視点で風景や景観など空間的要素からテーマを抽出したならば，博物館は，普段住民が見慣れているまちの姿の中に，その土地の歴史性なり人々のくらしの姿を見せていくことを可能にするかもしれない．もしも，このような展示が契機となって，住民がその地域を自らの足で歩き，自らの目で確かめ，地域に対する関心を深めていったとしたならば，博物館は建物を離れ，街中の風景や景観の中に展開していくことも可能となるのではないであろうか．

1.6.4　市民に開かれた博物館

先にも述べたが，多くの公立博物館の基本構想や活動理念において，「市民に開かれた博物館を目指す」とか，「市民に開かれた博物館活動を展開する」といった文言を目にする．言葉では簡単に「市民に開かれた」と表現はできるが，では一体，具体的に博物館の何をどのように「市民に開く」のかと考えると，「市民に開かれた」という言葉はとても重いものとなってくる．この言葉が意味するところは，博物館の計画や運営に市民の声を取り入れること，あるいは学芸員が市民のもとへ出向いて活動すること，さらには市民と共同して資料収集・調査などの諸活動を行うことなど，さまざまあろう．

博物館の計画や運営に市民の声を取り入れることも「市民に開かれた」といえるかもしれないし，学芸員が各所へ出向いて活動することも「市民に開かれた」といえるかもしれない．また，市民と共同して資料収集や調査活動を行うことも「市民に開かれた」といえるであろう．つまり「開く」にも，いろいろなとらえ方があるということである．しかし，現実に目にする多くの博物館は，外部研究者に建設の計画・運営が委ねられたり，事務室や学芸員室の扉の前に「関係者以外立入禁止」の表示があったりする．一体これらの博物館は，どのように「市民に開かれている」のだろうかと，しばしば考えさせられることがある（浜田，2002；2003）．

「市民に開く」という言葉を物理的に具現化した一例として，相模原市立博物館に設けられた「市民研究室」がある．当館は，長年にわたる博物館建設の市民運動をベースに，およそ14年半の準備期間を費やして1995（平成7）年に開館した地域博物館である．基本構想には「市民の研究センター」としての性格や，「市民に開かれた博物館活動」を展開する機能などがうたわれている．

しかし，研究室を市民に公開するに至っては，学芸内部でも長い議論を必要とした．研究空間に市民が入ることによって，落ち着いた研究ができないのではないか，常時あるであろう，市民からの質問や相談に対応する体制はどうするのかなど，不安材料は多数あった．それでも，学芸員がいるのかいないのかわからない博物館が多い，専門書がたくさんあるのに閲覧させてもらえない博物館ばかりだなどといった，市民の声を耳にするたびに，こうした問題が解決できない限り，「市民に開かれた博物館」にはなりえないであろうことは，徐々に学芸員の間で共通認識されるようになっていった．

その結果できたのが，専門書とともに学芸員も市民に公開してしまおうという考えのもとに設置された「市民研究室」であった．同室は，自然・歴史部門と天文部門の2室に別れているが，ともに機能は同じで，約3万冊の専門書の閲覧と，8つの分野の学芸員への質問・相談及び，資料の閲覧などを可能としている．同室の年間利用者は数千人のレベルで，年間十万人を超える入館者からすると数％の利用である．しかし，小学生の調べ学習から，大学生の卒業論文，市民の地域調査についての相談，さらには専門研究者の資料調査への対応と，その内容は多岐にわたっている（図1.6.7）．

実際の様子をみると，研究室を訪れる利用者は，専門書の閲覧目的が比較的多く，実際に学芸員への相談目的で訪れる利用者は年間数百人のオーダーで，当初，学芸サイドで心配していたひっきりなしの市民対応というケースは，予想したよりも多くは

図 1.6.7　市民研究室での学習相談

ないというのが現実であった．しかし，いつ博物館を訪れても学芸員がいて，しかも相談に応じてくれるというシステムは，市民に好評を博している．市民と学芸員とのコミュニケーションの場として，また，博物館が持っている情報と，市民が持っている情報とのギブ・アンド・テイクの場として，「市民研究室」は有効であると考えられる．

もちろん学芸員は，博物館に市民が訪れるのを待っているばかりではない．地域博物館では，資料収集や地域調査にも市民の協力は不可欠である．相模原市では博物館準備段階において，おおむね中学校区エリアに1人の割合で資料調査協力員（以下，協力員）を委嘱し，資料の所在調査に努めた．というのも，準備段階で地元出身の学芸員がいなかったため，地域の事情や歴史に明るいお年寄りに，資料の所在や地域の情報を寄せてもらい，地域（市民）と博物館（学芸員）との橋渡しをお願いしようというものであった．地域において，地元の古老の協力を得て，資料収集や調査に入るという方法は有効的なものであったし，同時に，地域の人々と自然なつながりを持つためにも大切なことであった．

当初は，資料収集や調査に際して，地元古老の紹介を受ける方法をとった結果，非常にスムーズに地域に入ることを可能とし，かつ，地域の人々のつながりの大切さというものを知ることができた．資料の収集や調査をはじめると，何度も重ねて訪れる家も少なくない．協力員の紹介で，80歳を超えるあるお年寄りの家を初めて訪ねたとき，数点の資料を寄贈してもらうことができた．その数週間後，今度は本人から電話があり，別の資料が見つかったから見に来てほしいということであった．1回目に話した内容を覚えてくれていて，心当たりを捜してくれたらしい．さらには，その「もの」にまつわる話も思い起こしてくれた．その後，このような連絡が何度か続き，このお年寄りは訪ねるたびに，新たな資料を捜し出し，昔話もより詳しくしてくれた．いつの間にかそのお年寄りは，我々が定期的に訪ねることを楽しみにしてくれていたのである．

家族にはなかなか聞いてもらえない昔話を我々学芸員にすることによって，生きがいが見出せるようになったという．訪ねるたびに，このお年寄りの記憶はより鮮明に蘇り，昔話に花が咲いた．さらには，改めて歴史の勉強をしてみる気になったとの言葉も出て，歴史の勉強を通じて生活に張りが出るようになったと逆に感謝されるに至ったのである．

このお年寄りの行動を改めて考えてみると，学芸員が資料収集と聞取り調査を行うことによって，昔のことが徐々に鮮明に思い起こされるようになり，過去の記憶が蘇るとともに，聞かれたことについて自ら勉強するようになり，生活に張りが出るようになったのである．これこそが，自己学習の原点なのかもしれないと考えさせられるケースであった．

また，学芸員は，市民の学習支援のために，地域の公民館や学習グループに出向いて講座を担当するケースも多い．筆者が最も長く関わった学習グループに，「相模大野いまむかし」というグループがある．結成して10年以上の活動実績を持つ，相模原市立大野南公民館を拠点とする息の長い市民学習グループで，自分たちの住む相模大野という街を知り，まちづくりを考えようという活動を展開していた．単なる教養のため，知識のための学習であれば，外部から大学教授などを呼んで講座を開くことも可能であったと思われるが，きわめて地域的な課題について学習したいということで，彼等は博物館を訪れたのであった．

新興住宅地という土地柄，メンバーの多くは市外からの転入者で，相模原に越してきて数年という人も少なくなかった．メンバーの一人に話を聞くと，引っ越してきたばかりのころは，くらしに慣れるのに精一杯で，地域の歴史どころではなかったが，少

し生活が落ち着いてくると，自分の住んでいる相模大野はどのような生い立ちの街なのだろうか，ということに関心を持つようになり，この会に加わったという．

当初は，地域の昭和史を中心に学習していたが，そのうちに歴史性をまちづくりに生かせないだろうかと考えるようになり，その後は，市の職員に講師を務めてもらうなどして，地域の行政的課題の把握などに乗り出した．ちょうどそのころ，市では市民参加を得たまちづくり計画に着手していたため，メンバーの一部は，「地域まちづくり計画」の一員として参画し，意見を述べるまでになっていった．また，自分たちの研究成果を地元の住民に広く知ってもらおうと，毎年，公民館で開催される「公民館まつり」の場で発表を行ってきた．

こうした事例から考えると，地域の住民が，地域の歴史や課題について，具体的地域資料を通じて学習をしようとしたとき，地域博物館の存在は，とても大きなものとなるのではないだろうか．このような実践の中から，地域（市民）と博物館（学芸員）との連携が形作られていくものと考える．

以上，わずかな事例しか述べることができなかったが，博物館（学芸員）と市民との連携には，さまざまなスタイルのものがあってよいと思う．「博物館と市民との連携」というと，どうしても博物館ボランティアのような華やかな活動部分が注目されがちであるが，このような，一つ一つの資料収集や調査活動などの地道な日常の学芸活動の中に，実は市民との連携で最も大切な部分があって，それが無意識のうちに行われていることが少なくないと改めて考える．

つまり，学芸員がいてこその「博物館と地域との連携」なのであり，市民と学芸員との信頼関係こそが連携に結び付くのである．地域に博物館が整備され，子どものころから博物館を自然に利用する習慣が身に付いたとき，はじめて博物館は，市民の生活の一部として欠くことのできない施設となりうるのである．

［浜田弘明］

参考文献
伊藤寿朗（1986）「地域博物館論」『現代社会教育の課題と展望』明石書店
竹内順一（1985）「第三世代の博物館」瀧崎安之助記念館『冬晴春華論叢』3
浜田弘明（1987a）「近郊都市の博物館づくりにおける二三の私見」神奈川大学日本常民文化研究所『民具マンスリー』20巻4号
浜田弘明（1987b）「地域博物館における利用者構造の分析―平塚市博物館の十年」平塚市博物館『平塚市博物館研究報告 自然と文化』10号
浜田弘明（1990）「新設博物館における利用者圏域の分析―羽村町郷土博物館の一年」学際研究の会『学際研究』創刊号
浜田弘明（1991）「都市部の博物館・資料館における現代資料考」古々路の会『当世風と昔風』55号
浜田弘明（1994a）「近郊都市の博物館における地理的課題―現代的視点に立った博物館活動に向けて」『法政地理』22号
浜田弘明（1994b）「文化としての産業・技術を考える―博物館と『産業技術資料』をめぐって」アグネ『金属』63巻4号
浜田弘明（1996）「博物館における『現代』の地理的表現―展示『地域の変貌』から」相模原市立博物館『研究報告』5集
浜田弘明（1997）「博物館と『現代資料』」地方史研究協議会編『地方史・研究と方法の最前線』雄山閣出版
浜田弘明（2000a）「『現代資料』をめぐるいくつかの課題」神奈川県博物館協会『会報』71号
浜田弘明（2000b）「『都市化の中のくらし』を展示する―生活資料の生活空間論的展開」相模原市立博物館『研究報告』9集
浜田弘明（2000c）「現代資料の収集とその活用」東京都多摩社会教育会館『平成11年度文化財セミナー報告書』
浜田弘明（2000d）「現代展示と現代生活資料の課題と展望」博物館問題研究会『博物館問題研究』27号
浜田弘明（2001）「都市景観を展示するということ―景観模型による現代展示へのアプローチ」相模原市立博物館『研究報告』10集
浜田弘明（2002）「地域における博物館と市民のかかわり―地域博物館の学芸員の役割」全国科学博物館連絡協議会『全科協ニュース』32巻4号
浜田弘明（2003）「市民と地域の博物館―相模原市の博物館建設を通して」博物館問題研究会『博物館問題研究』29号
平塚市博物館（1977）『平塚市博物館年報』1号

1.7　博物館の設置とその課題

1.7.1　「博物館法」に基づく博物館の設置

　博物館法に基づく博物館のあり方を考えるため，その中心を成す公立博物館の設置について検討してみることとしたい．

　まずは，博物館法が公布される以前に，社会教育法第9条の解釈について，注目したい質疑がある（文部科学省国立教育政策研究所社会教育実践研究センター，2009）．社会教育法が公布されて半年あまりを経た時期に，京都市は当時の文部省に対し次のような照会をしている．

　　社会教育法第9条により博物館は社会教育のための機関とすると明記されているが，本京都市では観光都市としての特性から教育委員会の所管に移すことの延期を希望するが，これは社会教育法の違反になるか．
　　次に，美術館，音楽堂等の文化施設の保管運営は市の観光施設として行うよりも，教育委員会が行うのが妥当と考えるが如何．

　これに対し，文部省社会教育施設課長は1950(昭和25)年1月10日付で，次のように回答している．

　　（前略）博物館は教育のための機関であるから，その所管が教育委員会に属すべきものであることは当然である．更に美術館，音楽堂に関しても，これらの施設が文化ないし教育に関する施設であることは，社会通念上も当然のことであるが社会教育法第5条第十号にも，音楽，演劇，美術その他芸術に関する事務が教育委員会の事務とされているのであって，美術館，音楽堂等の文化施設が教育委員会の所管に属すべきは明らかである．
　　京都市が観光都市としての特性上，種々事情が存するとしても博物館，美術館，音楽堂等の施設は早急に教育委員会の所管に移管されるべきである．

　この質疑にみるとおり文部省では，博物館は「教育のための機関である」以上，教育委員会の所管に属すべきものであり，美術館についても「芸術に関する事務が教育委員会の事務とされている」ことから同様に，教育委員会の所管に属すべきで，しかも早急に移管されるべきであるとの見解を示している．後に制定された博物館法第3章では，公立博物館は条例設置（第18条）とし，教育委員会に所管する（第19条）こととしている．この条文が果たした役割は大きく，戦後設置された公立博物館の多くに条例が定められ，教育委員会に所管されて，教育機関として機能するようになったのである．

　さらに博物館法には，公立博物館は入館を無料とする原則（第23条）が掲げられている．しかしながら周知の通り，現実には入館を有料としている公立博物館が多い．図書館も同様に，入館無料の原則（図書館法第17条）をうたっていて，公立図書館で有料としているところはまずない．同じ社会教育機関でありながら，その違いは一体どこにあるのであろうか．それは，条文の違いに見出すことができる．図書館法では，「公立図書館は，入館料その他図書館資料の利用に対するいかなる対価をも徴収してはならない．」とされているのであるが，博物館法では，「公立博物館は，入館料その他博物館資料の利用に対する対価を徴収してはならない」に加えて，「但し，博物館の維持運営のためにやむを得ない事情のある場合は，必要な対価を徴収することができる」との一文が追加されている点で大きく異なる．公立博物館の多くは，この但し書きを根拠として有料としているのである．

　しかし，この但し書きの趣意は，条文制定当時，すでに入館を有料としてしまっている公立の博物館が存在していたため，その救済策としてであったと聞く．それが後に，仇となる形で，有料の公立博物館を数多く生んでしまったといえる．確かに，条文

の緩さは否定できないが，それでも法の精神を踏まえたならば，教育機関のあり方として，また住民の学習権を保障するうえでも，税金によって賄われている公立博物館が，無料であるのが本来の姿といえる．

また，図書館法にはない博物館法の特色として，第2章に明記された登録制度がある．しかし現実には，博物館と名の付く施設のうち，登録博物館としているのは20％にも満たない1,000館ほどである．登録しない理由としてよく耳にするのが，面倒な事務手続きを経て登録したとしてもメリットが少なく，逆に法の縛りを受けることにより弾力的運営が難しくなるなどである．そのようなこともあって，博物館法制定から60年あまりが過ぎた今日では，博物館等の文化施設は，行政当局からは教育施設との認識が得られず，首長部局に設置されたり移管されるケースが増え，1950年の文部省の考え（回答）から大きく離れようとしている．国を擁護する気はさらさらないが，今一度，博物館とは何であるのかということを原点に立ち返って再考する必要があるのではないであろうか．

法令を遵守し登録博物館として運営することは，博物館が「博物館」として法的保護を受けるということになり，本来，公立博物館にとって博物館法は大きな存在意義を持つはずである．つまり博物館の側に立てば，教育委員会に所管される教育機関としての存続が保証され，学芸員の必置義務や，設置・運営の最低基準等が遵守されるということになる．さらに働く学芸員の立場としては，「地方教育行政の組織及び運営に関する法律」第34条の規定を受け，館長・学芸員は教育委員会が任命することとなり，身分保障にもつながるのである．また建設にあたっては，少額ながら公立社会教育施設整備費補助金の交付対象となる（博物館法第24条）とともに，運営に関しても文化庁の各種事業補助金の助成対象となる．今日のような財政難の中において，市町村が国からの財政支援を受けるメリットは少なくない．また，私立博物館については，所得税・法人税・地方税・租税・相続税・関税等についての税制優遇もある．

根本的な博物館法の改正も必要であるが，国は地方自治体に対して，登録博物館とすることのメリットをもっとアピールする必要があろう．一方で，博物館において国宝・重要文化財を展示する場合は，文化庁の指導下となるため，1970年制定の「有形文化財（美術工芸品）の展示を主体とする美術館または美術工芸品を多く扱う博物館等の施設設置に関する基準について」や，1995（平成7）年制定の「文化財公開施設の計画に関する指針」をクリアしていれば，登録博物館でなくとも可能であるという不合理な側面も散見される．

1.7.2 「公立博物館の設置及び運営に関する基準」の果たした役割

a. 変わりゆく設置基準

博物館法のもと1973（昭和48）年に，都道府県や市町村が博物館をつくるときの具体的・数的基準を示した，「公立博物館の設置及び運営に関する基準（告示）」及び同「基準の取り扱いについて（通達）」（以下，旧基準）は，戦後，地域博物館の建設にあたって果たした役割は特に大きい．この基準は，昭和48年に制定されたことから，48基準と呼ばれることもある．

しかし，この旧基準は小泉内閣の時代，地方分権・規制緩和路線の中で，2003（平成15）年6月6日をもって全面改訂され，「公立博物館の設置及び運営上の望ましい基準（告示）」に変わり，さらに2011（平成23）年に至って私立館も含めた「博物館の設置及び運営上の望ましい基準（告示）」へと変わっている．2003年の「告示について（通知）」によれば，「地方分権の推進に伴う定量的，画一的な基準の大綱化，弾力化」等を踏まえて改訂に至ったとされ，「望ましい」という表題からもうかがい知ることができるが，かつての具体的・数的基準は撤廃され，公立博物館の設置に関しては「その規模及び能力に応じて」とされている．しかしながら，文部科学省刊行の『博物館に関する基礎資料』には，その後も旧基準が〈参考〉として引き続き掲載されており，今日もなお存在意義があるものといえよう．

ここでは，旧基準について新基準と比較しつつ，博物館の3つの基本的要素である「もの（資料）」

「ところ（施設）」「ひと（職員）」の観点から眺めることとしたい（浜田，2012）．

b. 「もの」（資料）の整備

博物館は，博物館法第2条及び第3条や新旧基準においても，資料を所有していることが前提とされ，1952（昭和27）年5月23日付の「博物館の登録審査基準要項（通達）」では，「資料は，実物であることを原則」とし，借用でない方法で収集することが明示されている．当たり前の要件ではあるが，近年は，登録博物館となることのできない国立新美術館や，博物館類似施設の美術館では，資料は借用を前提としていて，資料を持たないところも登場している．

その資料の数的要件をみると，旧基準では第6条において，動物園・植物園・水族館を除く博物館は「必要な数」としながらも，動物園・植物園・水族館については表1.7.1のような規定があった．しかし新基準第3条では，すべて「必要な数」に統一・緩和され，数的表記は廃止された．旧基準の数値がどのような経緯で設定されたのかについては定かではないが，公立の博物館施設を設置するにあたり，具体的目安となっていたことには違いない．現在は，すべてが「必要な数」となり緩和されたが，当然，旧基準の数を下回ってもよいと解釈される可能性は高い．

c. 「ところ」（施設）の整備

学芸員が常駐して調査・研究を行い，収集した資料を整理・保管し，展示して教育を行う「ところ」として，敷地を含めた施設・設備の整備は重要な問題である．近年，インターネットミュージアムやバーチャルミュージアムなどが登場し，仮想空間のものにまで博物館の名が付いているが，「もの」を保管する以上は，具体的な「ところ」を有することが必要条件となる．

旧基準第5条においては，博物館の建物の延べ面積が示され，都道府県及び指定都市では6,000 m²，市町村では2,000 m²を標準とするとされていた．通達の中では，用途別面積も表1.7.2のように示されており，さらに総合博物館にあっては「おお

表1.7.1　旧基準での生物系公立博物館の資料点数

博物館の種類	資料数
動物園	65種325点ないし165種825点（1種5点）
植物園	1,500種6,000樹木（1種4点）
水族館	150種2,500点（1種16〜17点）

表1.7.2　旧通達での公立博物館の建物面積

用途別	都道府県・政令市	市町村
展示・教育（利用者空間）	2,500 m²	850 m²
保管・研究（学芸空間）	2,500 m²	850 m²
管理・その他（管理共用空間）	1,000 m²	300 m²

表1.7.3　旧基準での生物系公立博物館の敷地面積

館種	敷地面積等
動物園	20 m²に平均同時利用者数を乗じた面積（1,000人で2万 m²）
植物園	20万 m²，建物は1,400 m²（7%）以下
水族館	敷地 4,000 m²

よそ1.5倍程度」の面積，つまり都道府県及び指定都市では9,000 m²，市町村では3,000 m²を確保することが望ましいとされていた．これも新基準では，緩和により施設の面積規定はすべて撤廃され，第2条でいう市町村の「規模及び能力に応じて」ということとなった．また，参考までに動物園・植物園・水族館の敷地面積についての旧基準についても表1.7.3に掲げた．

これまで，この面積規定を根拠として市町村の博物館づくりは進められてきた．地域博物館の先例となった平塚市博物館が3,926 m²，建設当時から政令指定都市を目指していた相模原市立博物館が9,510 m²の規模の博物館建設（いずれも総合博物館）を行うことができたのも，実はこの基準があったお陰といえる．旧基準は，小さすぎる博物館の建設を抑止してきた効果はあったはずである．しかし，数的面積規定廃止後は当然のことながら，行政は旧基準の数値を下回って建設してもよいと解釈するのが通例で，現在，唯一の数的基準となる「博物

館の登録審査基準要項」では50坪（約165 m²）以上とされてはいるが，公の施設がこのような規模で果たして良いのか，今後の課題として残る．

また，施設・設備要件についても定められており，旧基準第4条では，表1.7.4のような必要諸室・設備と，耐火，耐震，防虫害，防塵，防音，温室度調節，日光遮断，通風調節，汚損・破壊・盗難防止のための設備を備えるとしていた．新基準第11条では，施設要件も緩和のもとに「必要な施設及び設備を備える」ということとなり，具体的室名の例示はなくなった．この結果として，今後の市町村の博物館づくりにおいて，最も削られやすい研究室・実験室・作業室などを，どのような根拠を持って確保するのかが課題となる．一方で，時代の流れに対応して新基準では「バリアフリー化」がうたわれ，青少年・高齢者・障害者・乳幼児の保護者・外国人等の利用の促進のための施設・設備を備えるとした．その結果，授乳室，みんなのトイレ等が各地の博物館に設置されるようになった．この点だけは，唯一前進した部分といえる．

d.「ひと」（館職員）の整備

博物館は，博物館法第4条や新旧の基準においても，館長・学芸員は必置とされ，その他の職員である事務職員・技術職員は「置くことができる」と規定している．旧基準第12条では，都道府県及び指定都市では17名以上，市町村では6名以上の学芸員又は学芸員補を置くとされてきた．さらに，通達の中では，職務内容別の内訳も表1.7.5のように示されている．しかし，この人員要件は，1998（平成10）年5月29日に閣議決定された地方分権推進計画に基づき，同年12月7日付の生涯学習局長通知により定数規定が撤廃され，単に「必要な数の学芸員を置く」こととなった．新基準第9条においても，同様の表記となっている．

定数規定廃止後は当然のことながら，面積規定同様，行政は旧基準の数値を下回って人員配置しても構わないと解釈するのが通例で，実際，学芸員数が削減される博物館が相次いでいるのは周知の通りである．そのような点からみても，旧基準の数的表記は，学芸員を複数配置するための根拠となってきた

表1.7.4 公立博物館の必要諸室

空間区分	施設・設備
利用者空間	展示：展示室，準備室，視聴覚機器等 教育：集会室，教室，図書室，研究室，会議室，自動車等
学芸空間	研究：図書室，研究室，実験室，作業室，実験設備等 収蔵：収蔵庫，技術室，作業室，荷解き室，消毒設備等
管理・共用空間	管理：事務室，宿直室等 休憩・安全：休憩室，救護室等

表1.7.5 旧通達での公立博物館の学芸員配置

区　　分	都道府県・指定都市	市町村
教育・研究担当	8人	3人
一次資料収集・保管・展示担当	8人	3人
二次資料収集・保管担当	1人	―

ことも事実といえる．

また，この表1.7.5の職務内容区分からわかるように，学芸員は「教育・研究担当」「収集・保管・展示担当」と機能区分されていて，後者はさらに「一次資料担当」と「二次資料担当」に区分され，学芸員資格制度は，分野区分とはされていないことが確認できる．しかしながら，現場においては，慣例的に人文系の場合，考古・歴史・民俗・美術といった分野区分で学芸員が配置されるというのが実際である．「もの」の視点からすれば，発掘に携わる考古，古文書を扱う歴史，民具や農具を扱う民俗，美術品を扱う美術という区分の仕方は，博物館の必要条件である．学芸員配置を分野区分とする法的根拠は乏しいが，現実は施行規則第6条に記される，学芸員国家試験選択科目の人文系科目が考古学・文化史・民俗学・美術史となっていることに対応しているものといえる．

1.7.3 博物館行政の矛盾と課題

a. 縦割りの法による博物館行政の矛盾

我が国の博物館は，国立博物館と公立・私立博物館とでは法体系が異なるうえに，国立博物館自体も異なる法体系でそれぞれが存在している．公立博物

館は，博物館法に基づき社会教育機関として存在しているものの，公立博物館の運営形態は単純ではなく，都道府県や市町村が直営しているもののほかに，従前から公益法人に委託する（いわゆる第三セクター方式）博物館も少なくなかった．さらに，後述する指定管理者制度の導入によって2005（平成17）年からは，運営が民間（株式会社を含む）に委任される公立博物館も登場しているのである．

東京・京都・奈良・九州に4館ある国立博物館，西洋・近代（東京・京都）・国際・新の5館ある国立美術館は，ともに文化財保存機関として文化庁美術学芸課が所管する博物館となっていて，現在，法令上は独立行政法人国立文化財機構法・独立行政法人国立美術館法（1999年）によって設置されている．しかし，国立科学博物館だけは，文部科学省社会教育課が所管する博物館で，国立館でありながら唯一，社会教育機関となっていて，現在は法令上，独立行政法人国立科学博物館法（1999年）によって設置されている．さらに，国立民族学博物館・国立歴史民俗博物館は，大学共同利用機関として設置されており，大学としての博物館も存在している．もちろんこのほかにも，国立大学が設置する附属博物館や，各省庁が設置する博物館等も多数あり，国立館はまさに多様化の傾向にあるといえる．

国立館と公立館が違う法体系にあることは根本的な大きな問題であるが，さらに近年は，独立行政法人化や指定管理者制度導入の影響もあり，博物館にも独立採算が求められるようになってきた．このため，入館料の値上げや，教育活動よりもミュージアムショップやミュージアムレストランの経営に腐心する博物館も増えつつある．本来，非営利の国民の教育機関であるはずの博物館が，営利化するという懸念も出てきている状況にある．

b. 交錯する博物館の補助金・法体系

さて博物館の混沌は，法制度の問題ばかりではなく，国の補助金体系にも散見される．我が国ではいち早く，1952（昭和27）年から文部省の公立社会教育（博物館）施設整備の国庫補助が開始（97年終了）された．しかし，その後68年に文化庁が設置されると，70年から公立地方歴史民俗資料館整備の国庫補助が開始（94年終了）され，77年には「市町村立歴史民俗資料館の設置運営のあり方」が文化庁から提示されている．前者は博物館法に基づく社会教育機関であるが，後者は文化財保存機関となっている．しかしながら，現実にはどちらにも学芸員が配置され，収集・収蔵・展示，さらには教育活動も実施されているのである．何が「博物館」なのか，混沌としているといわざるをえない．

68年の明治100年や70年の大阪万博の時期と重なり，この両補助金によって全国の市町村に，多数の博物館・資料館が建設されたのは事実である．さらに，77年に埼玉県の畑知事（当時）が「行政の文化化」を，78年に神奈川県の長洲知事（当時）が「地方の時代」を提唱したことにより，地方での博物館・美術館建設に拍車がかかった．国民からすれば，どちらも展示室と収蔵庫を備えた博物館施設にみえるが，両者は根本的に設置目的が異なるのである．

また文化庁では，66年から風土記の丘整備のための国庫補助（94年終了）を開始し，資料館を付置した遺跡の整備・保存を進め，遺跡整備と博物館とを融合した事業を展開している．もちろん，この補助金も文化財保護が目的である．さらに79年に文化庁では，埋蔵文化財センター建設費の国庫補助を開始し，各地に埋蔵文化財センターの設置が進むとともに，同年，文部省では，国際児童年を記念して，公立子ども科学館整備の国庫補助を開始し，子ども科学館も各地に急増した．

バブル経済の時期を迎えると，ふるさと創生資金やふるさとの歴史広場事業（89年）で資料館を建設する市町村も増えた．95年から文化庁は，風土記の丘整備に代わり，歴史ロマン再生事業に着手し，遺跡の広域的保存と環境の整備を図り，文化財を活用したまちづくりを展開している．さらに2003年からは，史跡等総合整備推進事業の国庫補助を開始し，史跡等の復元整備と保存展示施設等の設置を進めている．

このほかにも近年は，文部科学省や文化庁以外からの，農林水産省の田園空間博物館整備事業の国庫補助や，国土交通省のまちづくり交付金（2010年度より社会資本整備総合交付金）などによって，展

示施設や資料館を建設するケースが目立つ．目的も多様化し，地域振興や観光を目的とした博物館的施設も増えており，国民から博物館の姿がいっそう見えにくくなっている．

1.7.4 指定管理者制度の導入と矛盾

2003（平成15）年6月に改訂された地方自治法第244条の2の規定により，公の施設の管理を法人その他の団体に行わせることができるようになった．単なる市民利用施設のみならず，人の命を預かる医療機関や，教育機関である図書館や博物館までもがその対象となり，この数年，さまざまな論議を呼び起こしている（浜田，2006；2009ほか）．

今日の指定管理者制度に繋がる，博物館を含む社会教育施設管理の民間委託化の検討は，1998年の生涯学習審議会「社会の変化に対応した今後の社会教育行政の在り方について」（中間まとめ）に溯る．翌99年7月に，通称PFI（Private Finance Initiative）法と呼ばれる，「民間資金等の活用による公共施設等の整備等の促進に関する法律」が公布され，その後，2002年10月の地方分権改革推進会議「事務・事業の在り方に関する意見―自主・自立の地域社会をめざして―」において，公の施設の管理受託者の範囲を「民間事業者まで拡大する」とされた．

そして，03年6月13日公布の改正地方自治法（同年9月2日施行）の中で，「法人その他の団体」に公の施設の管理を行わせることができるとした「指定管理者制度」が導入された．さらに，同年11月21日開催の第24回経済財政諮問会議の中で，社会教育施設についても「今後は館長業務も含めた全面的な民間委託が可能である」ことが明示された．これを受けて文部科学省社会教育課は，同年12月1日の「公民館，図書館，博物館の民間への管理委託について」の中で，公民館・図書館・博物館も「指定管理者制度」の対象とするとし，本来は教育委員会の任命が必要な必置職員についても全面的な民間の管理委託が可能であることを周知していくとした（中央教育審議会生涯学習分科会第26回会議資料による）．この時期，小泉内閣では，構造改革を次々と推進し，03年4月に「構造改革特別区域法」，同年7月に「地方独立行政法人法」を制定するなどしている．

その後，文部科学省は，05年1月25日の所管部課長会議「社会教育施設における指定管理者制度の適用について」の中で，「公民館，図書館及び博物館の社会教育施設については，指定管理者制度を適用し，株式会社など民間事業者にも館長業務を含め全面的に管理を行わせることができること」を明らかにした（社会教育推進全国協議会，2005）．この資料で，館長・学芸員は必置としているものの，本来，教育委員会の任命を受けなければならない館長は，指定管理者の場合「公務員ではないことから」「教育委員会の任命は不要である」とされた．

指定管理者制度は，このように小泉内閣の時代，行財政改革・規制緩和・地方分権，さらには「官」から「民」への流れの中で強く推進されてきた．実施までの猶予期間を3年間とし，06年9月1日までに，旧来の管理委託制度による公の施設は，指定管理者制度に移行するか，直営に戻すかを条例制定しなければならないとされた．

従来の管理委託制度と指定管理者制度との大きな違いは，民間参入を可能とし，管理形態や管理権限も異なる点である．管理委託制度は委託契約関係で，受託者は限定され，自治体が50％以上出資する法人（第三セクター）や公共団体（土地改良区），公共的団体（農協・生協・自治会等）であり，管理権限は設置者たる自治体にあった．しかし指定管理者制度では，行政処分による管理代行となり，指定を受ける者の制限もなくなったため，株式会社等の民間営利事業者の参入を可能とし，管理権限も指定管理者が有することとなったのである（中央教育審議会生涯学習分科会第26回会議資料「社会教育における指定管理者制度について」，宇都宮市，2005による）．

指定管理者制度については，数々の課題と問題点がある．そこで，社会教育関係法令等を参照する中から，それらを明らかにしてみたい．先に記した，05年1月25日開催の文部科学省所管部課長会議文書「社会教育施設における指定管理者制度の適用について」の中には，実はいくつかの法的矛盾がみ

られ，すでに社会教育推進全国協議会（社全協）からも，同年5月28日付の「社全協の見解」（社会教育推進全国協議会，2005）において指摘されている．

第一に，法的解釈に関わる事項を，単に経済財政諮問会議や文部科学省所管部課長会議の単なる「会議資料」という形で提示している点に問題はないのか．第二に，「株式会社など民間事業者にも館長業務を含め全面的に管理を行わせることができる」としているが，社会教育法第23条では「営利事業の禁止」をうたっており，これとの矛盾はないのか．第三に，「館長業務も含めた全面的な民間委託が可能である」としているが，社会教育法第28条では「公民館の館長は教育委員会が任命する」こととされ，さらに地方教育行政の組織及び運営に関する法律第34条では，必置職員である「図書館の館長，博物館の館長及び学芸員は教育委員会が任命する」とされており，これらの職員任命権との矛盾はないのか．

そのうえ，社会教育法・博物館法等の「個別法」は，地方自治法等の「一般法」に優先されるという原則（03年5月の第156回国会総務委員会における片山国務大臣答弁，及び03年7月の総務省自治行政局長通知）に矛盾しないのかなど疑念が残る．さらには，同制度では利用料金の徴収を可能としているが，たとえば図書館法第17条で規定している「いかなる対価をも徴収してはならない」という条文との整合性はどうするのかなど，あげればきりがない．

1.7.5 社会教育機関としての地域博物館のあり方

a. 公立博物館としての地域博物館とは何か

博物館の定義付けについては，周知のとおり国内的には博物館法第2条，国際的には国際博物館会議（ICOM）規約第3条によってされているが，教育・研究機関であり，非営利であることが世界的原則である．博物館法では，第19条で「公立博物館は，当該博物館を設置する地方公共団体の教育委員会の所管に属する」とし，第23条では，但し書きはあるものの「公立博物館は，入館料その他博物館資料の利用に対する対価を徴収してはならない」としている．これらの条文や原則と照らし合わせたとき，果たして博物館への指定管理者制度の導入は正しいのであろうか．

博物館には，資料収集・整理保管・調査研究・教育普及の4つ，もしくは収集保管・調査研究・公開普及の3つの機能があり，すべての機能が連動してこそ社会的使命を果たせるのである．収益や利用率を気にして，集客だけをクローズアップした展示や教育活動を実施したり，資料収集を借用のみに依存している博物館は，博物館とはなりえないのである．

2003（平成15）年3月に「平成14年度文部科学省委嘱事業」として日本博物館協会がまとめた，『博物館の望ましい姿—市民とともに創る新時代の博物館—』には，これからの博物館（学芸員）に求められるものとして，コミュニケーション・コレクション・マネジメントの3つが柱に掲げられている．最後に，ここではその3つの柱から地域博物館のあり方を検討してみることとしたい．

b. 博物館のコミュニケーション—博物館活動の継続性

町医者が長年その町に住み，一人一人の患者の病歴や生活環境を熟知したうえで診察するのと同様，本来，地域博物館の学芸員の活動は，市民との信頼関係のうえに構築されるべきものと考える．

地域における博物館もしくは学芸員は，深い地域研究と高い専門性を備えてはじめて市民への研究相談業務を可能とするのである．また，地域での寄贈や借用交渉など資料収集業務も，学芸員と資料所蔵者との信頼関係があってこそ成り立つものである．聞き取り等のフィールド調査や資料調査業務についても，学芸員と話者・所蔵者との信頼関係があってはじめて，良い成果をあげることができるのである．さらに，近年盛んなボランティア活動についても，博物館もしくは学芸員と市民との良好な人間関係があってこそ，質の高い展開が可能となるのである．これらのことが，3年や5年という短い指定管理期間で実現が可能かと問われたら，困難といわざるをえない．

また，指定管理者制度を法的に検討した場合，社会教育機関への適用は果たして妥当なのか，また館長や学芸員をも含む民間管理は果たして合法なのか，疑念は少なくない．しかしながら，各地域の博物館に，指定管理者制度が導入されるにしても導入されないにしても，市民にとってより良い博物館活動とは何か，という命題は変わらないはずである．今だからこそ，その原点に立ち戻って，博物館のあるべき姿を問うべきであると考える．

また，指定管理化による博物館の有料化や値上げは，博物館法第23条に掲げる公立博物館入館無料の原則に反するばかりでなく，市民の利用を遠ざける懸念があるうえに，市民の学習権の保障にも矛盾した行為といえよう．

c. 博物館のコレクション—公共財産としての資料

指定管理者制度が導入された博物館は，従前，数年かけて準備してきた特別展や企画展を短期間のうちに準備し，回転していかなくてはならないという運命にある．最長の5年間の指定管理期間があったとしても，1年目は新しい環境に慣れる時間として費やされ，5年目は次回の指定管理受託のための競争と審査に費やされるため，腰を落ち着けて仕事ができるのは事実上，間の3年間のみというのが現実である（前沢，2006）．

このため，長期的な資料収集計画も立てにくく，長期の準備期間を要する「常設展示計画」に携わることは，まず困難といえよう．とすると，一体誰が責任を持って長期にわたる資料管理や，常設展示の更新を行うのであろうか．指定管理者制度が導入されている長崎歴史文化博物館では，資料管理者として県の学芸員が2名常駐する形がとられているが，指定管理者の学芸員は，公共財産の取得たる資料収集，さらには収蔵庫の出入庫さえもままならないようである．さらに，指定管理者という立場にあっては，行政に収集予算を直接要求することさえもできないという現実もある．

d. 博物館のマネジメント—人事と博物館の経営

指定管理者制度そのものにある指定期間にも課題は残る．最短1年から最長5年とされていることから，雇用される学芸員もこの期間ごとに，異動もしくは転職を余儀なくされる運命にあり，労働者としての学芸員の身分保障はきわめて不安定なものとなる．さらに，継続的調査・研究に基づく展示計画など，長期的展望を持った学芸活動は望めないという現実問題が生ずることから，調査・研究を伴わないイベント的展示の増加などが懸念される．

また，増益を前提とする民間事業者にあっては，博物館経営のミュージアムショップ，ミュージアムレストランへのシフト化を懸念するとともに，収益性や集客力の高いイベント開催の増加も見込まれ，本来の学芸業務である資料収集・整理・研究等に当てる時間が削減されることも心配される．その一方で，人件費の節減による学芸員の給与水準の低下は明らかで，開館時間の延長やサービス残業の強化に伴う労働時間の増大も大きな課題として残る．

ことに，地域住民との信頼関係や事業の継続性が求められる地域博物館では，勤務する学芸員が非継続的になることによって，利用者である市民との人間関係が希薄化することが想定され，市民と連携した活動や，博物館活動の継続性が困難になるという心配も生ずる．さらに，学芸員は事務職とは異なり，研究内容や学芸技術までは短期間に引き継ぐことができないことから，博物館としての研究水準の低下は免れず，長期間をかけて先輩から後輩へと受け継がれるべき学芸技術の継承も困難になる可能性が高い．

このように検討してみると，博物館への指定管理者制度導入についての違法性は拭えないし，制度が導入されている現状において，博物館が直面する解決すべき課題は多い．今後は，博物館活動の継続性・安定性・蓄積性・自立性・独立性の確保，学芸員の安定雇用，住民サービスや他機関との連携確保を，いかに保障していくかという点を突き詰めていかねばならない．

つまり，2003（平成15）年6月の地方自治法の改訂は，今日，博物館法を大きく揺るがしているのである．利用者である国民と博物館を運営する学芸員は，こうした課題に立ち向かわなければならないのである．

[浜田弘明]

参考文献

宇都宮市（2005）「管理委託制度と指定管理制度との違い」『宇都宮市指定管理制度ガイドライン』

社会教育推進全国協議会（2005）『住民の学習と資料』36

日本博物館協会（2003）『平成14年度文部科学省委嘱事業 博物館の望ましい姿―市民とともに創る新時代の博物館』

浜田弘明（2006）「指定管理者制度導入に伴う学芸活動の諸問題」地方史研究協議会『地方史研究』324号

浜田弘明（2009）「指定管理者制度と公立博物館の民間管理」地方史研究協議会編『歴史資料の保存と地方史研究』岩田書院

浜田弘明（2012）「戦後，博物館法が地域博物館に果たして来た役割と課題」日本歴史学協会『日本歴史学協会年報』27号

前沢和之（2006）「指定管理者制度と歴史博物館のこれから」横浜市歴史博物館『博物館NEWS』23

文部科学省国立教育政策研究所社会教育実践研究センター（2009）『博物館に関する基礎資料』

2

博物館教育論

2.1 博物館教育論の概観

2.1.1 「博物館教育論」とは

　人は産声をあげてこの世に生を受けてから，その命を閉じるまで，常に学び続ける生き物である．古代ギリシャの哲学者アリストテレスも『形而上学』の冒頭で「人間は生まれながらにして知ることを欲している」と述べている．生物として知りたいという欲求は本能から発するものであろう．人間が「学ぶ」場面は大きく分けると，生まれてから家族と過ごす「家庭」，少し成長してから多くの時間を過ごす「学校」，そして生まれてから無意識に参加している「社会」となる．各々の人生で，これらの場面は単独で存在するのではなく，複雑に絡み合いながら刻々とその様相は変化していき，かつその場面ごとに人は新しいことをさまざまな形態で常に学び続けている．

　本章で論じる博物館教育は，この三つの学びの場面である家庭，学校，社会における，すべての世代を対象とした博物館を活用する学びの在り様についてである．ともすると，日本において「教育」という言葉は，幼稚園から大学等の高等教育までの学校教育，すなわち先生が大多数の人を相手に一斉に授業をするといったイメージを彷彿させる．これは英語のエデュケーション（education）という言葉にも似たようなイメージがつきまとうことから，近年，英国や米国，豪州等の英語圏では，ミュージアム・エデュケーション（museum education）という表現よりもミュージアム・ラーニング（museum learning）やミュージアム・エクスペリエンス（museum experience），インタープリテーション（interpretation），時には意味作りという意味のメイク・ミーニング（make meaning）といった表現を用いて，博物館体験を通して人々が何を感じ，その考え方や行動にどのような変化を及ぼしたのかについて研究されている．

　この傾向は，博物館内の組織名称をみても如実に表れている．たとえば，英国ロンドンのブリティッシュ・ミュージアム（大英博物館）も 2002 年時点では教育部（Education Department）であったが，2013 年現在はラーニング・観客部（Learning and Audiences）という名称に変わっている．同じ変化がロンドンのビクトリア＆アルバート博物館でもみられ，1991 年に開設された教育部（Education Department）が現在はラーニング部（Learning Department）に改変されている．当然のことながら，各館が教育部を創設した約 20〜30 年前は博物館教育といえば，まずは学校対象と一般の成人対象とされてきたが，現在はそのような枠組みではなく，全世代の館内外の「学び」を取り扱う部署に名実ともに変わっていったことに伴う現象である．

　なお，日本の改正博物館法では「博物館教育論」という名称の科目を学芸員課程に設置していることから，本章でもこの名称を用いながら，博物館における人々の学びについて論じていきたい．

　みなさんは博物館教育という言葉を聞いて，何をイメージするだろうか．日本の多くの幼稚園や小学校では，遠足や社会科見学，修学旅行といった学校行事の中で，動物園や水族館，博物館，美術館といった博物館法の定めるところの博物館に幼児や児童を引率している．ゆえに，一度も博物館に訪れたことがないという人は比較的に少ない．2.2 節でも述べるが学校による引率があるために，家庭ではそのチャンスがない子どもたちも少なくとも一度は博物館に行ったことがあるケースが多い．そしてみなさんは，自身の過去の博物館体験を踏まえて，博物館教育の意味を想像するのではないだろうか．見学当日の朝に遠足のしおりを配られて，（時には雨天時のみ）博物館に連れて行かれ，何が展示されているのか，何を目的に見るのかよくわからないまま集合時間まで館内で過ごし，お弁当を食べて次の場所へ移動する．翌日，教室に戻ってから「遠足の想

「出」を感想文にまとめる．このような典型的な学校団体の博物館見学を思い出すかもしれない．

ここで表2.1.1をみてほしい．これは自然史博物館学芸員の佐々木氏が分析した「博物館を取り巻くユーザー」をまとめたものである．そこには先述した「小学校団体」が上から二つ目に挙げられていることがわかるだろう．この表は「おおむね下段に行くほど学習意欲の高いグループであることを示す」とされているので，「小学校団体」は必ずしも学習意欲を持ってきているわけではないことがわかる．

とすれば，みなさんが経験した学校団体で行った博物館体験は，本節で述べる博物館教育を体験したことになるのだろうか．その答えは，「はい」であり，「いいえ」である．確かに学校が何かしらの教育的な狙いを持って（ちなみに遠足や修学旅行等もまた特別活動という目的を持った教育活動である）みなさんを博物館に連れていった事実から，これは博物館を教育的に利用したと評価して「はい」と考えることができる．しかし，博物館体験の中身を問われると，学芸員などの対応を受けたのか，ワークシートの利用をしたのか，事前事後指導はあったのかなどの詳細を検証しないと，本当の意味での博物館教育をみなさんが体験しているかどうかは判断できない．ゆえに「いいえ」でもある．

しかしながら，みなさんが現在持っている博物館での原体験は，博物館学を学ぶうえでは非常に大切な基盤となる．本節で博物館教育について理解を深め，自身の博物館体験がどのような性質のものであったのかぜひ振り返ってもらいたい．

a. 博物館教育の特徴

次に博物館教育を理解するうえで，まず認識してほしい特徴を三点あげる．第一点は，博物館教育は社会教育の一部をなすため，その対象者がきわめて幅広いということである．さきほどの表2.1.1をもう一度みてほしい．左に挙げられた「利用者」は乳幼児から高齢者まで，非常に幅広い．他の公共施設や図書館，音楽ホールといった文化施設と同様に，その門戸は一般に開放されている．そのために，利用者を選ぶこともしなければ，強制して来てもらうこともない．その点から，第二点の特徴として博物館にアクセスするかどうかは利用者次第ということが挙げられる．学校とは異なり，人々に行く（通う）義務はない．駅や病院とも異なり，必要が生じたら人々が必ず行く場所でもない．アクセスの自由度は図書館等の文化施設と同じである．そして第三点として，来館者の利用スタイルが非常に幅広いことである．これは表2.1.1の「目的・特徴」の欄を確認してほしい．明確な問題意識を持って利用する人もいれば，ふらっとなんとなく立ち寄る人もいる．目的を持って利用する人は目的が達成されれば，来なくなってしまう可能性がある．さらに，ふらっと来

表 2.1.1 博物館を取り巻くユーザー（佐久間, 2005）

利用者	目的・特徴
幼稚園・保育園団体	遠足，または親子遠足・大きな展示物（恐竜や象）しか興味を持てない．
小学校団体	遠足・一定時間に大量の学校が集中するため，印象に残る大型展示観覧が中心．
近隣の小中学生	遊び場として利用，スタッフとの接触を通じて興味を深める場合も多い．
偶発的来館者	目的意識なく来館．観覧は受動的でグループ内にガイド役はいない．運動公園利用者など決して少なくはない．
小・中学校グループ	校外学習・あらかじめテーマを持ってくる．学芸員への質問もしばしば．
意欲的来館者	子どもまたは親が自然に関心を持っている場合が多い．グループ内で展示を見て学習ができる．
高校生・大学生	授業などの課題に対応するための観覧．学習意欲は様々．
社会人・高齢者	具体的な質問・相談を抱えて来館する場合が多い．展示は疑問解決の一助として利用．
友の会会員	リピーター・博物館を学習のために積極的に活用している．
大学院生・アマチュア	展示よりバックヤードでの講座・研究会などに関心を示して来館する場合が多い．
研究者・視察利用者	博物館の文献・標本・学芸員を目的に来館．

（注）おおむね下段に行くほど学習意欲の高いグループであることを示す．

た人は，来てみて「面白い」と感じなければ再来しないと考えられている（布谷，2005）．この三点を踏まえると，博物館に求められているもののハードルの高さがわかるだろう．その中でも，博物館教育に何ができるのか，実際には何が行われているのか，その理念は何なのかといったことを本節では考えてもらいたい．

博物館と教育の間には，長くそして密接して発展してきた歴史的経緯がある．博物館の歴史の詳細については次項を参照してもらいたいが，日本において西洋式の博物館が開設されたのは明治時代に入ってからのことであり，政府主導で二つの流れの博物館が設置された．一つは明治時代に文部省が設置した教育博物館（現在の国立科学博物館の前身）であり，もう一つが内務省の設置した帝国博物館（現在の東京国立博物館の前身）であった．前者の教育博物館は，理科教育を中心とした学校教育の教材開発や教具の普及をその使命としており，教員研修なども行っており，全国各地に同じ主旨の県立教育博物館が設置された（布谷，2005）．後者の帝国博物館は，万国博覧会の日本館に展示されたものも含まれていたように，明治時代に形成された日本美術史の流れに組み込まれていった資料・作品群が収められていく．名称は博物館であるが，その内容が美術館であるのはこのような歴史的背景を踏まえてのことである．日本の博物館の創設期から，特に教育博物館においてはその教育的な役割が重視されていた．しかし，内務省系の博物館では必ずしもそのようにはいえない．

海外の博物館に目を投じると，「自然科学であれ人文・美術工芸系であれ，公的博物館はその活動（調査研究や資料収集）の成果を納税者である一般市民に還元すべきだということから，社会教育，学校教育に役立つことを博物館の社会的使命として課したのは一九世紀末～二〇世紀のアメリカ社会である」（千地・木下，2007）とあるように，19世紀末から20世紀初頭の頃より，博物館の教育的な役割は欧米においても注目されるようになっていく．これは各国の学校制度が確立してきた時期のことであり，同時期に博物館教育が発展したことからも，（特に英米の）博物館教育は学校教育を補完するためのものという理解もあるようだが（布谷，2005），博物館での学びは学校のそれとは異なり，強制されることもなく，物・資料を中心とした五感を使った学びであり，成績評価などの対象とされることもない．そして博物館を人々が利用する理由の一つには「博物館では『楽しく学ぶ』ことができるということ」（布谷，2005）ではないかと考えられている．布谷がいうように，「人は自分が主体的に参加し，考える事で好奇心を満足させ，楽しいと感じる．自分の予測どおりに発見があるとそのことに満足感を感じ，楽しいと感じる」（布谷，2005）．このような学ぶことの楽しさ，歓びを提供するところが博物館であり，「博物館はきわめて多くの年齢，階層，異なる経験や知識を持った人々を対象としている．それらの人々を全て受け入れ，だれでも楽しく学ぶ事ができる場というものは博物館以外にはないだろう」（布谷，2005）という指摘につながる．

米国の科学者で長らく博物館における教育を研究してきたジョージ・ハインは，博物館教育そして博物館における学びの内実を，学芸員のみならず博物館に携わる全ての人々が理解することの意味を次のように説明している．

　来館者が自分の博物館体験（原語ミュージアム・エクスペリエンス，museum experience――筆者注）から学び，成長できるようにするため，われわれは博物館における経験（experience）というものを十分に理解して，来館者の経験を方向づけていく必要がある．われわれは，来館者自身が自らの博物館体験にどのような意味を見出しているのか，正しく認識する必要がある．博物館体験の中でも，来館者が通常の反応を示す場合と，特に強烈で感動的な反応を示す場合は，それぞれ来館者にどのような影響を与えているのだろうか．博物館体験の中で，どうすれば経験の教育的価値を高められるのだろうか（ハイン，2010）．

ハインはこうした問いに応えることを試み，『博物館で学ぶ』という著書を記した．博物館における学びが詳述されているので，参照してほしい．

みなさんの多くは大学学部において学芸員養成課

程の科目を履修し，本書をテキストとして使う人が多いだろう．本書で学んでいく際に，博物館が持つさまざまな機能の中でとりわけ博物館における「教育」と「学び」について着目する理由を考えてもらいたい．博物館で人は何を経験し，どのように学んでいるのかをなぜ理解する必要があるのか．博物館の教育的な機能にはどのような特徴があり，何ができて何ができないのか．学校との連携はどのようなやり方が理想的で，現状はどのようなものなのか．このような疑問を学芸員になったつもりで考えながら読み進めてもらいたい．本節では，理論に加えてなるべく日本各地の博物館で行われている教育事業についても触れている．自分の博物館体験とも照らし合わせ，今後の博物館教育のあり方について考えていきたい．　　　　　　　　　　　　　［井上由佳］

参考文献

伊藤寿朗（1991）『ひらけ，博物館』岩波書店
佐久間大輔（2005）「自然史系博物館の生態学分野における潜在的可能性―総合討論をふまえた現状分析と連携の提言」『日本生態学会誌』55巻3号
千地万造・木下達文（2007）『ひろがる日本のミュージアム―みんなで育て楽しむ文化の時代』晃洋書房
布谷知夫（2005）『博物館の理念と運営―利用者主体の博物館学』雄山閣
ハイン，ジョージ・E.（2010）『博物館で学ぶ』同成社

2.1.2 博物館教育論の成り立ち

a. 博物館の定義・法令からみる博物館の教育

1) 戦後改革期の日本における博物館教育に関する法制度の形成

　第二次世界大戦後の日本は，日本国憲法を制定し，民主的で文化的な国家を建設して世界の平和と人類の福祉に貢献するという理想を掲げた．そして，憲法に準ずるものとして制定された教育基本法（1947（昭和22）年 法25号）には，このような理想の実現を目的とする教育が「あらゆる機会に，あらゆる場所において実現されなければならない」（法2条（教育の方針））と明記された．つまり，学校教育だけでなく社会教育においても憲法の理想の実現を図るための教育活動を展開すべきことが示されたのである．実際，同法7条には「国及び地方公共団体は，図書館，博物館，公民館等の施設の設置，学校の施設の利用その他適当な方法」によって戦後教育の目的の実現に努めることと規定されていた．
　このような憲法・教育基本法制のもと，社会教育法（1949（昭和24）年 法207号），博物館法（1951（昭和26）年 法285号）が制定され，博物館がこのような教育のための施設として位置づけられたのである．現行（2014年6月4日改訂）の博物館法の規定をみてみると，この法律を定め博物館の健全な発達を図ることで「国民の教育，学術及び文化の発展に寄与すること」が期待されている（法1条）．博物館の目的としては，資料の収集・保管と資料に関する調査研究が明記されているが，同時に資料を展示することを通じて「教育的配慮の下に一般公衆の利用に供し，その教養，調査研究，レクリエーション等に資するために必要な事業」を行うことも含まれている（法2条）．具体的な事業として，「一般公衆に対して，博物館資料の利用に関し必要な説明，助言，指導等を行い，又は研究室，実験室，工作室，図書室等を設置してこれを利用させること」や「博物館資料に関する講演会，講習会，映写会，研究会等を主催し，及びその開催を援助すること」，「社会教育における学習の機会を利用して行った学習の成果を活用して行う教育活動そ

の他の活動の機会を提供し，及びその提供を奨励すること」など博物館が自ら行う教育的な活動が列記されている．それとともに，「学校，図書館，研究所，公民館等の教育，学術又は文化に関する諸施設と協力し，その活動を援助すること」というように学校をはじめとする教育機関との連携・協力を通じた教育活動もあげられている（法3条1項）．さらに，博物館が事業を行う際に「学校教育を援助し得るようにも留意」すべきことが明記されている（法3条2項）．自ら教育活動を行うだけでなく，学校教育との連携がすでに予定されているのである．

2）国際機関が提唱する博物館の定義と教育機能

他方，目を海外に向けてみると，国際博物館会議（International Council of Museums；ICOM）が博物館の定義を公表している．ICOMは1947年に創設された国際的な非政府機関で，博物館と博物館専門家を代表する団体としてユネスコと協力関係を保つ団体である．博物館並びに専門的職員による国際協力や相互援助などの活動を通して，人類社会における博物館の持つべき意味を明らかにしていくことを目的としており，その規約や定款のなかで博物館の定義について改定を重ねてきた．その変遷は以下の通りである．

発足前年の1946年に制定された規約（Constitution）や51年の定款（Statute）における博物館の定義では，とりたてて教育的な役割について明示されていなかった．しかし後述するように，1960年の第11回ユネスコ総会で採択された「博物館をあらゆる人に開放する最も有効な方法に関する勧告」では，博物館を「各種方法により，文化価値を有する一群の物品ならびに標本を…（中略，筆者）…大衆の娯楽と教育のために展示することを目的」とする施設であると定義づけた．それを受けて翌1961年，ICOMの定款は改正され，博物館は「恒久的施設であって，文化的あるいは科学的に重要な収集物を<u>研究（study），教育（education），娯楽（enjoyment）のために</u>（下線は筆者，以下同様）保存・展示する施設」であると規定された（定款3条）．

次の1974年の改正では，上記の定義に「社会とその発展に寄与することを目的として広く市民に開放された営利を目的としない」恒久的施設であるとの文言が追加され，収集対象が「文化的あるいは科学的な重要物」から「人類とその環境に関する有形の物証」へと大きく拡大した（定款3条）．この定義は89年，95年，2001年の定款改正でも維持された．ただし，定義に続いて明示されている博物館の範囲は毎回の改正で拡大を続け，2001年には「非営利の美術展ギャラリー・博物館の団体・公的機関・博物館の研究団体」などまで包摂されるようになっている．

ところで，先述のICOMの定義の転換を促したユネスコの「博物館をあらゆる人に開放するもっとも有効な方法に関する勧告」の内容も確認しておこう．

勧告の前文では，大衆教育と文化の普及や教育の機会均等の理想の推進などユネスコが抱える課題の達成に博物館が効果的に貢献しうるものと見なしている．そのうえで博物館を「各種方法により，文化価値を有する一群の物品ならびに標本を維持・研究かつ拡充すること，<u>特にこれらを大衆の娯楽と教育のために展示することを目的とし</u>，全般的利益のために管理される恒久施設，即ち，美術的，歴史的，科学的及び工芸的収集，植物園，動物園ならびに水族館を意味するもの」と定義づけた．そのうえで，地域社会における博物館の地位と役割の中で以下のような教育的機能を果たすべきことを勧告している．

15．博物館と，ラジオ，テレビジョン放送の機関，企業との間の協力が，最大の安全な注意を払いつつ，<u>博物館展示物を成人及び学校教育のために利用できるよう</u>確立され又は改善さるべきである．

16．博物館が<u>学校及び成人教育に対してなしうる寄与を認め，かつ促進すべきである</u>．さらに，<u>博物館の寄与は，地方の教育指導者とその収集物の性質により</u>，学校が特に関心をもつ博物館との間に公的かつ規則的連繋を樹立する任務をもつ適当な機関の設置により組織化される．

この協力は下記形態をとることもできる．

 a 各博物館が，博物館の教育目的への利用を組織化するために館長監督下

に職員として教育専門家をおくこと．
　　b　博物館が，教員の尽力を求める教育
　　　担当の部をおくこと．
　　c　館長，教員で構成する合同委員会
　　　を，博物館を最も有効に教育目的に
　　　利用することを保証するため，地方
　　　または地域水準で設立すること．
　　d　教育上の要請と博物館の資源を調整
　　　するためのその他の措置をとること．
17．（省略，筆者）
18．加盟各国は，博物館の各種活動に青少年が
　　参加することを奨励するため博物館クラブ
　　の発達を勧奨すべきである．

とりわけ16項については，博物館と学校とが組織的に連携して教育にあたることの重要性を説いている．本章（2.4.2）で後述する日本における博学連携の推進のための諸条件にも通じるものである．

b．学芸員の業務実態と博物館の教育機能の再評価

　a．項では，国内外における博物館の定義や目的を見てきた．そこでは，博物館の教育的役割が第二次世界大戦後のかなり早い時期から認識されていたことが確認できた．しかもそれは，単に社会教育にとどまらず，学校教育との連携さえも重視するものであった．しかし実態としてそのような教育機能が十分に果たされているのだろうか．ここでは，博物館に勤務する専門職員としての学芸員の業務実態をもとに，博物館における教育的役割の現状を考えたい．

　1951年制定時の博物館法4条には博物館におかれる職が規定されている．同条3項以降に

3　博物館に，専門的職員として学芸員を置く．
4　学芸員は，博物館資料の収集，保管，展示及び調査研究その他これと関連する事業についての専門的事項をつかさどる．
5　学芸員は，そのつかさどる専門的事項の区分に従い，人文科学学芸員または自然科学学芸員と称する（筆者注——5項は現在削除）
6　博物館に，館長及び学芸員のほか，学芸員補その他の職員を置くことができる．

7　学芸員補は，学芸員の職務を助ける．

という規定があり，学芸員の役割が明記されている．そこに含まれるのは，資料の収集・保管という技術者としての役割と資料の調査・研究という学術研究者としての役割に限られている．先にみたように，博物館法制定当初より博物館の教育機能を重視していたにもかかわらず，専門職としておかれる学芸員には教育的な役割が期待されていないかのような規定となっている．4項にある「その他これと関連する事業」に教育事業が該当するのか，あるいは，第6項にある学芸員以外の「学芸員補その他の職員」が教育事業を担うのか，あいまいなままである．このような規定がなされている背景を探るうえで，日本における「学芸員」という職がどのような経緯でおかれるようになってきたのかをみておきたい．

　第二次世界大戦以前の日本の博物館におかれた専門職に「学芸官」がある．これは，「東京博物館」（現国立科学博物館）におかれた職である．「学芸官」の語はドイツ語の Wissenschaftliche Beamte あるいはフランス語の Personnel Scientifique（英語に直すと Scientific Officer）を翻訳した語であるといわれている．東京博物館は1877（明治10）年に設立された教育博物館を起源とするが，1921（大正10）年に公布された「東京博物館官制」（勅令第286号）では，博物館を以下のように定義していた．

　　第1条　東京博物館ハ文部大臣ノ管理ニ属シ
　　　　　自然科学及其ノ応用ニ関シ社会教育上必要ナ
　　　　　ル物品ヲ蒐集陳列シテ公衆ノ観覧ニ供スル所
　　　　　トス

そして，2年後に改正された同官制（勅令第302号）で，学芸官という職がはじめて独立して明記され，その職務を

　　第4条　学芸官ハ館長ノ命ヲ承ケ社会教育上
　　　　　必要ナル物品ヲ蒐集，陳列及其ノ研究ヲ掌ル

と規定した．いずれの規定にも「社会教育上必要ナル」と文言が記されている．ところが，先述のように戦後の博物館法には「教育」という用語が入っていない．もちろん，博物館法自体が社会教育法を受けて制定されていることから当然「社会教育」機能

をもっているものと見なされる．しかし，戦後の「博物館法」の制定過程において，当初の草案には学芸員の職務として「博物館の利用者に対する専門的，技術的な指導助言を行う」（教育普及）とあったものの，結果的に法律案完成時には削除されたことには留意を要する（犬塚，1996）．つまり，博物館法が社会教育法を受けて制定されているからといって，学芸員に教育機能が期待されているとはいいきれないのである．

学芸員には本来，現在の博物館法に明記されている学術研究者と技術者としての役割だけでなく，研究を基礎にした教育者としての役割があり，博物館活動のほとんどに関与し，多面的な活動をすることが期待されている．ところがこれまでの学芸員の意識の実態は，展示活動に長じ，資料の保管・整理を行えばその職務を全うしうるという傾向が強いといわれてきた．この背景には，日本全体において学芸員を含めた博物館職員数の不足があり，本来的な職務以外の「雑用」に追われている学芸員も多くなっているとの指摘にも連なっている．

2008年度に実施された文部科学省の『平成20年度　大学における学芸員養成課程及び資格取得者の意識調査報告書』に掲載されている調査結果でも，学芸員の1年間の業務の中で教育普及活動が占める割合の平均は19.9％にとどまっており，最も多くなっている展示活動の30.5％とは10％程度の差がでている．教育普及活動が学芸員の業務に占める割合はそれほど高くはないことがうかがえる．

しかし近年，「教育普及活動」に力を入れる博物館が増え，学芸員の意識にも変化がみられるようになってきたことも認められる．たとえば，『平成20年度　日本の博物館総合調査研究報告書』「Ⅱ　博物館をめぐる最近の動向―平成9・16・20年調査の時系列比較―」には，「『収集保存活動』に力を入れる館が減り，『教育普及活動』に力を入れる館が増えている」ことが示されている（表2.1.3）．教育普及活動を「一番力を入れている活動」に挙げている館は，1997（平成9）年には，12.4％であったのが，2004（平成16）年には，15.8％，2008（平成20）年には17.2％と上昇している．もちろん最も力を入れている活動は，いずれの時期の調査でも「展示活動」であるものの，2番目に力を入れている活動としては，「「教育普及活動」」が「収集保存活動」を抜いていずれの館も力を入れるようになってきていることがわかる．

ただし，「教育普及活動」の具体的な活動内容をみていくと，「学校との連携」の「連携の内容」としては，子どもが何らかの活動において「来館すること」，学芸員が子どもに「指導すること」だけが，2008年度においても「ない」と回答する館よりも「よくある」あるいは「時々ある」と回答する館数が多くなっているにとどまっている．教員を対象と

表2.1.3　力を入れている活動（全体／時系列比較）

	1番目			2番目			3番目		
	1997（平成9）年（N=1,891）	2004（平成16）年（N=2,030）	2008（平成20）年（N=2,257）	1997（平成9）年（N=1,891）	2004（平成16）年（N=2,030）	2008（平成20）年（N=2,257）	1997（平成9）年（N=1,891）	2004（平成16）年（N=2,030）	2008（平成20）年（N=2,257）
調査研究活動	7.8	7.3	7.0	13.4	11.6	11.1	27.3	25.1	27.9
収集保存活動	17.1	11.1	9.6	30.5	24.8	23.9	22.6	26.9	25.4
展示活動	59.5	61.6	63.0	22.7	22.2	21.8	9.5	8.6	8.5
教育普及活動	12.4	15.8	17.2	26.2	32.4	34.6	26.9	23.4	21.8
レクリエーション	1.6	2.2	1.5	3.1	3.5	3.5	6.2	6.7	7.0
無回答	1.6	2.0	1.7	4.2	5.5	5.2	7.5	9.2	9.4

「Ⅱ　博物館をめぐる最近の動向―平成9・16・20年調査の時系列比較」『日本の博物館総合調査研究報告書（平成20年度）』（文部科学省；委託先財団法人日本博物館協会）より転載

したオリエンテーションや講習会，教育委員会と連携しての事業・活動の実施，特定の学校と博物館を利用した教育実践の研究，学校5日制土曜日に対応する事業などは，「ない」と回答する館が6〜8割以上に上っている．先にみたICOMの定義にあるような博物館と学校が「連携」するという意識にまでは至っていないといえるであろう．その背景には，学芸員の量的・質的な不足，情報化の遅れ，財政力の弱さなど博物館が持つ諸資源の不足など深刻な問題がある．

そうした中，2008年に改正された社会教育法（2008年法59号）では，市町村の教育委員会が予算の範囲内で行うべき事務の中に，以下の項目を追加し，学校教育との連携を深めるような事業の推進を求めることとなった（法5条）．

13 主として学齢児童及び学齢生徒（それぞれ学校教育法第十八条に規定する学齢児童及び学齢生徒をいう．）に対し，学校の授業の終了後又は休業日において学校，社会教育施設その他適切な施設を利用して行う学習その他の活動の機会を提供する事業の実施並びにその奨励に関すること．

このような制度の変更が今後の学芸員の意識の変化に少なからず影響を与えていくものと考えられるが，同時にそれができるような知識や能力を学芸員が身につけることが求められることになる．以下，このような教育活動を推進できる学芸員を養成するために，その養成課程がどのような経緯で改正されていったのかを見ていくこととする．

c. 学芸員養成課程の改正と科目「博物館教育論」の成立

2007年4月，文部科学省内に「これからの博物館の在り方に関する検討協力者会議」が設置された．同会議は，1951年の博物館法制定以降の社会の変化と博物館の変遷，今日の博物館が抱える課題，今後期待される博物館の機能等を踏まえ，博物館法が定める①博物館の定義，②博物館登録制度，③学芸員制度が，今日十分に機能しているかについて検討するとともに，問題点の把握・分析を行った．そして2007年6月に報告書「新しい時代の博物館制度の在り方について」として提言を取りまとめた．この第1次報告では学芸員に求められる専門性を5項目にわたってあげており，その中に「資料等を介して，あるいは来館者との直接的な対話等において高いコミュニケーション能力を有し，地域課題の解決に寄与する教育活動等を展開できること」が含まれていた．

その後，同協力者会議の下部組織として2007年8月に「学芸員の養成に関するワーキンググループ」が設置された．このワーキンググループが中心となって学芸員養成課程の検討を行い，2008年10月30日に学芸員養成課程に設置される新科目案をとりまとめた．そこでは従来の8科目12単位から9科目19単位へと充実が図られたが，新設科目の1つとして「博物館教育論（2単位）」の導入が提起された．

この間，中央教育審議会答申「新しい時代を切り拓く生涯学習の振興方策について」（2008年2月19日）が公表された．この答申は，2006年に改正された教育基本法（2006年法120号）に「生涯学習の理念」が新設され（法3条），「学校，家庭及び地域住民等の連携協力」（法13条）の必要性が確認されたことをふまえ，社会教育施設としての博物館や学芸員の今後のあり方を示したものであった．博物館については，「特に近年，地域文化や生涯学習・社会教育の中核的拠点としての機能や<u>子どもたちに参加・体験型の学習を提供する機能等を高めていくこと</u>，さらに地域におけるボランティアや社会教育団体の協力を得た<u>地域ぐるみの博物館活動の取組</u>が期待されている（下線は筆者）」と述べて，教育機能の充実を求めた．また，学芸員等のあり方についても，上記のような博物館の教育機能重視の動きに対応するように学芸員及び学芸員補の資質の向上が求められている．具体的な方策として，学芸員等に対する研修機会の充実だけでなく，以下のような養成課程の見直しも提起されている．

学芸員及び学芸員補については，大学等における養成課程等において，専門的な知識・能力に加え，より実践的な能力を身に付けるための教育を行うことが必要である．近年，国際的な博物館間の交流や相互貸借・協力等が進展してい

る状況を踏まえ，学芸員が現代的課題に対応し，国際的にも遜色のない高い専門性と実践力を備えた質の高い人材として育成されるよう，大学等における養成課程等において履修すべき科目，単位についての具体的な見直しを含め，今後その在り方について検討が必要である．

また，改正教育基本法に基づいて策定された教育振興基本計画（2008 年 7 月 1 日閣議決定）においても，「学芸員の資質向上を図るため，その修得すべき科目の見直し等養成課程の改善を図る」と記述された．先述のワーキンググループもこれらの動きをふまえて学芸員養成課程に新科目案を加え，単位数の増加を提起したのである．その後，2008 年 11 月には上記協力者会議の下に「学芸員資格認定の見直しに関するワーキンググループ」が新設され，このワーキンググループが新設される科目の内容等について具体的に検討を続けることとなった．その報告を受けて協力者会議は 2009 年 2 月に「学芸員養成の充実方策について（第 2 次報告）」を公表した．報告では，養成課程の科目見直しが提言されている．

まず「生涯学習概論」については従来の 1 単位を 2 単位に拡充し，<u>生涯学習および社会教育の本質と意義を理解し</u>，関係法令や行政組織を含め，<u>社会教育機関としての理解を深める（下線は筆者，以下同じ）</u>」内容とすることが示された．また新たに「博物館教育論」（2 単位）を「博物館における<u>教育活動の基盤となる理論や実践に関する知識と方法</u>を習得し，<u>博物館の教育機能に関する基礎的能力を養う</u>内容」とすることを提言した．さらに「博物館展示論」（2 単位）を設け，展示の歴史，展示メディア，<u>展示による教育活動（コミュニケーション）</u>，展示の諸形態等に関する理論及び方法に関する知識・技術を習得し，博物館の展示機能に関する基礎的内容を養う内容」を教授することも追加された．その際，従来の資格科目であった「教育学概論」の内容は，「博物館教育論」と前述した「生涯学習概論」に引き継ぐこととした．このように，学芸員の基礎的な素養として教育活動を展開できるような知識と方法を身につけておくことが求められることとなったのである．

d. 博物館教育の評価

学芸員養成課程における必修科目となった「博物館教育論」では，博物館教育の方針決定とその評価をどのように行うかについても学ぶことになった．一般に博物館が行う教育普及活動には，先にも紹介した㈶博物館協会が行った「日本の博物館総合調査研究報告書」などによれば，①講演会・シンポジウム（1 回限りのもの），②講座（連続して開催されるもの），③講習会・工作教室，④映画会，⑤自然観察会・見学会等，⑥その他，といったものがある．「その他」の内容について協会自身は明示していないが，博学連携による学校での出前授業などもこれに含まれるものと考えられる．

ところで，評価というと一般的に事後的に行われるものと見なされている節があるが，たとえば「環境アセスメント評価」のように，適確な意思決定を行うために事前に実施する評価活動も存在する．博物館の場合も，来館者を引きつけることができるような教育活動を展開するためには，このような事前の評価活動の重要性を認識しておく必要がある．

教育普及活動の評価を行う場合には，博物館の使命である憲法・教育基本法等で保障されている教育を受ける権利や国際人権規約等に示される学習権や文化への権利の保障が果たせているかどうかを判断の基準にすることが必要である．ただしどんなにそのような使命に即した適切な教育活動であったとしても，先述したとおり，児童・生徒・学生がすでにそこにいて，彼（女）らに対する教育活動を企画して運営する学校教育とは異なり，来館者を引きつけて教育活動に参加してもらえなければその意義は半減することになるだろう．つまり，博物館教育の評価には，来館者（参加者）を引きつけることができるか（できたか）どうか，という経営的な評価の側面と，教育普及活動の目的（教育目的）に沿った教育ができたか（その結果，学習者に期待される変容が起きたか）という教育的な評価の側面とがある．前者は，どのような方針で教育活動を展開していくのかを決定する過程と実施後に行う評価であり，後者は実際の教育活動の結果，学習者にどのような変化が生じたか（目的に沿った教育ができたか）を判断する過程で行う評価となる．これらは当然判断の

根拠として集めるべき情報も違うし，とるべき手法も異なっている．

1) 経営的側面からの評価
① 方針決定のための評価

この評価活動は企画段階での意思決定を支えるものもある．ここでは，当該博物館が所有する諸資源をどのように活用すれば来館者を引きつけることができるか検討し，判断することが重要になる．そのためには，人的（所属する職員や人的なネットワークなど）・物的（収蔵品や展示スペース，活用可能な屋外のフィールドなど）・財的な資源としてどのようなものが活用可能なのかを点検するとともに，過去の企画の内容と成否，企画の主なターゲットとなる層の関心事（学習ニーズ），などに関する情報を多面的に収集して検討し，より多くの来館者を引きつけるためにはどのような方針で教育普及活動を展開していけばよいのかを決定することになる．もちろんその際，来館者が増えさえすればよいというものではなく，博物館が果たすべき教育的な使命に照らして適切かどうかも判断の基準となる．

② 教育活動実施後の評価

教育活動実施後に行うもので，企画の意図が実現されたか，来館者を引きつけることができたか，といった観点から評価し，次の企画のあり方に生かすための評価である．来館者数調査などによる数量的な情報だけでなく，来館者アンケートなどを通じて来館者の意見を収集し，判断材料とする．また，指導主事等の教育行政専門職や展示内容・方法等に関する有識者から意見を聴取するような第三者評価的な機会があれば，当該博物館関係者だけによる独善的な評価を避けることもできる．

2) 教育的側面からの評価

博物館が行う教育普及活動であっても，「教育」活動である以上，対象となる学習者に何らかの変容をもたらすような意図（教育目的）をもって行われるはずである．しかし，その活動に参加する来館者は，学校とは異なり，生涯学習という言葉が示すように同一年齢層に属するわけではなく，学習の基礎となる知識量も多様である．したがって，教育活動前後での変容を学習者ごとに把握できなければ，その目的が達せられたかどうかの判断はできない．また学習による変容は，教育活動終了時に直ちに起こるものとも限らない．来館者は一定期間，定期的に博物館を訪れるわけでもないため，教育活動終了後の経過を把握することもできない．しかも，とりわけ成人学習者は，一般に自分自身の中に学習の目的を持ってその場に参加するものである．その目的が，教育活動を提供する博物館側の教育目的と合致しない場合があることも容易に想像できる．その場合，仮に学習者が企画内容に満足していたとしても，それが教育目的を達したからとは判断できないのである．

以上のようなことだけを勘案しても，教育目的を設定し，それに照らして実際の活動を評価するということは建前としては必要とされるかもしれないが，厳密に行うことは非常に難しく，来館者に対するアンケート調査程度のことではほとんど何もできないことを理解しておく必要がある．ただし，学校と連携し，学校側の教育目的を実現するために博物館が教育プログラムを提供するような場合には，学校の教員と協力して評価活動を展開することが可能であることはいうまでもない．

[石渡尊子]

参考文献

犬塚康博（1996）「制度における学芸員概念─形成過程と問題構造」『名古屋市博物館研究紀要』第19巻，名古屋市博物館

梶田叡一（2010）『教育評価（第2版補訂2版）』（有斐閣双書）有斐閣

2.2 博物館と人との関わり―ゆりかごから墓場まで

人生のいつの時点で人は博物館と巡り合うのだろうか．本節では21世紀初頭の日本に生まれた女の子・優実が，その誕生から老年までの一生をたどる中で，いつ，どのように博物館と関わっていくのかを彼女の成長とともに追っていきたい．

2.2.1 誕生から乳幼児期

人の一生は，正確には出産前の胎児の頃から始まっているが，ここでは生まれてきてからを考えていこう．2011年5月上旬の小春日和の昼過ぎに，元気な産声をあげて生まれてきたのが本節の主人公，優実である．新生児とその母親は，出産した病院や助産院を退院した後も生後1ヶ月検診を受けるまでは外出を控えなければならない．優実が外出できるようになるのは，生まれてから少し後のことである．

生後3ヶ月位になると，ちょうど季節は夏となり，優実は日本の蒸し暑い気候を初めて過ごすことになる．新生児の頃に一日につき数十分から始まった外気とのふれ合いも，このころにはもうだいぶ慣れて，ベビーカーや抱っこ紐を使って親子で出かける機会も増えてくる．優実親子もそろそろ日常的な買い物をするスーパーや銀行以外の場所に行きたくなってきた．

そんな親子を受け入れてくれる場所は，自治体などが運営する子育て支援センターと呼ばれる絵本やおもちゃなどがたくさん用意された屋内共同スペースや図書館，そして美術館などが考えられる．まだ歩けない乳児に公園は時期尚早である．公園をベビーカー等で散歩する分には良いかもしれないが，むしろ赤ん坊を抱えた親子が真夏の昼を過ごすには，涼しくて静かな環境の方が望ましい．そういう意味では，博物館や美術館などは打ってつけだろう．この頃の赤ん坊は，数時間おきの授乳以外は寝ている時間が長いので，寝入ったタイミングをみてゆっくりと資料や作品と向き合う，そんな午後の時間の過ごし方もあるのではないだろうか．

赤ん坊を連れた親子に優しい博物館や美術館には何が望まれるだろうか．まず入館料については6歳未満の乳幼児は無料とする館が多いようである．また多くの公立博物館の常設展示や一部の企画展は大人も無料のところが多い．経費の面でいえば，博物館で時間を過ごすことのハードルは低い．混雑具合についても，都心の一部の大規模博物館・美術館で開催される大規模なマスコミ主導の企画展を除けば，行列に並んだり人混みにもまれたりする心配をほとんどすることなく，ゆったりと時間を過ごせるだろう．このように，多くの博物館はすでに公に広かれた施設となっているが，意外にその内実は一般の人々には知られておらず，一部の熱心な利用者に限定されているのが現状である．

a. 乳幼児に必要なミュージアム設備

次に設備面では何が求められるだろうか．まずは駐車場や道路からベビーカーで入口までたどり着けるスロープが必要である．これは車椅子のために整備されたものであればベビーカーも通れる．この例のように，ユニバーサルデザインのされた空間は，多くの人々にとりアクセッシブル（accessible）な環境となることがわかる．さらに，館内ではエレベーターですべてのフロアにアクセスできることが望ましい．

他にも設備面では，赤ん坊を連れた親子にはオムツ換え用の台の付いた広めのトイレが望まれる．首が据わり，一人でお座りができる生後5ヶ月以降であれば，トイレ内のベビーシートも助かる．これは女性トイレだけではなく，男性トイレとみんなのトイレに設置されるとさらに良い．女性トイレにだけそのような設備がある場所がまだ多いが，子育ては男女共に取り組むものであり，男性トイレにも同様に設備があってしかるべきだろう．

そして，乳児に不可欠な授乳室の設置も望まれる．ここでは授乳用の個室スペース以外にもミルクの調乳ができるようにお湯と流し台の用意があると良い．最近はこのような設備が多くのショッピングモールや駅ビルでは完備されつつある．博物館の場合では，2003年にオープンした神奈川県立近代美術館葉山館の場合，館内外がバリアフリーの作りであり，調乳も可能な授乳室や貸し出しベビーカーが用意されている．葉山館のように，新しく建てられた博物館には授乳室等を設けている例が多くある一方で，古い建物の場合は未整備の館もまだ見受けられる．岡山県の大原美術館では，日本最古の西洋美術館であり，歴史的な建物を使いながら，ベビーカーの貸し出しを行ったり，係員が親子連れをエレベーターへの案内をするなど，各館とも親子に優しい設備を整えている．また，乳児連れは荷物が多いので，無料ロッカーやクロークが望まれる．

さらに，乳幼児期の食事の面でいえば，離乳食の始まる生後5・6ヶ月以降はベビーフードの販売や持ち込みを認めるといった対応をとることが，付属のレストランやカフェでは望ましい．食事も子どもの成長と共にそのニーズが変わることを公共施設である博物館側は認識し，それに伴った対応が必要であろう．

さて，優実親子も近所の美術館で，ゆっくりと作品を鑑賞した後，そのまま2階のカフェで一服し，それからお手洗いでオムツを交換した．展示室内でぐずることなく，ずっとお昼寝していたので，母親はほっとしながら作品を楽しめたようだ．優実自身が作品を楽しめるようになるのはいつくらいからだろう，今度はお父さんも一緒に連れてこよう，帰宅してから赤ちゃんも参加可能なミュージアムのイベントを探してみようと母親は思いながら親子は美術館を後にした．

今回は優実が寝ていたのでゆっくりと過ごせたが，赤ん坊であればぐずったり大泣きする心配もある．もう少し大きくなって1歳前には，はいはいをはじめ，1歳を過ぎると歩き始める子も多い．こうなってくるとベビーカーの中でずっと過ごしてもらうのは難しい．赤ん坊を育てている親にも展覧会をゆったり見てもらえるように，石川県の金沢21世紀美術館には託児室があり，開室時間の午前10時から午後6時（金・土曜日は午後8時まで）のあいだ，0歳3ヶ月から未就学児までの子どもを鑑賞中，予約制の有料で預かってくれる．保育士資格などを持った子育て経験のあるスタッフに子どもを

図 2.2.1 青森県立美術館・キッズスペース（2013年8月11日筆者撮影）

預け，日頃のせわしない生活から解放された美術館という異空間で，はじめてみる数々の作品を鑑賞することは良いリフレッシュやストレス発散になるに違いない．他にも，青森県立美術館にはキッズスペースが用意されており（図2.2.1），保護者の付き添いがあれば週末の10時から15時まで自由に過ごせる空間があった．まだ，このようなサービスを実施している館は少ないが，今後増えていくことに期待したい．

b. 乳幼児向けプログラム

さらに最近の博物館は設備面以外でも，このような小さな子どもを連れた親子向けに内容の面でも力を入れている．

乳児向けのプログラムといっても，当然ながら乳児は一人で参加することはできない．未就学の小さい子どもが参加できるプログラムは，家族向け・ファミリープログラムと呼ばれるケースが多い．家族向けのプログラムは，一緒に来た両親や祖父母といった保護者にもプログラム内容を理解してもらい，参加してもらうパターンもある．たとえば，東京都の森美術館ではパブリックプログラム（教育普及活動）の目的を「（略）アートに出会う喜び，アートを知る楽しさ，アートについて積極的に語り合う機会を提供するために，様々な教育プログラムを行っています．」（森美術館ウェブサイト）と説明している．

森美術館ではこのパブリックプログラムの中の一つにファミリープログラムがあり，0〜6歳児と共に楽しむ「おやこでアート」を実施している．この「おやこでアート」プログラムは企画展の解説をスタッフから聞くギャラリーツアー形式で進められ，大きく分けて二つのタイプに分かれる．一つは，おしゃべりを始めた頃の子ども（3歳以上）と保護者がスタッフの解説を聞きながら作品を鑑賞し，一緒に会話を楽しむという趣旨の「おやこでおしゃべりツアー」である．そして，もう一つはベビーカーで子どもと回る「ベビーカーツアー」があり，こちらは保護者に向けた解説を行っている．各ツアーとも会期中の一日で午前と午後に1回ずつ，各回10組を対象に予約制で実施している（2013年6月現在）．乳幼児と一括でいっても，0歳代の赤ん坊と6歳に近い子どもでは，その発達・成長段階が大きく異なるゆえ，それを受け入れるプログラムの内容も変えざるをえない．森美術館では，この異なるニーズを意識しながら，鑑賞ツアーのプログラムを実施している．

この他にも日本各地の博物館で，乳児向けの教育プログラムが実施されている．乳幼児向けのプログラムとなると，科学館や博物館よりは，小さな子どもに取っつきやすいアートを扱う美術館を中心に企画されているようである．しかしながら，伊丹市昆虫館のように，自然科学をテーマとした博物館においても乳幼児を対象としたプログラムを企画・実施していることからも，乳幼児＝アート・造形遊びがふさわしいといった枠に囚われることなく，主催者側の博物館に自由な発想と柔軟な受け入れ体制さえあれば，多様なプログラムを展開していくことができるに違いない．

優実の母親はファミリープログラムというものを知り，今度は父親とどのプログラムに参加できるかな，と考えながらインターネットで色々なプログラムを探してみることにした．

2.2.2 児童期

月日がたち，2018年4月から優実は小学校に入学した．まだ体に対して大きなランドセルをしょって，元気に登校している．友達も増え，家で兄弟と遊ぶことよりも，少しずつ友達と過ごす時間が増えていった．そんな我が子の成長を見て，母はうれしくもあり，少し寂しくも感じている．

小学校に入ると，遠足などで低学年であれば生活科等の授業で校外学習先として博物館に行く機会が増えてくる．その他にも，乳幼児期と同様に両親をはじめとする保護者が積極的に博物館に家族で出かける機会もあるだろう．本項では大きく分けて，学校で引率されて博物館に行くパターン（学校利用）と自主的に家族単位で博物館を利用するパターン（家族利用）を考えていきたい．児童期の場合，小学校5・6年生になれば子どもだけで出かけることも考えられるが，博物館が自宅の近隣にある場合を

除くと，移動距離の長さや安全面から保護者同伴で博物館を利用するパターンの方が多く見受けられるため，この二つの利用パターンでみていくこととする．

a. 学校利用

1990年代後半から，日本の博物館は学校向けのプログラムに力を入れるようになった．2002（平成14）年から導入された総合的学習の時間の学習指導要領に博物館等の学外施設の利用が明記され，公立学校の週休2日制が始まり，土曜日も子どもたちが自由に過ごせるようなったこともこの流れを後押しした．現在，ほとんどの博物館は学校連携に取り組んでおり，そのプログラム内容は多種多様である．

まずは博物館の学校利用のメリットとデメリットについて考えたい．学校の遠足や修学旅行，社会科見学等で引率されて団体で博物館に行くことのメリットは，本人の博物館への関心度や家族のレジャー趣向に左右されることなく，全ての子どもたちに博物館に足を運ぶという機会を与えている点である．つまり自主的に友人や家族と行くことはなくとも，引率されて実際に行ってみたら案外楽しめた，今度は家族で行きたいという気持ちにつながっていくことがある点がそのメリットである．

このメリットを最大限に生かすべく世田谷区立小学校（全64校）4年生と同区立中学校（全32校）1年生の全員を「美術鑑賞教室」という事業で毎年招待しているのが東京都の世田谷美術館である．これは世田谷区教育委員会の主催で1986（昭和61）年の開館当初より始まったもので，「世田谷美術館を身近な場所に感じられるように」（世田谷美術館ウェブサイト）との願いから，毎年8000人に及ぶ児童・生徒を受け入れているという．特定の学年の属する児童全員を美術館に招待する事例は国内でもいくつかみられるが，世田谷区の事例は1986年という早い時期から始まり，現在も継続している．

この「美術鑑賞教室」の特徴としては，見学の事前指導と当日の受け入れ体制が整えられていることである．単に美術館に行って帰って，感想文を書いておしまいという，学校団体にありがちな利用パターンをつき崩している．まずは，事前指導でサポート・インターンと呼ばれる博物館実習を履修し，美術館の研修を受けた大学生たちによる出張授業「美術鑑賞教室特別プログラム」が行われる．担当の学生は，学芸員と担任の先生方と入念に打ち合わせをしたうえで，45分から90分の事前授業を各校で展開している．作品をじっくり鑑賞する授業から，制作方法を疑似体験したり，作品からのインスピレーションを表現活動に展開したりとさまざまなプログラムがある．

そして，来館した当日はボランティアの「鑑賞リーダー」と共に少人数のグループで展示を見て回るというスタイルをとっている（現在は小学校のみ）．鑑賞リーダーは知識や価値観を披露するのではなく，あくまでも児童の疑問や指摘を受けとめながら，共に作品の魅力を探るという姿勢をもって対応している．鑑賞リーダー制度は1997（平成9）年に発足し，世田谷美術館主催の「美術大学」の修了生もしくは「美術館友の会」会員，博物館実習生などで構成され，毎年100名前後が活動している．研修さえ受ければ，誰もが活動できるという．この鑑賞リーダーによる対応は区立小学校以外の各種学校団体にも開放しているという．この事例のように，下調べや準備なしに博物館や美術館を訪れるのではなく，あらかじめ何をどのように見たら良いのか，先生も児童もそのヒントを知り，好奇心を高めたところで，実際に訪れ，そこでも自分たちの素朴な疑問や不安をスタッフが受け留め，解消しながら自由にのびのびと鑑賞するという一連の流れがここではシステムとして構築されている．無論，この事業の30年近い歴史の中では，事業廃止を唱える動きが一部にみられた時期もあったというが，そのような苦節を乗り越えて，現在もなおこのプログラムは続けられている．

次に，横浜みなとみらいにあるJICA海外移住資料館における学校向けの学習プログラムを紹介したい．ここでは，ボランティアによる展示の説明・解説を行っている他，貸し出し教材として日本からの移民とその歴史と文化を扱った紙芝居，移民カルタ，いみんトランク（当時の衣服，ミックスプレートの模型などのレプリカ資料），DVDが用意されて

おり，返送料負担のみで各種学校に無料で原則として2週間の期間，貸し出している．たとえば，資料館の見学前に「ハワイにわたった日系移民」の紙芝居をクラスに読み聞かせる，移民カルタをやって，展示されている資料の名称や特徴をおおまかに知っておくと準備を教室で行うことができる．いみんトランクにはレプリカ資料とともに，そのレプリカ資料にまつわる説明事項がトピックシートにまとめられており，それを活用しながらオリジナルの教材として使えるようになっている．このほかにも刊行物として『学習指導の手引き』や児童・生徒向けのリーフレット，展示室の見学の際に使える学習シート（オリエンテーションシート，ワークシート）が用意されており，JICA海外移住資料館ウェブサイトからダウンロードできるようになっている．

このJICAの事例のように，学校側のニーズに併せて必要な教材やサービスを組み合わせることで，学校団体利用が一過性のものではなく，教室で行われている学習活動と有機的に結びつけることができる．学校による博物館の利用に際しては，事前・当日・事後指導の3段階が重要であることがわかってきている（井上，2006）．しかし，現場の教員にこの三段階の準備を全て任せることは荷が重いことがすでに周知の事実となっており，JICA海外移住資料館のように，利用する教員のサポートに尽力することを多くの博物館は意識するようになってきた．

b. 家族利用

乳幼児期に比べて，子どもたちも小学生になってくると自分の考えや希望をはっきりと家族に伝えるようになるだろう．男の子なら恐竜展や鉄道フェアを見に行きたいとか，女の子ならテーマパークに行きたいといった希望も出てくるかもしれない．そのような子どもたちの声に耳を傾けながらも，保護者はやはり子どもたちに可能な限り色々な経験をしてほしいと考え，博物館をその行先として考えることもあるだろう．

この家族単位で博物館を利用するという現象は，日本だけではなく海外の博物館でも顕著にみられる事象であり，フォークとディアキングも著作の中で，博物館体験における社会的文脈を論じるうえで冒頭に登場させているのが「ファミリー・ヴィジターズ（家族の来館者，Family Visitors）」（Falk & Dierking, 1992）である．フォークとディアキングは，多くの人々が博物館にはグループ単位で訪れるとしており，どのようなグループ（大人のみ，家族，学校）でどんな立場（保護者，引率者，趣味サークルの一員など）で博物館を見学したのかによって，その体験内容は大きく変わってくると論じている．同じ子どもでも学校団体の一員として来たのと，家族と一緒に来たのでは，たとえ同じ博物館を見学したとしても，全く異なる体験をしていることが想像されよう．それは，学校と家族のニーズの違いもあることを示唆している．

日本のミュージアムも近年は小学生以上の子どもを連れた家族向けのプログラムを充実させている．社会教育機関である以上，色々なパターンで来館する人々のニーズに応えていくことが，よりいっそう求められてきたからであろう．

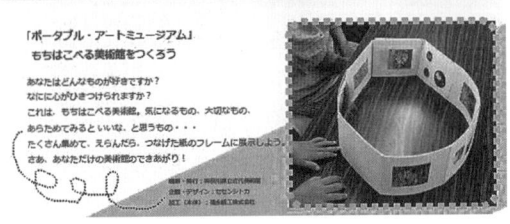

図 2.2.2 神奈川県立近代美術館 葉山ワークショップ「ポータブル・アートミュージアム」の光景(1)

2.2.2 児童期

最初の事例として，神奈川県立近代美術館葉山館において 2013 年 7 月から 9 月の夏休み期間中に月に 1 回ずつ開催されたワークショップ「ポータブル・アートミュージアム」を取り上げたい．これは 18 歳以下の子どもたちに向けて開催されたワークショップで，小学生も親子で参加できるものであった（図 2.2.2）．

このワークショップは自分の好きな写真，気になるイラストなどを切り抜き，長方形の切り抜きが複数入った白い厚紙に，順番を考えながら貼り付けることで，「持ち運べる美術館」＝ポータブル・アートミュージアムを作ろうというコンセプトで行われた（図 2.2.3）．これを企画した学芸員によれば，このワークショップの参加者には，日ごろ美術館の学芸員が展覧会を準備する際にテーマに即して作品を選び，それを並べて展示するというプロセスを同じように体験してもらうことで，美術館の裏方の仕事について知ってもらうとともに，作品を並べて改めて眺めてみることの面白さに気づいて欲しいという考えをもとに開発したという．

写真やイラストなどの素材と白いフレームの厚紙は美術館が用意し，そこから子どもたちは自由に切り貼りしてオリジナルのミュージアムを思い思いに作っていった．完成したフレームをどのように組み立てるかも自由に設計できるため，高校生くらいになると見る人の動線にもこだわって作る様子もみられたという．

ポータブル・アートミュージアムは近代美術館の特徴でもあるホワイト・キューブ（作品を引き立たせるために展示室の壁を白一色に統一する展示形式）を白い画用紙に長方形の穴を開けてフレームにするというアイディアで再現し，それを複数枚作ることで無限の組み合わせが可能になるようにデザインされている．学芸員とデザイナーが一丸となって開発されたワークショップといえよう．幼児から高校生まで，それぞれの発達段階，理解の程度に合わせた作品が自由に作られ，参加者は美術館ならではの体験ができたのではないだろうか．

次に学術研究の基盤となるだけではなく，福井県のブランド力の向上を念頭に掲げ 2000 年 7 月に開館した福井県立恐竜博物館を取り上げたい．この館のウェブサイトによれば，この博物館の設置目的を「本県の有する恐竜資源を学術研究をはじめ，生涯学習，地域振興，イメージアップ等に活用し，国内外にアピールするため，我が国恐竜研究の拠点となり，大人から子どもまで幅広い人々のロマンをかき立てる福井県立恐竜博物館を建設しました．」（福井県立恐竜博物館ウェブサイト）としている．このように 1980 年代から継続されている恐竜化石調査事業の成果を基盤とする学術研究を謳いつつ，県庁の観光営業部が管轄し，地域振興や県のイメージアップに公立博物館を活用するという姿勢を前面に出している事例は珍しい．ほとんどの公立博物館が教育委員会の配下にある中で，観光の目玉として活用し，地域振興に役立てたいという思いが伝わってくる．

この博物館は開館して 13 年目で 500 万人の入館者を迎えている．これは決してアクセスの良くな

図 2.2.3 神奈川県立近代美術館 葉山ワークショップ「ポータブル・アートミュージアム」の光景 (2)

い地方の公立博物館としては，商業的にも成功している事例に入るであろう．この博物館は話題性も高く人々の関心の高い恐竜が博物館のテーマであることも相まって，家族向けのプログラムにも力を入れている．

たとえば2013年8月の普及イベントとして，特別展「発掘！発見！1億年の時を超えて～福井県恐竜化石発掘25年記念～」に関連して「恐竜化石発掘現場見学会」を2日に分けて4回開催した（各回20名，小学校4年生以上）．これ以外にも「恐竜ふれあい教室『親子で恐竜の絵をかこう！』」，講演会，特別展ツアーなどを実施している．この恐竜ふれあい教室は毎月開催され，恐竜の絵を書いたり，模型の組み立てに取り組む．8月に開催された「親子で恐竜の絵をかこう！」というイベントには，恐竜イラストレーターを講師に呼び，色々な恐竜の特徴をつかみながらイラストを描くことに挑戦するという無料のイベントになっている（図2.2.4）．

お絵かき＝ドローイング（Drawing）は楽しいだけではなく，英国の思想家であるジョン・ラスキンも述べているように，物をじっくり観察し，その細部の作りを理解したうえでそれを自分の手を動かして再現するというプロセスが重要であるという考えがある（ラスキン，2000）．このような作業を通して，人は事物と事物のつながりやその背景にあるものについて想像できるようになるとラスキンは考えた．この恐竜博物館のイベントも，恐竜の細部を観察しながら描くことから，その身体の構造などを感じ取りつつ，恐竜の皮膚の色は判明していないことから，好きな色合いで塗れる楽しさもあるだろう．

博物館で実施する家族向けイベントには，その館のコレクションや特色をうまく取り込んだ内容が求められる．たとえば，自然系博物館でヒーローショーをやったら，確かに人は集まるだろうが，その館の研究や展示とショーの内容を結びつけることは難しいだろう．学芸員はコレクション等を念頭におきつつも，柔軟な発想で，普段は来ない家族グループにも魅力的にうつるイベントを企画し，限られた予算の中で実施していくことが期待されている．一番のネックは人件費であろうが，これはやはり日頃からボランティアを養成し，その方々の力量を発揮してもらうといった仕組みと関係づくりが求められる．

優実も学校で行った博物館，家族で行った水族館など，休みには新しい博物館に行って楽しむようになった．クラスで行く楽しさと家族で見る楽しさはまた違うなと感じている．

2.2.3 青年期─中学・高校・大学

世界中の博物館にとって，ティーンエージャー（teenager）と呼ばれる中学生から大学生くらいまでの青年世代が来館しないことは，共通課題の一つである．この点について手塚も博物館を取り巻く情勢が厳しいことを指摘する中で，「とりわけ若者の

図 2.2.4 自然史系博物館の参加型イベントの例（福井県立恐竜博物館ウェブサイト）
http://www.dinosaur.pref.fukui.jp/event/2013/20130804/ 2013年8月21日アクセス

博物館離れの現状はインターネットに莫大な情報が溢れ，テレビ，映画，音楽，携帯端末など様々なエンターテイメントが乱立していることとも関係があろう」（手塚，2011）と述べている．

このように，若者を取り巻くメディア情勢の変化に加えて，日本の中学・高校生の博物館利用が激減する理由は大きく分けて二つある．その一つは，学校側の制度上の事情があげられる．博物館見学のために1日分の授業を返上するとなると，複数の教科で授業調整しなくてはならない．小学校とは違って，担任の裁量だけでは授業の調整ができない．それを主な理由に，多くの博物館では中学生と高校生の学校単位での利用は非常に少ない（例外は修学旅行先として人気のある都市の国立館位であろう）．そして二つ目の理由は，生徒の生活時間との兼ね合いである．放課後や週末，そして長期休暇中のほとんどの時間を占有する部活動や塾などの習い事のために，物理的な時間がないという背景がある．無論，博物館に足を運ばない要因はこれだけではない．特定の部活動に属さない生徒も多いが，彼らも余暇時間に博物館には行かない現実がある．では，彼らはなぜ博物館に行かないのか．

優実も中学生となり，入部した吹奏楽部の練習や大会に向けた準備で忙しいという．たまにある休みも部活の友人とショッピングモールに行ったり，カラオケしたり，テーマパークには行く．しかし，友人同士で博物館を含む文化施設に行くことはまずないという．博物館が10代の若い好奇心や探求心を引きつける場所となっていないのならば，どのように変えていけばいいのか，多くの博物館にとりこれは検討すべき課題であろう．

海外の博物館や美術館でも青少年をミュージアム活動に積極的に関わらせる試みは数多く行われており，実績をあげている．たとえば，ロンドン南部の地域博物館では，地域の中学生自身の手によるオーディオガイドを作成していた．内容としてはその博物館の展示ガイドであるが，原稿執筆の段階から吹き込みまで，全ての行程に中学生の意見を反映させていた．言葉遣いや話し方も他の世代に違和感のない程度に，中学生らしい表現が採用されていた．中学生は女子生徒5名ほどのグループで，そのプロジェクトに関わるまではミュージアムに関心を持つことがなかったが，解説作成チームに加わることによって，定期的に博物館を訪れた．キュレーターや仲間と切磋琢磨してよいガイドを作ろうと努力した経験は，彼女たちにとり地域における博物館の役割や存在意義を肌で感じる機会になったという．

日本においても中学生や高校生が積極的に関わるプロジェクトが行われている．たとえば，ミュージアムパーク茨城県自然博物館では，2002（平成14）年度から「ジュニア学芸員育成事業」を始めている．館のウェブサイトによれば，この事業は「自然に関心のある中学生や高校生が博物館で活動できるプログラムです．所定の研修を終了するとジュニア学芸員として活動できます．博物館の学芸員といっしょに茨城の自然を楽しみましょう．」（茨城県自然博物館ウェブサイト）とある．これまでに毎年8〜15名のジュニア学芸員が新しく生まれている．

調査研究活動では，筑波山にて哺乳類，鳥類，両生・爬虫類等の調査法の基礎を学んだり，沿岸に打ち上げられた貝類の調査をまとめ，展示として発表するなどしている．館の立地条件から近隣の中高生しか参加できないという制約はあるにせよ，この世代に的を絞った試みで10年近く継続している事業として注目される．

次に同じ茨城県内の試みとして，水戸芸術館現代美術ギャラリー主催の「高校生ウィーク」を紹介したい．高校生ウィークは「人とアートに出会う4週間」として「高校生と同年代の方の現代美術に親しんでいただくための展覧会無料招待期間です．期間中は年齢を問わずギャラリー入場者がどなたでも利用できるカフェを開設し，さまざまなプログラムを行います．」（水戸芸術館ウェブサイト）というもので，2013年で20周年を迎えた事業である．当初は高校生向けのレクチャーを行うという形式（1995〜1998）であったが，高校生自らが関わり，美術館に何度も通う機会を求めていき，ポスターや動画を制作する広報プロジェクト（1999〜2003）が始まる．さらなる次のステージとして，2003年から無料カフェ活動が始まり，高校生のみならず，一般の来館者や地域の人々，アーティストも加わっ

ての活動となり，ワークショップなども開催するようになったという．このカフェでは，古い家具などをあちこちから集めて，それをおしゃれにアレンジして高校生が給仕してくれ，アート関係の書物も揃っていた．2011年3月にこのカフェを訪ねた際に筆者が聞き取りをした高校生スタッフによれば，この活動に参加したきっかけは高校に掲示されていたメンバー募集のポスターであり，他のメンバーも高校はバラバラであるという．「いつも同じ仲間」と行動しがちな高校生世代にミュージアムがこのような交流の場を設け，現代芸術とふれ合いながら，高校生の視野を広げていくことは，今後も求められていくのではないだろうか．2013年には20周年を記念して，高校生ウィークOB・OGによる「アーカイ部」という集まりを形成し，今後も発信していくという．中高生向けのプログラムの難しさは，3年で必ずメンバーが総代わりしてしまう点であるが，このような緩くも確かなつながりを持ち続けることは，活動の継続と発展性にも必要なことであろう．

2.2.4　成人期─社会人そして第二の家族

高校を卒業し，専門学校や短期大学・大学等に進学する人，就職する人とそれぞれの道に分かれていくが，ここではまず大学と博物館の関わりについてみていきたい．

優実は高校の時に学んだ生物の授業で，この分野に興味を抱き，大学では農学部に進んだ．入学してから，さまざまなガイダンスを受ける中で，学芸員資格の取得ができることを知った．優実は博物館や科学館が好きであったことと，自分の専門性を将来生かすために役立つと考え，この資格を取ることにした．

このように日本の大学では，学芸員養成課程や，まだ少ないが博物館学専攻のコースを設置して，博物館に関連した学問を学ぶことができる．博物館法に定められた科目群を履修することで取得できる学芸員資格は文学部などではメジャーな資格の一つである．文科省の2008（平成20）年9月の調査によれば，毎年約1万人の学生が学芸員資格を取得しているという．しかしながら，その中から学芸員として就職できるのはごくわずかで，その割合は1%にも満たない．つまり，学芸員資格をとっても大半の人にとっては資格取得で終わってしまう．一方で，その課程で学ぶ博物館学とその関連学群を通して，博物館の設立過程やその社会的役割を理解し，利用者ではなく博物館側の視点からも物事を考えられるようになるというメリットもある．このように日本の学芸員養成課程は課題も山積みであるが，諸外国に比べて，博物館に関する授業を大学で受けやすいという面もある．

大学と博物館の関わりの中で最も制度化され，定着しているのが博物館実習であろう．これは学生を博物館に預け，現場で学芸員による指導を受ける科目で，学内実習と学外実習が必修となっている．学外実習では，さまざまな博物館が受け皿となり，毎年学生の教育に協力している．

また，大学によって設置，運営されている大学博物館がある．大学博物館は旧帝大を含む一部の国立大学と私立大学に限定されるが，中には同じ大学の中に複数の博物館を持つ事例もある．大学博物館は，その大学で研究のために収集された資料や創設者のコレクション等を所蔵し，大学の創立から現在までの大学史を展示しているところも多い．多くの大学で節目の年に大学史を編纂している事例も多いことから，大学史をまとめる役割も果たしている．さらに近年は，文科省の方針もあり．地域に開かれた大学づくりが求められていることから，大学博物館において地域の人々を対象とした講座やイベントが開催されるケースも増えている．

この他にも一般の社会人世代に向けてミュージアムへ誘う媒体として，『日経おとなのOFF』や『OZマガジン』などでアートなどの特集記事を組む雑誌があげられる．たとえば，2013年5月号の『日経おとなのOFF』は「今行くべき美術館」を特集しており，国立新美術館と東京都美術館を取り上げている．また，同年9月号では「仏教に親しむ」を特集しており，その中では日本各地の寺とともに博物館の仏像展示も紹介されている．また，同じ雑誌の番外編として2011年6月には『おとなの美術館』を発行しており，「今年こそ訪れたい全国の100

館」などが記事にされている．この雑誌はどちらかといえば東洋美術を含めたアートに偏ってはいるが，勤労世代に向けた文化的な余暇活動の過ごし方を提案する雑誌として，ミュージアムが取り上げられていることは意義深いだろう．

この他にも，2013年は出雲大社の60年に一度の大遷宮本殿遷座祭が開催され，伊勢神宮においても20年おきの式年遷宮が10月に執り行われたこともあり，にわかに神社ブームが起きている．2008年ごろには仏像ブームが起きたことからも，一般の日本人にとっても寺社との関わりは今もなお大切にされているのかもしれない．ここでもミュージアムの役割は欠かせない．たとえば出雲大社の場合，その隣接地に島根県立古代出雲歴史博物館があり，そこでは出雲大社のありし日の姿には複数の学説があり，遺構のみではなお決着がつけられていないことや，大量に発掘された銅矛などの展示をはじめ，神話を映像化したシアターもあり，古代から続く出雲地方の歴史について大社を訪問した人々に効果的に伝える役割を担っている．確かに出雲大社境内の中にも儀式や祀られた神体に関する簡単な解説文は数ヶ所見受けられるが，関連する遺構に関する情報やさまざまな学説が紹介されることはない．やはり，歴史的な研究の成果やより広い視野からの知見を伝えるには，境内の掲示板だけでは難しい．島根県出雲市のような，現場と博物館が連動して活動している例は望ましい形態であろう．

社会人になった優実は，幼い頃に家族で訪れた博物館を再び訪ねてみた．すると，教育普及事業と銘打たれたものの中には自分たち世代でも十分に楽しめるワークショップや各種イベントが開かれていることに気づいた．博物館も自分の成長とともに変化し，より開かれた空間となるべく努力している姿がそこにはあった．やがて優実も結婚し，子の母となった．自分がかつて楽しんだ博物館たちを訪れてみよう．今はどんな姿となり，何をやっているのか楽しみだ．

2.2.5 シニア期—生涯学習，ボランティア

医学の進歩と生活環境の改善により，人間の寿命が非常に長くなった．その分，かつてないほど人類は高齢化社会を迎えている．そのような状況のもとで，博物館はエイジド・ジェネレーション（Aged Generation，高齢シニア世代）を強く意識した活動をしていくことがよりいっそう求められているといえよう．それは何も日本のみならず，世界中の博物館にいえることである．そのためには，本節の前半で述べたようなユニバーサルデザインの視点がよりいっそう求められ，ハード面のみならずソフト面においてもシニア世代のニーズを汲んだ内容が必要になるだろう．博物館を利用する年代のバランスは逆ピラミッド型，つまりシニア世代ほど利用頻度が高い．そしてこの傾向は当分の間変わることはない．したがって，シニア世代向けの対応が今後も求められていくことは間違いない．

地域に根ざした博物館の先進的な事例である神奈川県平塚市博物館の設立から関わってきた浜口哲一は「全国を巡り，各地の遠足博物館を訪ね歩くのも博物館を利用する一つの方法ですが，身近な放課後博物館に足繁く通い，その活動に積極的に参加することは，また違う人生の豊かさを与えてくれます」（浜口，2000）と述べている．浜口は海外の有名な博物館を訪ねるのも悪くはないが，頻繁に通うとなれば，やはり地域の博物館利用となるだろうと述べている．人生をより豊かにするために，浜口は博物館の積極的な活用を呼びかけている．

現在の博物館活動においても，平日昼間に開催されるイベントの参加者や友の会といった団体組織の中心的なメンバーがシニア世代であることは多い．これは平日の昼間に時間のある人々となれば，その需要と供給の関係を考えれば当然のことである．博物館側もこれを意識し，シニア世代に向けたイベントの開催も検討していくことが必要であろう．

また，近年，海外を旅することが一般化し，その際に欧米諸国の世界的に著名な博物館等を見学した経験を持つ人も確実に増加している．特にシニア世代は時間と経済的に余裕がある人もおり，その人々は海外の博物館と日本のものを比較し，見劣りがすると思ったり規模が違うといったことを感じるかもしれない．そのような感想を持たせないような工夫が，日本の博物館にはいっそう求められてくるであ

ろう．欧米諸国の巨大博物館のスケールを日本の博物館に求めることは不可能に近い．国土面積も人口も異なるのだから，それは当然である．しかし，日本には欧米諸国に負けないだけの長い歴史と豊かな文化，高度な科学技術，豊かな自然環境を持ち合わせている．これらの素晴らしさを全面に押し出していくパワーが博物館に期待される．それが上手に発揮されれば，国内のみならず，日本の博物館に魅力を感じて，今よりも多くの海外からの観光客が訪れるようになるだろう．その時には，日本の博物館も案内表示やリーフレット，オーディオガイド等の多言語化などの対応が必須である．

そして，最後に地域に根ざした博物館活動に目を向けたい．人は年を取ると，それまで長らく携わった会社などの仕事から離れる．定年退職の年齢は少しずつ上がってきているが，65歳以上は多くの人が退職する．こうした人々はそれまで会社等の組織に属してきたがゆえに，地域の人々とのつながり・関わりがなくなっているケースが多い．そこで定年を迎えると，共に過ごす仲間がいなくなってしまう．このような人々の受け皿として老人クラブや各種趣味のサークル活動が公民館などを舞台に展開している．これは生涯学習の大切な側面であるが，博物館も今以上にこの世代の人々との関わりを持つべきではないだろうか．高齢化社会が避けられない以上，この世代のニーズを無視するわけにはいかない．しかし，その際には既存の公民館等が果たしている役割を二番煎じしても意味がない．博物館活動への参加のメリットの一つとして，「地域の人との結び付きができるということ」（浜口，2000）が挙げられていることからも，博物館の特徴を生かした活動が望まれる．

その例として，たとえば滋賀県立琵琶湖博物館や大阪市立自然史博物館のボランティアと博物館の関わり方があげられる．博物館側の単なる無料お手伝いさんを育てるのではなく，セミプロとして，たとえば生態調査に必要な知識と技術をボランティアに伝え，彼らがいずれ自立して，確かなレベルの調査研究活動ができるように育成する．やがて何年かするとボランティアは自分たちで組織体制を整え，中にはNPO法人として自立しつつ，博物館と連携した活動形態をとっていく例もある．20世紀までは，ボランティア＝好きなときに好きなことをするだけの素人集団という認識もあったが，21世紀以降は，ボランティアをセミプロフェッショナルにまで育て上げ，地域を対象に本格的な調査研究活動を展開し，積極的に情報発信していく市民を増やしていくことに博物館の役割はシフトしているのではないだろうか．とすれば，博物館は市民の個々の力を社会のために生かすための環境を構築する場になっていくだろう．この点については，2.5節で再度議論したい．

［井上由佳］

参考文献

井上由佳（2006）「歴史系博物館における子どもの学びの評価―事前・事後調査を中心に」『博物館学雑誌』31巻2号

茨城県自然博物館ウェブサイト　http://www.nat.pref.ibaraki.jp/kyoiku/junior/index.html#01（2013年9月25日アクセス）

JICA海外移住資料館ウェブサイト　http://www.jomm.jp/education/index.html（2013年9月25日アクセス）

世田谷美術館ウェブサイト　http://www.setagayaart-museum.or.jp/collaboration/win_class01.html（2013年9月25日アクセス）

手塚薫（2011）「地域への調和―博物館の再生に向けて」『北海学園大学学園論集』147号

浜口哲一（2000）『放課後博物館―地域と市民を結ぶ博物館』地人書館

Falk, J. H. & Dierking, L. D.（1992）"The Museum Experience", 42, Whalesback Books

福井県立恐竜博物館ウェブサイト　http://www.dinosaur.pref.fukui.jp/museum/museumdata.html（2013年9月25日アクセス）

水戸芸術館ウェブサイト　http://arttowermito.or.jp/gallery/gallery02_min.html?id=930（2013年9月25日アクセス）

森美術館ウェブサイト　http://www.mori.art.museum/jp/pp-ind/index.html（2013年6月27日アクセス）

ラスキン, J.（2000）『ラスキンの芸術教育―描画への招待』明治図書

2.3 日本の学校教育と博物館

2.3.1 近代日本の学校教育と博物館

a. 「実物」への注目

博物館の魅力といえば,「実物」と出会えることである. もちろん, ホンモノであっても, 息づいているもののみならず, はく製や, レプリカ, 模型など, 目に見える形態は多様であるが, 五感を使って,「もの」に向き合い, 学ぶことができる. 水族館, 動物園, 植物園では時に生き物に直接触れることもでき, 生物の持つ匂いを感じることもできる. 美術館では, 絵画を間近で見ることで油絵が 3 次元であることに改めて気づき, 学校の美術や図工の教科書に載っている有名な絵画の写真と実物から受ける印象の違いに驚くこともあるだろう. そうした実物に出会うことをきっかけに, その後の学びを深めることもできる. こうした経験は私たちの多くが共有しているのではないだろうか. それを振り返っただけでも, 実物に触れることの楽しさや意義を私たちは容易に感じることができる. また博物館は, これまでも述べてきたように自らの興味関心を追求できる場でもある. 自分の好きな時間に好きなものを見ることができ, 主体的に学ぶ機会となる.

ところで, 私たち自身の学校における学びの時間を振り返ってみたとき, 私たちは「実物」に一体どのくらい触れ合う機会や, どのくらい自らの興味関心を追求する機会があっただろうか. 全くなかったということはないまでも, 大学受験につながる学力向上に重点が置かれているきらいのある現在の学校教育の中では, 必ずしも潤沢にあったといえないだろう. しかし, 単に一つ一つの知識を記憶してそれを再現できる力よりも, 知識を活用して主体的に考える力が重視されている今日においては,「事物」を用いた教育方法の有効性が再確認されてきている. では, 学校教育において, 実物を用いた教育手法はどのように位置づけられているのか, 位置づいているとすれば, いつごろから導入されたものであったのだろうか. 日本の学校教育の成立・発展の過程を追いながら, その経緯についてみていこう.

b. 近代学校のはじまりと一斉授業の導入

日本に「学校」というものはいつから誕生したのだろうか. 一定の学ぶ目的を持った者が集う場所を「学校」とすれば, 江戸時代の武士階級の子弟が通った「藩校」や庶民の学びの場としての「寺子屋」をはじめとして「私塾」と総称される幕府や藩が設置するのではない多様な学びの場も「学校」と呼ぶことができるかもしれない. しかしながら, 全国的な制度として公的に作られた学びの場としての「学校」, つまり, 現在の学校教育の原型が誕生したのは, 1872（明治 5）年に明治政府が「学制」を頒布したときである.「学制」の中で明治政府は, 幼児教育から高等教育に至るまでの学校体系を提示した. そしてまず「小学校」を普及させることとし, 身分（士農工商）, 男女を問わず, 6 歳になる年には皆が小学校に入学することを強く説いた. 驚くことに, 学校発足のわずか 10 年余の 1883（明治 16）年には就学率は 50％を超え, 1902（明治 35）年には, 90％を超えた.

この急速な就学率の上昇の背景に江戸時代までの日本人の教育に対する関心の高さがあるともいわれているが, 実際にそれを支えたのが, 当時「お雇い外国人」として来日していた米国人教師のスコット（Marion McCarrell Scott）が伝えた一斉授業という授業形態であった. 一斉授業は, 一人の教師が教科書を中心とする教材を用いてその内容を同じ進度で子どもたちに伝達的に教える形態をとるもので, 主として, 教科別の学習に用いられた. 個々の教科について教科書, 教具, 教授法の 3 つがセットとして確立しており, その教授法を身につけていれば誰でも同じ教育を子どもたちに提供できるというものであった. また, すべての子どもを同一進度で教育

していくことから，クラスに数十人の子どもがいても適用できる授業形態であり，教師の質をある程度一定に確保しながら学校教育を普及させていくうえで都合がよく，当時の師範学校の学生はそれを確実に身に付けることが求められた．この一斉授業は現在まで続く日本の学校教育の典型的な授業形態となっている．

c. 一斉授業への批判からの総合・合科学習

一斉授業が全国的に普及する一方，教師が一方的に教科別の定型的な知識だけを教えるのではなく，実際に体験的な学びの中で事物に触れることの重要性を説く教授法も導入されていった．体験的な学びが重視される際には，教科の枠を越えて，あるいは複数の教科を統合して（「合科教授」）行われることも試みられた．この「合科」という言葉自体は，1920（大正9）年頃から教育界で使われ始めたものである．大正中期の日本の各地において，一斉授業による教科教授の枠を超え，総合的な学習課題を取り入れての実践が試みられた際，教科に分けて授業を行う「分科」という言葉と対応して「合科」という言葉が生まれた．しかし，言葉としては用いられなくても，「合科」的な教授方法は学校制度の誕生とほぼ同時に日本に紹介され，実践されていった．

明治10年代初期には，米国で著された教育書の翻訳を通じて，ペスタロッチ（Johann Heinrich Pestalozzi）の開発主義教授法が紹介された．この開発主義教授法は，教師と子どもとの問答による実物教授の方法を特徴としており，その基本となる思想が，「直観教授」と呼ばれるものである．この直観教授は，子どもに具体的な事物を示し，感覚を使うことを通して認識の発達を図り，概念を獲得させようとするものであった．ペスタロッチに先駆けて，コメニウス（Johannes Amos Comenius）は『大教授学』において，子どもにできるだけたくさんの感覚を使わせることを強調し，そのためには，なによりも事物を先に与えることが必要であると主張していた．この思想をペスタロッチはさらに押し進めたのである．この主張に基づいて欧米諸国に初等教育改革運動が起こり，米国留学していた伊沢修二，高嶺秀夫らによって日本にも明治10年代後半から20年代前半にかけて「直観教授」が導入されることとなった．

その後，明治後期になるとドイツの教育思想・学説が直接輸入され，教育界の主流を占めることとなっていく．1889（明治22）年，帝国大学（1897年に東京帝国大学と改称）に特約生教育学科が設けられ，ドイツ人ハウスクネヒト（Emil Paul Karl Heinrich Hausknecht）によってヘルバルト派の教育学が日本に伝えられた．ヘルバルト（Johann Friedrich Herbart）自身の教育思想は，子ども自身の興味を重視したものであったため，ペスタロッチの提起した直観から概念へという教授の過程の移行を，明瞭・連合・系統・方法という段階として一般化・明確化し（ヘルバルト法），直観教授を後押しするものとなっていった．

このヘルバルト法やパーカー（Francis Wagland Parker）の中心統合法を参照して，のちに合科学習，統合学習と呼ばれる現在の総合学習にあたる教育実践が試みられるようになってきた．中心統合法とは，特定の教科（群）を中心に据えて，その他の教科を有機的に関連づけて教育課程を編成していくというものである．パーカーは子どもを教育の主体として明確に位置づけ，自然科学系の教科を核にした学習の組織化を提起した．

このパーカーの影響を受けた樋口勘次郎（高等師範学校（1902年に東京高等師範学校と改称）附属小学校教師）は「統合教授論」の研究に取り組み，『統合主義 新教授法』（1899年）を刊行した．樋口は自らの教育実践を「統合主義」・「活動主義」と呼び，子どもを活動の主体としてとらえ，子どもの自発的活動に大きな価値を認めようとした．樋口の実践した小学校2年生を対象とした上野の池ノ端から王子にかけての「飛鳥山遠足」は，統合主義，活動主義の典型だと認識されており，その実践記録からは，授業づくりの構想が広範囲に及び，教育活動自体をどう自己評価して次の実践につなげていくかという教師の授業改善にむけた真摯な姿勢までもみることができる．

樋口は，まず遠足に行く前に子どもたちに教育博物館（現国立科学博物館）や山林局を見学させてい

る．これにより遠足に行く場所で子どもたちが見る地形や草花・樹木などをあらかじめ模型や標本で見せ，関心や意欲を持ってほしいものに注意を向けさせ，子どもたち自身の意欲も引き出している．遠足当日は子どもたち一人ずつに地図を持たせ，実地と比較させるとともに，子どもたちが発見し観察した物を記録するように促した．遠足から帰ってきた後は，紀行文を書かせ，その紀行文を基に樋口自身が実践の教育目標が達せられていたかを評価している．さらに，紀行文に記されたさまざまな言葉（子どもたちが見聞きしたり学んだりした事物）を，「生徒の学問」として学問分野別（動物学，植物学，農業，商業，工業，地理，地質，人類学）に分類することで，子どもの経験，活動にとどまらず，さまざまな教科にまたがる学びを子どもたちが体験していることを子どもたち自身に確認させている（稲垣，2000）．

樋口の実践からは，このような経験を通じて子どもたちが，断片的な知識ではなく，相互に関連性をもつ体系的な知識を獲得していることが確認できる．また，見聞きした事物やそのまとまりとしての風景を心地よい，美しいと感じるといった情操面での発達にも貢献していることも考えられる．実際の物を見ること，発見することを通じて「自分から学ぶこと」の嬉しさを感じていることを確認でき，教育上最も重要といえる学習意欲の向上につながっていることがわかる．樋口の「飛鳥山遠足」を通しての統合教育実践は，まさに今日的な総合学習の取り組みに通ずるものであり，100年以上も前の教育実践に博学連携がすでに取り入れられていたことを示すものである．

このような実践から考えれば，具体的な事物の宝庫である博物館は学校教育ともきわめて親和性が高いはずであった．しかし実際には，学校から気軽に行けるよう町村単位に設置されるような「郷土博物館」はほとんど作られておらず，学校による博物館利用はほとんど不可能であった．

また，明治後期に全盛を極めたヘルバルト主義の教育学も，ヘルバルト自身の意図は忘却され，5段階教授（予備─提示─比較─統括─応用）という方法だけが重視されたため，直観教授についてはむしろ後退を余儀なくされていくこととなった．

d. 身近な郷土を具体的に学ぶ郷土科の導入

子どもたちにとって身近に見聞きすることができる郷土の自然や人々の生活，人文・社会に関する知識などを教育の基礎として，教授・学習を直観化しようとする「郷土教育」という考え方も，学校と博物館との関係を考える上で重要である．この郷土教育を取り入れようとする動きは，先の直観教授の考え方とともに明治30年代の教育論議の的となった．1894年の日清戦争のころ（明治20年代後半）にドイツに留学した高等師範学校関係者によって，ドイツの郷土科（Heimartkunde：ハイマートクンデ）教授に関する主張が紹介され，当時一ツ橋にあった附属小学校には郷土科という教科が新設された．その後，明治30年代に入り，1903（明治36）年の小学校教授細目には「尋常小学地理歴史理科」と称する教科が示された．これは単に地理・歴史・理科を包括したものであったが，小学校が扱う範囲を考えれば，身近な郷土のことを総合的に学ぼうとするものであったと推察できる．

この時期，樋口勘次郎と同じく東京師範学校附属小学校に所属していた棚橋源太郎は，実践的に「実科教授」研究を推進し，1903年に『尋常小学校における実科教授法』を発表した．棚橋の「実科」とは，今日の生活科（理科や社会科）にあたる教科といえる．棚橋は，子どもは小学校に入学する以前から自然や社会に眼を開き学んでいるので，そうした事実に基づいた教育を入学当初から行うべきだと説いた．そして，1，2年に理科的側面に重点をおく直観教授を行い，3，4年に地理，歴史，理科を併せ含める「郷土科」を特設するという実践を行った．これらは，単に子どもの身辺に事物や「郷土」の地名その他を記憶させることを目的とするのではなく，子どもが活動を通して事実を直接観察し認識を拡大し発展させていくことを期待していた．

他方，北海道尋常師範学校（現北海道教育大学）で教鞭をとっていた牧口常三郎は，自然と人間のかかわりを重視した地理学研究と教育内容改造論を結合させた『教授の統合中心としての郷土科研究』（1903年）を発表した．牧口は，「郷土科」こそが

各教科の教授の「連絡結合」の中心であり，教科内容と実生活とをつなぐ環のごときものになるべきだと考えた．このような郷土教育の試みは，個別の教科を分ける「分科教授」に対して，その全部または一部を統合して教授しようとしていることがわかる．「合科教授」という言葉は使われていなかったものの，それを体現する実践であった．その後，1912（大正元）年の小学校教授細目では「郷土科」という科目がはじめて明示され，第1，2学年に週1時間の直観教授，第3学年に週2時間，郷土地理の教授を行うように定められ，理科，地理，歴史などの実科の初歩を直観的方法によって全国的に実施させるようになった．

こうして大正期以降，児童中心主義の考え方が広がるにつれて，「郷土科」の設置も各地に広がっていった．子どもの自発的な活動を重視し，必要かつ可能な場合には手工的労作を取り入れようとする労作教育の観点から，郷土を重視するような北沢種一（東京女子高等師範学校教授）らの立場と，一方，小田内通敏，志賀寛らの地理学者が設立した郷土科連盟のように，世界恐慌などの影響により窮乏化した農村の救済という問題意識のもと，郷土の科学的把握と調査に基づいた学習を主張する立場とがあった．

また同時に，学校内に郷土資料を陳列するための郷土室を設けるところも出始めた．その先駆は，1910年に開設された愛知県第一師範学校附属小学校の郷土室であるといわれている．その後，学校内に限らず，1912（大正元）年の大正天皇即位の記念事業として，各地に郷土博物館が作られていった．たとえば，1918年の宮崎県妻町郷土館，1920年の島根県津和野町立郷土館，1923年の岩手県遠野郷土館，1927年の山形県郷土博物館，1928年の鹿児島県御大典記念郷土館などである．これらの郷土博物館は，郷土教育思想の影響に加え，明治以来続けられてきた国宝・史跡・天然記念物などの保存運動に支えられた郷土保護の思想の影響も受けているといわれている．さらに，1930（昭和5）年とその翌年に，文部省（当時）が師範学校に対して郷土研究施設費の補助を開始すると，それを利用して郷土資料を購入し，師範学校あるいはその附属学校に郷土室を設ける学校が多くなっていった．1931（昭和6）年12月に東京帝国大学文学部の教育研究室が行った調査によると，全国の主な小学校443校に質問紙を送り，回答を得た48校のうち，郷土室を持っていたものは38校，開設を準備していたものが3校であったということも報告されている．これらの郷土室で授業を行ったり，随時子どもに参観させたり，村民にまで郷土室を開放する学校もあったという（棚橋，1953）．

その一方，大正期の児童中心主義教育の主張は，自然観察や郷土研究の強調へとつながり，そこでは自然の中に出かけていって直観を豊かにすることが奨励されるなど直観教授への回帰もみられるものであった．そのような動きの中で，すべての教科において機会の許す限り郷土の資料を利用すべきであるという「教育の郷土化」の主張も高まり，「郷土科」という合科教授の教科を批判する動きも現れた．

このように，身近な郷土の事物を取り上げる場合でも，合科教授がよいのか分科教授がよいのか立場によって主張が分かれている．これは近年，学校教育内容の基準となる学習指導要領が1990年代以降改正される中で，当初は総合学習の一環として博物館の利用を中心とした博物館と学校が連携すべきとの主張だったものが，次第に各教科の中で初等・中等教育を通じて博物館と学校が連携すべきとの主張に重点を移していたことと重なるようにもみえる．

なお，大正期に各教科で郷土を重視すべしという主張の一環として，郷土地理の教育が強調され，多数の郷土地誌類が刊行されたことを付け加えておきたい．この場合は，地理の基礎概念を身近な事物の直観から培養していくということよりは，郷土意識・郷土愛を育むことが肝要であることに重点が置かれていた点に特色がある．これが次第に戦争の遂行を支える愛国心の涵養に結びつけられていくのである．この点も，2006（平成18）年に教育基本法が新たに定められ，国と郷土を愛する心（愛国心）が教育の目的として明記されて以来，地域学習あるいは郷土学習が強調されていることと重なっている．

2.3.2 学力観から考える博物館の可能性

a. 学校教育の基準としての学習指導要領

日本の学校は学校教育法（1947年法26号）によるさまざまな規制を受けている．特に同法1条に規定されている学校のうち，幼稚園，小学校，中学校，中等教育学校，高等学校，特別支援学校については，その教育内容の基準を文部科学大臣が定めることとなっている（学校教育法施行規則38・52・74・84・108・129条）．この文部科学大臣が作成する学校教育の内容と教育課程の要領・要点を記したものが学習指導要領である．学習指導要領はそれぞれの学校種の名称を付して「○○学校学習指導要領」と呼ばれるが，幼稚園の場合は「幼稚園教育要領」となっている．学習指導要領が教育内容の基準を示し，それにしたがって教科書が作成され，学校で主たる教材として使用されているのである．このことは，学習指導要領というものが，国がどのような学力を子どもたちに身につけさせたいかを示すものであることを意味している．そして，その内容が定期的に見直され，子どもに身につけさせたい学力についての考え方（学力観）が大きく変わることもある．そこでこの項では，学習指導要領の変遷の中で博物館がどのように学校教育の中に位置づけられているのか，その背景にはどのような学力観があるのかをみていくこととする．

学習指導要領は「総則」，「教科」，「道徳」，「特別活動」から構成されている．特別支援学校については，これらのほかに「自立活動」を含んでいる．前述のように学習指導要領は要点を示したものであるため，各教科についてより詳細な事項を記載した「学習指導要領解説」が別途作成されている．

学習指導要領は学校教育の基準であるが，その位置づけは時代により異なっている．1947（昭和22）年3月に初めて作成されたときには，「学習指導要領（一般編）試案」という名称であった．「試案」の語が示すように，あくまでも参考例として示されたものであって，教育課程は各学校・教師が責任を持って編成することが期待されていたのである．第二次世界大戦後に教育の民主化を進めるにあたっ

て，戦前のような教育内容に関する国家統制を排除しようとしたものであった．しかし，その後東西冷戦が深刻化する中で日本を占領していた米国の政策も転換し，占領終了前後から「過度の民主化」を是正し，教育における国家の権限を強化しようとする政策が次々に打ち出された．そのような中で1958年には「試案」の語が名称から削除され，官報に「告示」するという形式をとることとなった．政府の解釈では告示の形態をとることで学習指導要領自体に法的な拘束力をもたせることができると説明されているが，これには異論もある．

現在に至るまでこの位置づけは基本的に変わっておらず，教科書や教材の編集・作成の際の基準的文書となっている．また，法的拘束力を持つとの政府解釈から，学校教育においてこの内容を逸脱する内容を教授したり，学習指導要領に示された内容を教えなかったりすることは処罰の対象となりうるのである．

しかし2002（平成14）年1月17日，遠山敦子文部科学大臣（当時）は，「確かな学力向上のための2002アピール『学びのすすめ』」を発表し，来る2003年4月には学習指導要領を一部改訂し「（学ぶべき）最低基準」として位置づけた．当時の「学力低下」批判の高まりに対応するものであり，それまで許されなかった学習指導要領を越える内容の教育が可能となったのである．学習指導要領はこれまでおおむね10年ごとに改訂が繰り返されているが，これ以後，文部科学省は学習指導要領を「最低基準」と位置付けている．

b. 新しい学力観と博物館

1989（平成元）年に学習指導要領が改訂された際，「博物館」の語が学習指導要領の記述の中に初めて登場した．社会教育としてではなく，学校教育において博物館の役割が明確に位置づけられることになったのである．具体的には，小学校学習指導要領および中学校学習指導要領の社会科において明記された．小学校学習指導要領の社会においては，「指導計画の作成と各学年にわたる内容の取扱い」という部分で，「指導計画の作成に当たっては，<u>博物館や郷土資料館等の活用を図る</u>とともに，身近な地域

及び国土の遺跡や文化財などの観察や調査を行い，それに基づく表現活動が行われるよう配慮する必要がある．(下線は筆者，以下同じ)」と記述されている．教科書の中だけで学ぶのではなく，実物を見たり実際に聞いたりといった「調べ学習」を行い，それをもとに内容を整理し発表するという表現活動につなげていくことが求められているのである．中学校の社会科の「内容の取扱い」を示した部分でも，

> 日本人の生活や生活に根ざした文化については，各時代の政治や社会の動き及び各地域の地理的条件，身近な地域の歴史とも関連付けて指導するとともに，民俗学などの成果の活用や<u>博物館，郷土資料館などの文化財の見学・調査を通して</u>，生活文化の展開を<u>具体的に学ぶ</u>ことができるようにすること

に配慮することが求められている．博物館が具体的に学ぶための機会として位置づけられているのである．

また，このときの改訂では，小学校の1・2学年の理科と社会を廃止して生活科が新設された．生活科は，体験を通じて自分と身近な人々及び地域のさまざまな場所，動物や植物などの自然との関わりに関心を持つことなどを目標としている．その指導計画の作成にあたっての配慮事項として，校外での活動を積極的に取り入れることや，国語・音楽・図画工作などの他教科との関連を積極的に図ること，特に1学年入学当初には生活科を中心とした合科的な指導を行うような工夫をすること，などがあげられている．前述した明治30年代頃に取り組まれた合科学習や統合学習に類するものであり，次にみる「総合的な学習の時間」の先駆けとなる試みであった．

その後，約10年経って1997（平成9）年に，中央教育審議会が「21世紀を展望した我が国の教育の在り方について」という答申を公表した．それまでの国主導の中央集権的な教育のあり方を見直して，教育の地方分権，さらには学校の自主的な運営を重視するとともに，学校と家庭，地域社会が連携協力して子育てを行い，子どもたちの「生きる力」を養うことの重要性が提起されたのである．さらにこの答申では，それまでのような知育偏重の詰め込み型の教育を転換し，子どもや社会全体にゆとりを確保していくために，学校週5日制の完全実施についても提起した．

答申を受けて翌1998年には学習指導要領も改訂された．そこでは，各学校が「ゆとり」の中で特色ある教育を展開し，児童生徒に「豊かな人間性」や「自ら学び」「自ら考える力」などの「生きる力」の育成を図ることが基本的なねらいとされた．また，週5日制の完全実施にともない，子どもたちが学校外で過ごす時間が増えることから，土曜日に，博物館などの社会教育施設の利用を促進することを示唆するとともに，ゆとり教育を推進していく一環として「総合的な学習の時間」を導入した．

この学習指導要領の全面実施は2002（平成14）年4月からであったが，その前月の3月には，週5日制の実施に向けて文部科学事務次官通知が各都道府県教育委員会宛に出されている（「完全学校週五日制の実施について」13文科初第1000号）．そこでは，学校週5日制が，

> （児童生徒の）家庭や地域社会での生活時間の比重を高めて，主体的に使える時間を増やし，「ゆとり」の中で，学校・家庭・地域社会が相互に連携しつつ，子どもたちに社会体験や自然体験などの様々な活動を経験させ，自ら学び自ら考える力や豊かな人間性，たくましく生きるための健康や体力などの「生きる力」をはぐくむものである

ことを目的としていることを再確認したうえで，教育課程の編成・実施において体験活動の充実を図るとともに，放課後や土曜日・日曜日，長期休業期間に児童生徒が主体的に活動することができるよう配慮を求めている．そこでは，学校施設を開放するだけでなく，公民館，青少年教育施設等の社会教育施設や社会体育施設，文化施設など児童生徒が利用できる場所の確保に努め，博物館・美術館等の土曜日の子ども向け無料開放について配慮することを要請している．

新設された「総合的な学習の時間」は，地域や学校，子どもたちの実態に応じ，各学校が創意工夫を生かして特色ある教育活動に自由に取り組む時間として設定された．子どもたちが自ら学び自ら考え，

2.3.2 学力観から考える博物館の可能性

主体的に判断し行動することができるようになることを「生きる力」と定義し，その育成を図ることとした．そこでは，知識を記憶することよりも，学び方や調べ方を身に付けることに重点がおかれ，「画一的」な学校授業から脱却して学校教育と社会教育が一体となる学習活動展開が可能となった．具体的には，自然体験・ボランティア活動などの社会体験等，体験的学習や問題解決的な学習を行うことや，グループ学習や異年齢集団による学習，保護者や地域の人々の参加による学習や地域の自然や施設を積極的に生かした学習などである．また，国際理解，情報，環境，福祉・健康など，従来の教科をまたがるような課題に関する学習も行うことが可能となり，小学校での国際理解教育として英会話の学習などもできるようになった．

また「総合的な学習の時間」は，学習指導要領の総則にのみ登場し，教科として位置づけられてはいなかったが，学習指導要領解説において博物館の活用が促されている．小学校および中学校における学習指導要領の「総合的な学習の時間の取扱い」において，「グループ学習や異年齢集団による学習などの多様な学習形態，地域の人々の協力も得つつ全教師が一体となって指導に当たるなどの指導体制，地域の教材や学習環境の積極的な活用について工夫すること」とあり，その解説には，「地域には公共図書館や博物館などの学習機関，様々な企業や工場，団体などがある．（…中略，筆者…）これらの地域の人々の協力を得るとともに地域の学習機関，学習環境などを積極的に活用する必要がある」と述べられている．「総合的な学習の時間」の導入によって，地域学習においても博物館の役割が期待されていたことがわかる．

その後，前述したように文部科学省は，学力低下批判に対応するために，学習指導要領を「最低基準」と位置付け，学習指導要領の一部改正を行った（2003（平成15）年）．そこでは，1998年に新設された「総合的な学習の時間」の取扱いをより具体的に定め，学習指導要領の解説部分だけでなく，学習指導要領自体に博物館の活用を促すことが示された．小中学校ともに，学習活動を行うにあたって配慮すべき事柄として，「学校図書館の活用，他の学校との連携，公民館，図書館，博物館等の社会教育施設や社会教育関係団体等の各種団体との連携，地域の教材や学習環境の積極的な活用などについて工夫すること」が掲げられたのである．学校と家庭，地域社会が連携協力して子どもたちの教育を担うという21世紀の日本の教育のあり方の骨子がそのまま表れているといえよう．

ゆとり教育を全面にうちだした1998年改訂の学習指導要領は，総則および各教科の本文や解説において「博物館（郷土資料館，科学センター・科学館，プラネタリウム，動物園，植物園，水族館，美術館を含む．学習指導要領上これらの施設は博物館と区別して記載されているが，博物館法上は通常博物館に含まれる施設である．）」という語が頻繁に登場するようになる．小・中学校の学習指導要領では，先に紹介した総合的な学習の時間だけにとどまらず，社会，理科，図画工作／美術において博物館という語がみられる．

各教科の指導計画の作成に当たって配慮する事項として，小学校の社会科では「博物館や郷土資料館等の活用を図るとともに，身近な地域及び国土の遺跡や文化財などの観察や調査を行うようにすること」が示され，解説では学年ごとに活用方法の例示がなされている．たとえば，第3・4学年では「（古くからの）道具を見学したり」，「実際に触れたり使ったりしながら…具体的に調べる」といった記述がみられる．第6学年になると，見学や観察に加えて，「学芸員に話を聞」くという記述もみられ，発達段階に応じた活用方法が示されている．他方，理科では，「指導に当たっては，博物館や科学学習センターなどを積極的に活用するよう配慮すること」が記載されており，解説では「（その）活用を指導計画に位置づけることは児童が学習活動を進める上で効果的」だと述べているものの，社会科のように学年ごとの具体的な活用方法が述べられているわけではない．図画工作においては，「児童の感じ方や見方を重視する観点から，受け入れ先と事前の打ち合わせをすることが望まれる」というような他の教科ではみられない留意事項も示されている．

中学校学習指導要領の社会科では，歴史的分野における配慮すべき内容の取扱いとして，

日本人の生活や生活に根ざした文化については，各時代の政治や社会の動き及び各地域の地理的条件，身近な地域の歴史とも関連付けて指導するとともに，<u>民俗学などの成果の活用や博物館，郷土資料館などの見学・調査を通じて，生活文化の展開を具体的に学ぶことができるようにすること</u>

と明記されている．世界の歴史についての取扱い内容については「我が国の歴史を理解する際の背景として我が国の歴史と直接かかわる事柄を取り扱うにとどめること」を踏まえたうえで，その内容について，「人々の生活や生活に根ざした文化に着目した取扱いを工夫すること．その際，<u>博物館，郷土資料館などの活用も考慮すること</u>」と述べている．解説では，収蔵されている文化財を見学・調査することなどを通して，衣食住，年中行事，労働，信仰などに関わる具体的な生活文化とその歴史的な展開の学習を充実させることが望まれている．理科においては「<u>博物館等において実物を観察</u>」するといった工夫を求めており，美術の各学年の鑑賞活動においては，「日本や諸外国の児童生徒の作品，アジアの文化遺産についても取り上げるとともに，<u>美術館・博物館等の施設や文化財などを積極的に活用するようにすること</u>」と，美術館の活用も促されている．解説においては，実物の美術作品を通した幅広い鑑賞の機会が得られることや，鑑賞の機会を作ることで，生涯にわたり美術に親しんでいこうとする感情や意欲・態度を育てることが大切であると説いている．

なお，高等学校の学習指導要領においてもこの改訂（小中学校より1年遅い1999年告示）から初めて博物館の利用が明記されるようになる．地理歴史の教科の日本史B科目において，「<u>博物館などの施設や地域の文化遺産についての関心を高め，文化財保護の重要性について理解させる</u>」というように，資料にふれることが歴史を考察する基本的な方法であることが示されている．工業の教科においても，デザイン史とデザイン技術科目において，「指導に当たっては，<u>美術館，博物館の見学</u>や視聴覚教材を活用して，具体的に理解させるよう留意すること」と記され，内容の構成や取扱いにあたって実物資料を用いた指導を配慮することを求めている．

ただし総じて，博物館を活用（見学）することは求めているものの，具体な活用例を示す教科はそれほど多くなく，博物館利用の機会を増やす示唆にとどまりがちで，あくまでも教師と博物館側の職員にその内容が委ねられていることに留意する必要がある．博物館が近隣にある学校ばかりではないので，具体的な活用方法を指示できないという側面もあるであろう．しかしながら，教員養成の課程において博物館利用について学ぶ機会のない教師が大半を占めている現状では，教師が博物館自体を知らないことも多く，活用方法を博物館側に依存せざるをえない状況をつくり出すことになったのである．

c. 現行の学習指導要領と博物館への期待

2008年に告示され，小学校において2011年度から，中学校では2012年度から全面実施された学習指導要領は，「生きる力」を本格的に学校に位置づけるものであった．「生きる力」を育むという理念のもと，基礎的・基本的な知識・技能の習得とともに思考力・判断力・表現力などの育成を重視している．教科の枠を越えて主体的に学んで得た知識を活用する力（＝生きる力）を養うための中核に位置する「総合的な学習」は教科として正式に位置づけられた．同時に「学習指導要領の解説」（総合的な学習の時間）が発行され，博物館を含む社会教育施設の活用について，まず以下のように示された．

地域には，豊かな体験活動や知識を提供する公民館，図書館や博物館などの社会教育施設等や，その地域の自然や社会に関する詳細な情報を有している企業や事業所，社会教育関係団体やNPO（特定非営利活動法人）等の各種団体がある．また，遺跡や神社・仏閣などの文化財，伝統的な行事や産業なども地域の特色をつくっている．この時間（「総合的な学習の時間」を指す．筆者.）が豊かな学習活動として展開されるためには，<u>学習の必然性に配慮しつつ，こういった施設等の利用を促進し</u>（下線は筆者．以下同じ），地域に特有な知識や情報と適切に出会わせる工夫が求められる．

つまり，博物館をただ訪問すればよいというので

はなく，博物館での学習経験が必要となるような学習計画を立案することを求めている．また，

> 見学などで施設を訪れることだけでなく，<u>施設の担当者に学校に来てもらうことも方法の一つである．実際に来られないときには，手紙や電話，FAX や電子メールなどを使って，情報を提供してもらったり，児童の質問に答えてもらったりすること</u>も有効である．

とあるように，博物館に児童生徒が訪問せずとも，活用することが示唆されている．次の博学連携の項でも述べるが，博物館を訪問することは，限られた授業時間枠，学校立地の地理的条件，また費用の点からも難しい場合も少なくない．また博物館側も人員が少ない中で，学校に出向く時間が確保できるとも限らない．そうした状況であっても，博物館職員が直接教育に従事することが可能になるよう定めているともいえる．

博物館は，「博物」という名前が示すとおり，取り上げるテーマは，歴史・考古・美術・科学といった人類の文化・文明に関わるものから動物（水族を含む）・地球環境・宇宙といった自然にいたるまでありとあらゆるものに及んでいる．そこには，多くの資料や教材が蓄積され，専門的な知識や技術を持った職員が配置されており，各種テーマの教育プログラムが準備されている．その意味において博物館は，「総合的な学習の時間」に最適な社会教育施設と考えられる．ただし学校と連携する場合，子どもたちが主体的に学ぶことが求められていることから，先の「学習指導要領解説」にある以下の記述に留意する必要がある．

> 講話内容を任せきりにしてしまうことによって，自分で学びとる余地が残らないほど詳細に教えてもらったり，内容が高度で児童に理解できなかったりする場合もある．また，特定のものの見方だけが強調されることも考えられる．学習のねらいについて，事前に十分な打合せをしておくことが必要であり，外部人材に依存し過ぎることのないようにすべきである

ここには，学校側への配慮事項として外部人材である博物館職員と打合せをすることが強調されている．一方，博物館の職員には，対象が子どもたちなのか成人なのかにとどまらず，子どもの学年や発達段階による理解力の違いなどに応じて教育方法を変えることを含め，教育学に関する一定の知識をあらかじめ身につけておくことが改めて期待されるだろう．

ただし，現行の学習指導要領では「総合的な学習の時間」自体の年間の授業時間数は小学校（3〜6年生）ではそれまでの年間105〜110時間から70時間へ，中学校では70〜105時間から50〜70時間へと大幅に削減された．また2013年11月に学校教育法施行規則が改正され，子どもたちに充実した学習機会を提供するために設置者の判断により土曜授業を行うことを可能にした．これらのことは，博物館を実際に訪れて学ぶ時間の確保を困難にしかねない．学校側には各教科の授業時数を適切に管理し，博物館を訪れるのに必要な時間を確保していくことが求められる．

[石渡尊子]

参考文献
棚橋源太郎（1953）『博物館教育』創元社（日本現代教育基本文献叢書社会・生涯教育文献集Ⅵ 59）
稲垣忠彦（2000）『総合学習を創る』岩波書店

2.4 博学連携の現状と今後の可能性

2.4.1 生涯学習の理念と「博学連携」

「博学連携」は,「博物館＝(博)」と「学校＝(学)」が相互に連携・協力して子どもの教育に当たる取組みであると一般的に認識されている.また,生涯にわたって学び続ける意欲や態度の基礎を養う観点から,学校教育において博物館の役割を理解し,効果的に利活用する能力や態度を育てることも求められている.前節でも述べたように,1989年に改訂された学習指導要領上で博物館の利活用が具体的に求められたことがそのあり方を改めて考える契機となったといえる.ここでは,博物館と学校の連携の必要性が一体いつごろからいわれてきたのかをみていく.

現在では,博学連携という語句が一般的に用いられているが,学校教育と社会教育のつながりが論じられるようになったのは,ポール・ラングラン(Paul Lengrand) がユネスコで生涯教育の考えを提唱したことが契機となった.1965年にポールは,「エデュカシオン・ペルマナント (Éducation permanente)」と題するワーキングペーパーを提出した.そこでは,生涯教育論を2つの統合をめざすものと位置付けている.一つは人々がその誕生から高齢に至るまで生涯にわたって「いつでも」学習することができる教育体制を考えるべきあるという「垂直統合」であり,もう一つは学校教育と社会における教育機能(広義の社会教育)とを統合して人々が「どこでも」学べるようにするという「水平統合」である(香川・宮坂,1994).

ラングランは,1965年のユネスコ第3回成人教育推進国際委員会において,学校教育・社会教育・家庭教育がそれぞれの役割と責任を明確にし,三者が有機的な関係を持つよう教育体系を総合的に改革する原理を明確化することが重要であると述べている.知識はつねに社会の変化と連動していくものであるため,とりわけ「固定的な知識を教授」する傾向が強い学校教育に抜本的な改革を迫るものであった.「生活と教育の密着」という生涯教育の理念からも学校が社会とつながるよう開放されるべきものと説いた.

その後,日本の政府審議会においても生涯教育の観点から政策提言が出されるようになり,学校教育,家庭教育,社会教育の役割分担と協力関係の必要性が示唆されるようになる.1971年4月の社会教育審議会答申「急激な社会構造の変化に対処する社会教育のあり方について」は,従来の社会教育を生涯教育の観点から再構築する必要があるとして,「すべての少年が心身ともに健全に育っていくためには,家庭,学校および社会で行われる教育が,それぞれに独自の役割を発揮しつつ全体として調和を保って進められることがきわめて重要である」と述べている.また,博物館と学校の連携についても以下のとおり初めて提起した.

> 博物館と学校教育…(中略)…の組織的な学習活動との結びつきを図るべきである.学校教育との関係においては教育課程との関連を考慮し,博物館を有効に児童・生徒に利用させ…(中略)…るように連絡連携につとめるべきである.

同年6月の中央教育審議会(以下,「中教審」と略す)答申「今後における学校教育の総合的な拡充整備のための基本的施策について」(いわゆる「四六答申」)でも,「教育の問題を考えるためには,人間の一生を通じて,様々な場面で(中略)人間形成に影響を与えているものに考慮しなければならない」ため,学校教育を改革するような「生涯教育」政策の推進を説いている.そして,「これまでともすれば学校教育に過大な期待を寄せ,かえって教育全体の効果が減殺される傾向があったことを反省し」,「学校教育や社会教育がいっそう重要な役割を果たす必要があることを強調しなければならない」

と指摘している．しかし，これらの答申は学校教育と社会教育が担う役割を示すにとどまりがちであり，学校教育と社会教育が具体的にどう「連携」するかまでは示されていない．

その後1981（昭和56）年6月には，中教審が，生涯教育の観点から今後の教育の在り方を総合的に考察する「生涯学習について」と題する答申をまとめた．「自己の充実や生活の向上のため，各人が自発的意志に基づいて，必要に応じ，自己に適した手段・方法を自ら選んで生涯を通じて行うものが生涯学習」であり，そのために「自ら学習する意欲と能力を養い，社会の様々な教育機能を相互の関連性を考慮しつつ総合的に整備・充実しようとするのが生涯教育」であるとして，「生涯教育」から「生涯学習」への転換の必要性を示した．そして，学校教育と社会教育の双方に対して以下のように「連携」の必要性を指摘した．

> 学校教育関係者は社会教育機能について理解を深め，社会教育の各種の施設や機会を子供の発達段階や地域，学校の実情に即しつつ，より積極的に活用すべきである．また，社会教育関係者も学校に対して積極的に情報を提供するとともに，学校の側からのこうした動きに対して進んで協力することが望まれる．

また，当時の中曽根首相直属の諮問機関として設置された臨時教育審議会（以下，「臨教審」と略す．）も，第1次答申（1985年6月）で「家庭，地域の教育力の活性化や学校との連携の在り方について検討する」ことを示し，第2次答申（1986年4月）では「生涯学習体系の中で家庭，学校，地域など教育の各分野の役割や責任を明確にするとともに，相互の連携を図ることは必要である」と述べた．そのために，「学校外の学習の場の整備を進めるなど，家庭や地域の教育力の回復と活性化を図り，教育の機能が全体として低下しないよう十分留意しながら」学校週5日制を導入することに積極的な姿勢を示した．一方，「地域の要請に応じて学校の機能や場を地域住民に開放することは，学校の大きな役割である」と学校施設の社会教育への開放についても強調した．

第3次答申（1987年4月）では，「人々の学習の関心・要求が多様化・高度化し，活動の場が時間的にも空間的にも拡大している今日，地域における生涯学習を推進する上で，家庭，学校，地域の三者が融合した総合的な学習機会を整備していくことが必要である」と述べている．そのために，単なる学校施設を社会教育事業に開放するだけでなく，学校施設と他の教育・研究・文化・スポーツ施設との一体化，自然教室，自然学校等との教育ネットワークの構築など，より広く発展することを想定した学校の管理・運営のあり方を模索することを求めた．

第4次答申（最終答申，1987年8月）は，これまでの答申を総括する形で「生涯学習体系への移行」を教育改革の視点の1つとした．「都市化の進展や家庭の機能が変化するなかで，今日，家庭や地域社会の教育力が低下している」ため，「家庭，学校，地域社会の役割と限界を明確にし，それぞれの教育機能を活性化するとともに相互の連携を図ることが重要である」ことを再確認している．学校教育，社会教育がそれぞれ独自の教育機能を発揮し，調和を保ちつつ連携を進め，相互補完の関係を成立させることを「学校教育と社会教育の連携（学社連携）」のあるべき姿と見なしたのである．

その後，「学社連携」ではなく「学社融合」という語が審議会等の提言で登場するようになる．1995年7月，国立青少年の家・少年自然の家の在り方に関する調査研究協力者会議の報告「国立青年の家・少年自然の家の改善について―より魅力ある施設に生まれ変わるために―」には以下のような記述がみられる．

> これからの生涯学習社会においては，<u>学校と学校外の教育がそれぞれ役割を分担した上で連携を図っていくというだけではなく，それ以上に相互がオーバーラップしつつ，融合した形で行われていく必要があり</u>（下線は筆者，以下同じ），また，それがむしろ自然である．

> このような学社融合を図っていくためには，まず，青少年施設の側が，これまでの枠にとらわれずに，<u>様々な面でその教育力をフルに発揮した新しい活動プログラムの開発や事業の展開を図り，学校教育サイドに理解を求めていくことが必要であり</u>，国立青年の家・少年自然の家

が，その先頭に立っていくことが求められている．

1996年4月の生涯学習審議会答申「地域における生涯学習機会の充実方策について」も，この報告書を引用しながら，従来の「学社連携」では十分な連携・協力が十分出なかったとみなし，「『学社融合』の理念に立った事業展開」へと転換するための方策を以下のように提言している．

> 学社融合は，学校教育と社会教育がそれぞれの役割分担を前提とした上で，そこから一歩進んで，<u>学習の場や活動など両者の要素を部分的に重ね合わせながら，一体となって子供たちの教育に取り組んでいこうという考え方</u>（下線は筆者，以下同じ）であり，学社連携の最も進んだ形態と見ることもできる．このような学社融合の理念を実現するためには，例えば，学校が地域の青少年教育施設や図書館・博物館などの社会教育・文化・スポーツ施設を効果的に利用することができるよう，<u>それぞれの施設が，学校との連携・協力を図りつつ，学校教育の中で活用しやすいプログラムや教材を開発し，施設の特色を活かした事業を積極的に展開していくことが重要</u>である．これによって，学校だけでは成し得なかった，より豊かな子供たちの教育が可能になるものと考えられる．…（中略）…また，学校と家庭・地域社会との適切な役割分担と連携を図りつつ学社融合を円滑に推進していくためには，…（中略）…<u>学校と施設間の人事交流の一層の促進や，学校教員が青少年教育施設等で体験的な研修を行うような機会を拡充</u>することなども検討される必要がある．

また同答申は，これからの時代に生きる子どもたちが自ら考え主体的に判断し，行動できる力を身に付けるようにするという学校週5日制の趣旨に社会教育施設がどのように協力すべきかについても述べている．

> 今後，社会教育・文化・スポーツ施設においては，これら（青少年教育施設における子どもたちや親子を対象としたキャンプ，自然探索などの事業や公民館における「ふるさと学習」やサークル活動，図書館における子どもたちを対象とする読書会，博物館における科学教室など（筆者））の事業の一層の充実を図るとともに，<u>施設の特色を生かし子供の興味や関心に応じた新しいプログラムを開発・提供することが求められる</u>．…（中略）…なお，平成8年度から文部省が実施する「ウィークエンド・サークル活動推進事業」は，週末等において学校施設などの子供たちに身近な場を活用して様々な体験活動を展開するものであり，これに対する社会教育・文化・スポーツ施設の連携・協力が求められる．

同年7月の中教審「21世紀を展望した我が国の教育の在り方について（第一次答申）」でも，学校と地域の社会教育機関である博物館・図書館・公民館等との連携の重要性が強調された．さらに，1998年9月の生涯学習審議会答申「社会の変化に対応した今後の社会教育行政の在り方について」は，「社会教育と学校教育とが連携することにより，子どもたちの心身ともにバランスのとれた育成を図ることが重要」であり，「学社融合の実」をあげるために，

> 地域社会の核としての開かれた学校を作ることや，学社融合の観点から，学校施設・設備を社会教育のために利用していくことが必要である．余裕教室等を利用するなど学校施設を社会教育の場に提供することにより，児童，生徒と地域社会との交流が深まり，地域社会の核としての開かれた学校が実現する．また，特に学校体育施設については，地域住民にとって最も身近に利用できるスポーツ施設であり，学校体育施設の地域社会との共同利用化を促進し，地域住民の立場に立った積極的な利用の促進を図ることも重要である．

という具体的な提言をした．

こうした審議会での諸提言が，前節で述べた学校完全週5日制や総合的な学習の時間の導入を進める中で，博物館と学校教育の連携例を数多く提唱する学習指導要領の改訂へと具現化していくのである．

今日「博学連携」の推進が不可欠であることは，学校側も博物館側にも周知の事実となっている．し

かし改めて政府審議会等の提言を確認すれば，社会教育施設の一つである「博物館」に特化して論じられてきたわけではない．歴史的経緯をみれば，学校教育と社会教育それぞれの特性によってどのように子どもたちを育てることができるのかという観点から論じられ続け，「学社連携」や「学社融合」という言葉で表されてきたことがわかる．なにより政府（文部科学省）は，これまで一度も「博学連携」という言葉について明確な定義は行っていない．しかし，1990年代初頭から取り組まれ始めた博物館と学校の連携は，1998年に改訂された学習指導要領の施行によって全国的に取り組みが拡大した．この間のさまざまな取り組みの効果や今後の連携のあり方についての研究蓄積もある．それらを通じて，学校に閉じ込められがちであった学びの場を「ひろげ」，「つなげ」ていく博物館の意義と可能性を再認識していくことが求められる．ただし，これまでみてきたように，現代の子どもたちにとって必要な「学びの場」とは，学校と博物館にとどまるものではないことを忘れてはならない．学校教育の段階でその後に通ずる学びの方法を修得し，それを用いて生涯にわたって成長し続けられるよう，また学びは家庭，学校・社会教育機関，地域社会などといった社会全体という広い空間に及び，その子どもの生涯という長い時間に及んでいることを忘れてはならない．

2.4.2　博学連携の現状と課題

a.　博物館調査からみる博学連携の実施状況

1998年に告示された学習指導要領は，学校教育関係者が博物館の利活用に着目する契機となった．当時の学習指導要領が，博物館を含む社会教育施設の活用を複数の教科にわたって促し（2.3.2項），「総合的な学習の時間」を2002年には全国の小中学校で全面的にスタートさせることになったためであった．小・中学校の学習指導要領ともに，総則「第3　総合的な学習の時間の取扱い」は，以下のように規定された．

1　総合的な学習の時間においては，各学校は，地域や学校，児童の実態等に応じて，横断的・総合的な学習や児童の興味・関心等に基づく学習など創意工夫を生かした教育活動を行うものとする．
2　総合的な学習の時間においては，次のようなねらいをもって指導を行うものとする．
　(1)　自ら課題を見付け，自ら学び，自ら考え，主体的に判断し，よりよく問題を解決する資質や能力を育てること．
　(2)　学び方やものの考え方を身に付け，問題の解決や探究活動に主体的，創造的に取り組む態度を育て，自己の生き方を考えることができるようにすること．
3　各学校においては，2に示すねらいを踏まえ，例えば国際理解，情報，環境，福祉・健康などの横断的・総合的な課題，児童の興味・関心に基づく課題，地域や学校の特色に応じた課題などについて，学校の実態に応じた学習活動を行うものとする．
4　各学校における総合的な学習の時間の名称については，各学校において適切に定めるものとする．
5　総合的な学習の時間の学習活動を行うに当たっては，次の事項に配慮するものとする．
　(1)　自然体験やボランティア活動などの社会体験，観察・実験，見学や調査，発表や討論，ものづくりや生産活動など体験的な学習，問題解決的な学習を積極的に取り入れること．
　(2)　グループ学習や異年齢集団による学習などの多様な学習形態，地域の人々の協力も得つつ全教師が一体となって指導に当たるなどの指導体制，地域の教材や学習環境の積極的な活用などについて工夫すること．
　(3)　国際理解に関する学習の一環としての外国語会話等を行うときは，学校の実態等に応じ，児童が外国語に触れたり，外国の生活や文化などに慣れ親しんだりするなど小学校段階にふさわしい体験的な学習が行われるようにする

表 2.4.1　学校との連携・協力の状況（全体／時系列比較） (%)

学校との連携の内容		1997（平成9）年 (N=1,891)	2004（平成16）年 (N=2,030)	2008（平成20）年 (N=2,257)
行事として学校が団体で来館すること	よくある	34.0	33.1	34.6
	時々ある	47.2	47.7	45.5
	ない	14.7	16.8	17.7
	無回答	4.1	2.4	2.3
授業の一環として児童や生徒が来館すること	よくある	27.1	35.0	38.9
	時々ある	62.6	59.3	54.3
	ない	7.1	4.1	5.1
	無回答	3.3	1.6	1.6
職場体験の一環として児童や生徒が団体で来館すること	よくある	―	11.8	18.3
	時々ある		46.9	46.0
	ない		38.2	33.4
	無回答		3.0	2.3
学芸員が博物館で児童や生徒を指導すること	よくある	10.1	15.4	17.1
	時々ある	37.2	40.3	38.7
	ない	47.2	41.2	40.9
	無回答	5.5	3.1	3.3
学芸員が学校に出向いて児童や生徒を指導すること	よくある	0.8	3.8	6.4
	時々ある	14.8	29.2	29.1
	ない	78.7	63.6	61.4
	無回答	5.7	3.4	3.1
教師に来館のための事前オリエンテーションをすること	よくある	5.2	6.1	7.6
	時々ある	31.8	32.4	34.3
	ない	58.4	58.8	55.4
	無回答	4.6	2.7	2.7
教員対象の講座や講習会を開くこと	よくある	1.2	1.6	2.1
	時々ある	13.1	20.7	22.1
	ない	80.9	75.2	73.4
	無回答	4.8	2.6	2.4
教育委員会の教員研修と連携して事業・活動を行うこと	よくある	2.3	2.6	2.6
	時々ある	30.0	33.3	29.7
	ない	64.0	60.7	65.1
	無回答	3.7	3.4	2.6
学校に資料や図書を貸し出すこと	よくある	3.1	3.5	3.3
	時々ある	29.6	30.9	31.9
	ない	62.7	63.0	62.2
	無回答	4.7	2.6	2.6
特定の学校と博物館を利用した教育実践の研究をすること	よくある	0.7	0.9	1.3
	時々ある	6.1	10.1	11.3
	ない	87.8	86.0	84.4
	無回答	5.3	3.1	3.0
学校5日制土曜日に対応する事業をすること	よくある	9.9	10.9	7.7
	時々ある	11.8	14.4	10.9
	ない	72.6	71.3	78.6
	無回答	6.7	3.4	2.7

「Ⅱ　博物館をめぐる最近の動向―平成9・16・20年調査の時系列比較」『日本の博物館総合調査研究報告書（平成20年度）』（文部科学省；委託先 財団法人日本博物館協会）より転載

こと（筆者注；5(3)のみ小学校学習指導要領にのみ記載）．

博物館は，「総合的な学習の時間」でも積極的に活用できる社会教育施設であるといえる．「総合的な学習の時間」のテーマには「国際理解，情報，環境，福祉・健康」が例挙され，また自然体験，観察・実験，見学や調査などの体験的な学習や問題解決的な学習を積極的に取り入れるよう促されている．博物館は，歴史，考古，美術，自然史，科学，地学，動物，水族，植物など取り扱う分野が広いだけでなく，多くの資料・教材が蓄積されており，各種教育プログラムがすでに開発されている場合もある．学習指導要領には「総合的な学習の時間」において，地域の人の暮らし，伝統と文化を学ぶ地域学習を行うことも示されている．博物館は地域と密着しているものも多く，それに相応しい資料が多く収蔵されているだけでなく，研究蓄積と専門的な知識や技術をもった学芸員などの職員が配属されている．地域学習のための教材開発にも役立つ可能性が大きいにある．

『博物館総合調査報告書』（平成20年度版）によれば，日本の博物館全体における教育普及活動は増加傾向にあることが示されている（2.1.2b項参照）．同報告書内の「移動博物館」の実施状況調査の結果も「学校」との関わりが多くなっている傾向を示している．移動博物館を実施している館数の割合は，7.0％（1997年），12.0％（2004年），12.5％（2008年）と上昇しており，そのうち，「学校」を対象としていると回答している館は，53.9％（2004年）から59.6％（2008年）に増加している（1997年は調査未実施）．

表2.4.1は，1997（平成9）年（調査対象数1,891館），2004（平成16）年（調査対象数2,030館），2008（平成20）年（調査対象数2,257館）に実施された「学校との連携・協力の状況」に関する調査の結果である．全国の博物館における11種の連携内容の実施状況が一覧となっている．3回の調査において「よくある」と回答された連携内容に着目すると，11種の連携内容中，8種が増加している．

連携の内容ごとに実施状況を詳しくみていくと，調査実施の時期にかかわらず「よくある」との回答率が最も高い連携の内容は，「授業の一環として児童や生徒が来館すること」であり，1997年には27.1％，2008年には38.6％となっている．「時々ある」と回答した館を含めると，2008年度調査では93.2％の館で実施されていることがわかる．「行事として学校が団体で来館すること」もよくあると回答している館も多く，2008年度では「よくある」が34.6％，「時々ある」が45.5％と，実施館は90％以上に及ぶ．以下，実施率が高い連携内容（2008年度調査）は，「職場体験の一環として児童や生徒が来館すること」（「よくある」18.3％，「時々ある」46.0％），「学芸員が博物館で児童や生徒を指導すること」（「よくある」17.1％，「時々ある」38.7％）となっている．ただし，これら実施率が高い上位4つの連携内容は，「博物館」で実施されていることに留意する必要がある．

一方，その他7つの連携内容は，「よくある」と「時々ある」を合計しても，約40％以下の博物館でしか実施されていない．「学芸員が学校に出向いて児童や生徒を指導すること」，「学校に資料や図書を貸し出すこと」といった，活動の実施場所が学校であるものや，「教師に来館のための事前オリエンテーションをすること」，「教員対象の講座や講習会を開くこと」，「教育委員会の教員研修と連携して事業・活動を行うこと」，「特定の学校と博物館を利用した教育実践の研究をすること」など，教員を対象とした連携内容は実施館数が少ない．また，先の2.3.2b項でみてきたように，政府審議会答申や学習指導要領においても学校週5日制に伴う博物館の役割への期待は指摘されている．しかし，「学校5日制土曜日に対応する事業をすること」という連携内容には，「ない」と回答する館が2008年度調査でも78.6％と多数に上り，過去の調査結果に比べても実施状況率が低くなっている．

『日本の博物館の現状と課題（博物館白書平成11年度版）』（（財）日本博物館協会）においても，博物館における「教育普及活動」の具体的な活動内容は，「学校行事」・「授業」に関連するものにとどまりがちであり，博物館と学校が「連携」するという意識までに至りにくいことが指摘されていた．その原因として，博物館資源の不足（「学芸員の量的・質的

な不足」,「情報化の遅れ」,「財政力の弱さ」)が挙げられ,博学連携の発展を阻む要因として,日本社会における博物館の歴史的な位置付けも指摘されている.つまり,日本の教育制度は「学校中心」であり,博物館は「学校教育の補完的な機能」を担う役割として位置づいてきたことで,両者が対等な立場で連携しにくくなっているということである.同時に,博物館が真の意味での「開かれた」存在になりきれていないという課題もある.

総じて学校を対象とした博物館の教育普及活動の実施率は増加している.しかしながら,その実施方法や連携のあり方は,子どもたちが博物館に出向き博物館資源を利用する活動にとどまりがちである.博物館側が教員に博物館の利活用を促す仕掛けを作ることや,教員自身が博物館の教育機能を知って日々の教育活動に積極的に取りいれること,また博物館職員と教員が協同で連携内容を検討して実施することなどには十分に至っておらず,双方向な連携とは未だいいがたいのが現状であろう.

b. 学校側からみた博学連携の課題

学校を対象とした博物館の教育普及活動については,2000年前後から書籍だけでなく研究報告書や調査報告書の形で成果が公表されるようになったといえる(たとえば,㈶日本博物館協会による『博物館研究』38巻2号(2003年12月)は,「博学連携」の特集号となっている).博物館関係者は,1998年の学習指導要領の改訂によって,学校が博物館を利用するようになることを見据えて,それまで行ってきた教育プログラムや学校を対象とした博学連携事業の実態を調査して取り組み事例を整理・検討し,これからの博学連携のあり方のヒントや課題を提示した.

それらをみると,学校と博物館,教員と学芸員がお互いの仕事の役割や内容に対する意識の違いがあることを指摘したうえで,学校と博物館,教員と博物館職員が互いに支援しあうよきパートナーとなることが連携を進めるに当たっての要件になるという指摘も多い(高田,2003;中川,2003;吉澤,2000など).その背景には,学校教員の博物館に対する理解不足が挙げられていることも多々ある.

たとえば,広島県呉市とその近隣各町の公立小中学校に勤務する教員に対する学校教員の博物館との関わりの実態調査(枡,2003)では,6割以上の教員が学校教育の一環として博物館での活動を経験しているものの,教員が個人的に博物館を利用するかどうかという設問では,「ほとんど行かない」と回答する教員が4割程度と最も多い結果が示されている.さらに,「博物館の利用に関する教員研修への参加経験」についても,「記憶にない」と「参加したことがない」と回答した教員を合わせると9割を超え,「ハンズ・オン展示」についても,7割以上の教員が「全く知らない」と回答している.以下,博学連携の推進のために考慮しなければならない学校側のもつ課題を整理する.

まず,現在の教員の多忙化の問題がある.日本の学校教員の仕事は欧米の学校教員と異なり,教科指導だけでなく,生徒指導や部活動の指導,近年増加傾向にある特別支援の必要な子どもたちへの対応など多岐にわたっている.校務事務や保護者・地域との連携活動の増加への対応にも追われている.さまざまな困難や問題を抱えている子どもたちの背景には,家庭における問題があることが多いため,教員は,通常業務以外に家庭支援も行わざるをえない状況である.しかも団塊の世代の大量退職に伴い若手教員が急増し,地方財政の疲弊による非正規雇用教員が増加している.そのような教員の育成にもあたらなければならない.これらの諸状況がもたらす早朝から深夜に及ぶ過重労働の下では,教育活動に博物館を利活用するための計画立案や授業準備の時間を十分に捻出することもできない.また他の教員とそうした活用方法等を検討しあう機会も少なくなるのが実際である.たとえ博物館から「利用の手引き」やワークシート,広報などが学校に配布されていたとしても各教員まで周知されないこともある.周知されたとしても,それを検討し教育活動に活用するための時間も確保することは難しい.文部科学省が行った「学校教育に関する意識調査」における「『総合的な学習の時間』の実施上の問題点」(2003年)の回答結果を見ても,「教員の打ち合わせ時間の確保」が難しく,問題だと回答する教員は調査項目中最も多く70.8%にのぼっている.また,「体験的な

活動の実施のための経費」が不足しており問題だと回答する教員は 48.4％，「外部機関等との連携」は，43.3％の教員が不十分で問題だと意識していることが明らかになっている．「体験的な活動の実施のための経費」および「外部機関等との連携」に対する問題意識は，必ずしも博物館を含む社会教育施設の利用にのみとどまったものではないといえるが，教員側が認識している問題点として留意しておく必要があろう．

このような教員側の事情が，遠足や社会科見学，修学旅行などの行事の一環として博物館をただ訪問する場所とせざるをえない状況を作り出してきたともいえる．教員は，自らが博物館を訪ねて子どもたちにとって適切だと考えられる博物館を選びだす時間はなく，旅行業者等が提供する資料から，見学や訪問可能な時間及び経費等の諸条件に合う博物館を選ぶにとどまることもある．結果，子どもたちは，教員が作成した博物館のパンフレット等の内容を抜粋した「見学のしおり」を持って博物館を訪問し，博物館の入口で教員に指定された集合時間まで自由行動をとる，というスタイルが主流とならざるをえない．事前事後学習のあり方も検討を重ねたうえで，博物館の利活用を含めた教育立案が不可欠であることはいうまでもない．入念に準備された授業構想がいかに子どもたちを成長させ，伸ばせるかは，先にみた日本の最初の総合学習の例でも明らかである（2.3.1c 項参照）．たしかに博物館職員側の声として，学校教員は博物館の教育機能やその可能性を軽んじているのではないかとの指摘も少なくないし，「お手軽な時間つぶし」の場や，遠足が雨天になった場合の代替えの場となっているとの批判もある．また教員自身が，教育活動である以上，教員が主体であるべきで博物館職員はその任にはない，といった思い込みを持っているのではないかなど，教員の博物館の教育活動機能に対する理解不足があると指摘する博物館職員もいる．今後の学校教育における博物館の利活用促進にむけて，博物館職員と学校教員が信頼関係を築き，その上に成り立つ博学連携事業へと脱却するには，博物館職員と学校教員が双方の仕事に対する理解を持ち，歩み寄ることが第一の課題であろう．

第二に，学校の教育課程運営に関する問題がある．年度当初に年間教育計画を立案する際，博物館活動を取り入れようとすると，校外に子どもたちを引率するとなれば移動距離の長短に関わらず相当数の時間の確保は必須であり，他の授業（時間割）との綿密な調整が不可欠になる．日々の授業の子どもたちの様子から博物館利用が効果的だと教員が気づいたとしても，ただちに博物館を活用することは授業時間枠の制約からもかなり難しい．いずれの場合も教員同士の了解や調整に時間と労力が必要となり，それが困難な学校では博物館の利用頻度も低くならざるをえない．

第三に，学校の組織運営上の問題もある．学校規模が大きくなると，その下部組織として「学年会」が形成される．その学年会が「学年持ち上がり」で同一の児童生徒集団を担当するように教員配置をする学校も多い．その際，先に述べたように教員の多忙化が教員相互のコミュニケーション不足を生んでおり，たとえ前年度に博物館を利用したとしても，次年度博物館活動に関わる教員が前年度の活動内容を把握していない場合もある．博物館側が特定の学年向けに前年度の活動結果を踏まえて新たな学習内容を提案したとしても，当該学年の担当者がその背景となる事情が理解できていないことも少なくない．また，学校行事になると学年によって内容が固定されている場合も多いために博物館を活用した学習内容の積み重ねとその改善が円滑にいかない場合もある．

第四に，校外活動に対する行政等の支援の課題もある．いうまでもなく，児童生徒を校外へ引率する際には安全面の配慮が第一である．実施する際には，生徒指導上の点から何日もかけて児童生徒に当日の過ごし方等を指導する必要があり，多忙化している教員の状況では，指導時間の制約から学外活動を見送る場合もある．また，校外活動時の引率教員数は各教育委員会によって定められているが，安全の確保から大勢の場合には集団行動をとらざるをえない．列を組んだままで博物館の展示見学になることもあり，子ども一人ひとりの興味関心に応えるはずの博物館本来の特性が活かされない．一方，子どもたちが調べ学習などをするために少人数グループ

になって博物館内で活動する際には，教員数の関係から，目配りや指導が十分に行き届かず，子どもたちだけの活動になってしまう場合もある．こうした問題は，一学級の児童生徒の人数を減らし，副担任をすべての学級に置くなど，教員数をより多く配置する措置がとれれば回避できるものであり，人件費を中心とした財政支援が課題となる．

他方，学校において子どもたちを学外に引率する際には，その手段も問題になる．博物館に近い立地の学校ばかりではないし，大勢の児童生徒の移動となると公共交通機関では難しいためにバスなどを貸し切って利用することになる．交通費やバスのチャーター代等の経費負担を伴うことからも，博物館の利用回数を抑えざるをえない場合も多い．埼玉県戸田市郷土博物館では，子どもたちの移動の効率化と安全の確保を目的として，博物館と学校を結ぶシャトルバスの配車を行っている．戸田市内の古い路線バス車両を利用し，博物館側が手配と運営経費を負担している．神奈川県相模原市でも，市内の小学校に限り，相模原市立博物館の見学に当たってバス配車の予算措置がとられている．こうした行政からの財政的な支援があれば，より多くの学校が博物館を利活用できるようになるだろう．

c. 博学連携推進のための必要条件
1) 博物館と学校を結ぶ「ひと」

学校側の抱える諸課題を踏まえて，博学連携の推進に向けて何が必要か，博物館側にできることは何かを考えてみよう．

博物館の利活用の中で，学校と博物館，学校教員と学芸員を含む博物館職員がお互いの仕事の状況や意識を理解しあえておらず，それゆえ連携活動の推進がうまくいかないことは博学連携の事例報告等において必ず見受けられる課題である．博物館を活用した教育活動の際の役割分担が不明確で，円滑な事業運営ができないこともその一例といえる．改善のためには，博物館と学校の「つながり」をどう作るか，築いていくかが肝要である．博物館職員，学校教員ともに多忙を極める職務であっても有意義な連携を行うためには，博物館と学校の双方のあいだを結ぶ「ひと」の存在が重要であろうし，あいだを結ぶ方法や工夫から導き出されたさまざまな成果物も大切である．

学校側と博物館側双方に「対応窓口」となる役割を担う人がいるだけでも，やりとりがスムーズになるだろう．代表的な方法は，教員を「指導主事」として博物館に配置し，学校と博物館の橋渡し役にするというものである．埼玉県にある1980（昭和55）年に開館した大宮市立博物館（2001（平成13）年5月からさいたま市立博物館）には，開館前の準備室の段階から現職教員1名（小学校または中学校教諭）が指導主事として配属され，「ミュージアム・ティーチャー」という呼称で来館する児童生徒たちの対応を行っている．1996（平成8）年以降は，指導主事を補佐する目的で社会教育指導員も配置された．指導主事は，学校教育現場を熟知しているため，学校の実態や情報を博物館側に伝えることができ，児童生徒たちの状況を踏まえた企画が可能となるだけでなく，学校の教育課程に配慮した展示の工夫や体験学習・資料の作成・貸出などにも対応できる．また，「教員」を博物館に配属することで博物館職員たちが学校教育だけでなく教職についても理解が進み，それまでの「学校教員は博物館を知らないし，歩み寄らない」などといった否定的な意識を変化させる効果も期待できる（大宮，2001）．

同じく埼玉県内にある戸田市郷土博物館（1984（昭和59）年開館）も，開設当初から「指導主事」を配置してきた．博物館の教育普及プログラム作成の際，学校での学習内容を考慮し，博物館で効果的な学習活動が展開できるように努める役割を担うだけでなく，教員に対する博物館活動の理解を目的とした研修会の運営を担っている．また指導主事だけでなく，博物館活用に積極的な教員たちによる博学連携事業の推進に向けた活動として，1987年から毎年開催されている「地域学習研修会」という教育実践報告の場もある．参加者は，戸田市内の学校教員と埼玉県内の博物館職員であり博学連携事業について共に学び合うとともに，教員たちが普段は見ることができない博物館の収蔵庫の見学などを通じて博物館職員と交流をする機会にもなっているという．さらに教員と博物館職員で構成された「博物館活用検討会」は，教員向けの博物館活用の手引書の

編集や学習サポート活動を通しての博学連携事業を含む教育普及活動の担い手となっている（吉澤, 2000）．

埼玉県内の博物館のように，地域博物館として学校教育への教育普及活動に早くから着目している館に，神奈川県の相模原市立博物館（1995（平成7）年開館）がある．開館前年の1994年8月から「学校利用に関する検討委員会」が発足し，博物館利用マニュアルとしての教員用の利用ノートや，児童生徒向けの解説ノート等の作成，教員を対象とした博物館利用についての講座開催，博物館資料の貸し出し，学芸員の学校派遣などの検討を行っている．委員構成は，市内の小学校と中学校の教員（各4名），教育長と担当の博物館職員（指導主事を含む）となっていた．利用・解説ノート等の作成に当たっては，各担当学芸員も参画する必要があることが認識され，必要に応じて検討会に担当学芸員も出席して事業を推進した．1998年には「学校と博物館の連携を進める研究会」が発足し，新学習指導要領の求めている新たな学校利用の姿はどうあるべきか，どのような具体的な学習プランが提供できるのか等の研究と，その結果を地域社会へ情報発信もしている．研究テーマは，①学校教育現場において「利用しやすく開かれた博物館」とは，②教育活動のどのような場面でどんな利用の仕方があるのか，③「また行ってみたい」「今度はもっと詳しく見てきたい」という気持ちにさせるには，④「一過性利用」から「自主的・継続的な活用」に向けてどのような手立てが必要か，といったものが設定され，学校教員（市内小中学校教諭）と博物館職員（館長，学芸員，指導主事を含む）とで博学連携の推進に向けて検討が続けられていった．加えて相模原市では，指導主事間の情報交換・施策研究会を行うだけでなく，現職・退職校長とも定期的な交流を行っている．博物館に配属された指導主事が博学連携の取り組みに関する説明や周知を行うことで，より活発な教育実践のための土壌を作っているといえるだろう．

地域博物館だけでなく，研究機能を色濃くもった博物館である国立歴史民俗博物館（1983（昭和58）年開館，以下「歴博」と略す）でも，1999（平成11）年の「教育プロジェクト」チームの発足以降，学校や子ども向けの教育活動に積極的に取り組むようになった．歴博では，学校を対象とした事業の基本方針は，歴博のスタッフが児童・生徒に直接的にプログラムを提供するのではなく，あくまでも教員が主体となって博物館の展示をより効果的に活用することを重視している．そのために歴博を教員自身が知ることを目的として，1999年度より毎年「先生のための歴博講座」を実施している．2日間の日程で，展示室の解説，歴博職員による教育活動に関する報告，歴博を使った授業実践報告，ワークシートや単眼鏡を使った見学などの教育プログラム体験等ができるように構成されている．

これとは別に教員個人に博物館とつながりを持ってもらうことだけでなく，学校全体が博物館と協力できる体制を整えているのが歴博のもう一つの特徴である．連携の内容自体は上記に紹介した地域博物館と同様，教員側は歴博を活用してどのような授業を行えるかを考え，歴博側はどのようなプログラムを用意したらよいか，展示をどう改善したらよいのかを考え，双方で検討，研究を行うものである．学校側は2年の任期で「歴博協力校」となる．協力校には歴博の刊行物が提供され，実践授業で来館する際は入館料が免除される．学校側は最低年に1回，歴博の展示を使った授業を実施し，その記録を歴博に提供し，歴博側はそれを蓄積し公開している（竹内，2004）．

博物館の運営組織の中に，学校を対象とした教育普及活動を目的としたセクションを設置しているのがミュージアムパーク茨城県自然博物館（1994年開館，以下「ミュージアムパーク」と略す）である．博物館創立当初から「教育課」を設け，教育活動を館運営の基幹的事業として位置づけている．初代館長の中川志郎は，「博物館が『社会教育のための機関』（社会教育法）である以上当然のことであるが，従来の組織にみられる普及課や普及教育課という名称をあえて用いなかったのは，学校教育との関わりを強く意識し，その連携の上に立っての運営こそ現代博物館の中心的課題と認識したからである」（中川，2006）と述べている．

教育課は，課長を含めて多くは理科系科目を専門とする現職学校教員によって構成され，ミュージア

ムパークで3〜6年ほどの在職期間を経た後，再び学校現場に戻る．彼らは「交流スタッフ」と呼ばれ，欧米の「ミュージアム・エデュケーター（以下 ME）」と同様の役割を担う．近年，欧米では ME の重要性が叫ばれ，アメリカでは大学に養成コースがあり，イギリスでは ME が博物館必置の職になりつつある．先に述べた埼玉県や相模原市の博物館の場合，配置された「指導主事」は学校教員であることに違いはないが，教職の定年後に指導主事として配属されることも多く，博物館での経験や研究蓄積を学校教育現場で教員として活かす機会はない．他方ミュージアムパークの場合は，学校教育現場に直接フィードバックすることが可能であり，任期ごとに担当者が交代すれば，学校教育現場に「博物館を理解した」教員が増えていくことになる．実際，教育現場に戻ったかつての「交流スタッフ」は，その後も博物館と学校を結ぶ存在となり，博物館と密接な関係を保ち博物館運営助言者となることもあるし，帰任した学校がその後の博物館協力校として種々の博物館活動の中核的存在になる場合も多い．他方，博物館職員（専門職学芸員）たちにとっても学校現場に人的ネットワークが広がり，調査研究の幅が大きく広がる効果もあるという．

また文部省委嘱事業として「科学系博物館活用ネットワーク事業」（平成9〜11年）を展開し，茨城県内の小学校6校，中学校2校，盲学校1校，生涯学習施設2機関との協議会を組織し，博学連携の推進のための検討のみならず，アメリカの環境学習施設4機関とも研究交流を行った実績もある．この国外へも広がったネットワークは，先の教育課に配属された「交流スタッフ」がその後，博物館の教育活動助言者となったことから端を発したものであった．

公立博物館等において管轄の教育委員会と連携することで，地域の学校すべてが博物館とつながり，活用が推進される例もある．先にも紹介した相模原市立博物館は，市の教育委員会と連携し，市内のすべての市立小・中学校がプラネタリウムおよび資料展示室を最低でも1年に1回は利用することになっている．子どもたちが学校教育において日常的に博物館での学びの特性に触れ，体得することによって，成人した子どもたちが生涯にわたって博物館ユーザーになっていくことが期待できるのである．

以上，博物館と学校を「つなぐ存在」に着目してきた．公立博物館等の教育委員会管轄館では，教員や教職経験のある指導主事を配置しているところも多い．またそうした役割の人たちは，利用者に親しみやすいように，博学連携コーディネーター，ファシリテーター，学習指導員，ミュージアム・ティーチャー，エデュケーターといった呼称が与えられる場合もある．そうした「つなぐ存在」を養成するためにも，研修や研究会などを開催し，情報を交換して検討を重ねていくことも重要である．

学芸員個人（博物館職員個人）と教員個人など，担当者間だけの繋がりではなく，博物館側に学校との連携やその他教育普及活動の推進のための部署を設ける場合もある．また，博物館と学校との組織自体をつなぐことも効果的な方法であるため，博物館職員と学校教員の両方で構成される博学連携に関する検討委員会などの組織が設置され，取り組み内容やあり方の成果報告を繰り返すことで博学連携が推進される．地域博物館が中心となって地域の学校全体が博物館とだけでなく学校同士でも提携を結び，地域とのつながりを深める場合もある．こうした組織の連携のために，管轄する行政が情報窓口を担当し，財政補助等を行えば連携活動も円滑に進み，連携の在り方も発展するとともに，地域の活性化にもつながっていくであろう．

2) 博物館と学校を結ぶ取り組み

博物館と学校がよりよい形で連携し，子どもたちにとっての教育に役立つように，これまでも博物館職員や教員たちは協力して取り組んできた．その取り組みは当初，博物館側が独自に教育普及の一環として「利用の手引き」や子ども向けの教育プログラムを提供することから始まった．その後，学校側が1989（平成元）年の学習指導要領の改訂によって総合的な学習の時間を含む主体的・体験型学習を推進する際に，博物館の利用に目を向けるようになった．すると，博物館はそれまでの取り組みの成果を基に，学校側が立案する授業計画の内容や指導方法を踏まえて教材として整え，提供するようになっ

た．博物館側もそれまでの教育普及事業を整理・充実させ，学校教育を対象とした教材作りやプログラム作りをはかった．このような経緯をたどって，以下のように学校の学習活動のサポートをするさまざまな方法が生み出されてきた．具体的な活動例を順に紹介しよう．

①博物館授業

博物館内で行われる学校の授業に博物館側が協力するものである．博物館授業の実施に当たり，博物館側は所蔵資料を活用した体験的学習や，展示室等での「調べ学習」などを用いたプログラムを作成する．実際の指導は学校教員が主導し，学芸員はサポート役として学習活動の支援を行う．

②博物館の「利用の手引き」やガイド作成

博物館が教育普及活動を行う際の最も典型的な方法として「利用マニュアル」「利用の手引き」「博物館ガイド」などの作成がある．近年ではさまざまな工夫がされている．教員用と児童生徒用というように利用対象ごとに分けて作成されることもある．教員向けのものでは，各教科の学習内容と博物館の展示を対照させる表を組み込んで，学習指導要領の教科・年次・単元との対応が理解できるようなものだけにとどまらず学習に必要となる授業時間数，必要な事前・事後学習内容が提示されているものもある．児童生徒向けのものは，子どもが博物館見学を楽しめる工夫（たとえば展示クイズ）があるものだけでなく，事前学習や博物館での調べ学習などに使うワークシートの形になっているものも作成されている．

児童生徒がワークシートを使う場合には，調べ学習の手順を教師向けの手引きに明記するなど，教員用と児童生徒用の手引きを連動させるような工夫もある．このような手引きの充実の背景には，手引きの編集に指導主事や，協力校の教員が関わったり，手引き作成後に教員がそれを活用し，実践報告を作成することなどを通じて博物館側にフィードバックし，改定作業に反映させていくという取り組みがある．

③アウトリーチ活動

学芸員を中心とした博物館職員（ひと）や，博物館資料（もの）が博物館の外に出て行くことで展開される教育活動をいう．博物館が主催する活動のほか，学芸員が他機関から依頼を受けて行う活動（「館外活動」と呼ばれることがある）もある．博物館を訪問する際の事前学習用の教材や，博物館での時間を有効に活用するための博物館のガイダンス用映像の作成も含まれる．アウトリーチ活動の代表的なものには以下の④〜⑥がある．

④所蔵資料の貸し出し

諸事情から博物館に行けない場合や，博物館での活動の事前・事後学習に際し，学校の授業で実際に使って体験できることを目的として，民俗資料を中心に所蔵資料の貸し出しが行われている．子どもたちが直接触れることができるハンズ・オン資料であることも多い．その際，博物館側は「授業で活用できる博物館資料一覧」を作成・配布して，どのような資料の貸し出しができるかを紹介している場合も多い．最近では，資料の有効活用が進むよう博物館側が工夫して，実物や模型とその活用方法の解説などがセットになっている「教育用キット」「学習パッケージ」として提供される場合も多い．たとえば，国立民族学博物館が提供する「みんぱっく」には，特定の民族に関する教材（周到に選ばれた実物資料である民族衣装・楽器・玩具などと内容豊かな解説の組み合わせ）が含まれている．出前の博物館展示のような技術的完成度の非常に高いものである．留意が必要なのは，ち密な既製の固定キットが教育現場での教員にとって使いやすい教材とは限らないという問題である．利用法まで制約されている計画されすぎた既製のキットをそのまま使うよりも，授業計画に応じて多少の工夫を加えた自分用のキットを使うことを好むことも多い（高橋，2005）．また，授業準備等の時間に余裕がない昨今の教員たちにとっては，質の高い完成されたキットであれば，よりそのまま使ってしまいがちになり，授業目的にそぐわない場合も出てくる．教員が授業の目的を踏まえて事前に博物館と協議し，キットやパッケージに含む資料をカスタマイズするような工夫が必要であろう．十分に検討した複数の資料を組み合わせることにより，個々の資料を深く理解させることが可能になるのである．

⑤出前授業（出張授業・出張講座）

学校の要請に基づいて，博物館の学芸員が教室に資料を持ち込んで行う授業である．学芸員が単独で授業を行う場合や，教員とティーム・ティーチングで行う場合もある．近隣に博物館がなかったり，時間的に余裕がなかったりして博物館に行けなくても実物資料に基づいた学習をすることや博物館を知ることになる．資料のもつ特性や使い方，背景などを深く理解している学芸員がわかりやすく説明することで，児童生徒の理解を深めることが期待できる．また教員以外の他の大人が授業に参画することは，日常とは異なる環境が生まれ，児童生徒の学習効果を促進できる可能性もある．ただし，一連の教育活動のどこに組み込むか十分検討しておくことが重要である．たとえば博物館の訪問が計画されている場合は，事前学習として出前授業を実施することで博物館への興味をより惹きつけることにもつながる．そのためには博物館学芸員が事前に学校を訪問し，授業空間の確認等も含めた教員との打ち合わせを綿密に行う必要がある．

⑥館外におけるワークショップ・観察会

ワークショップは通常，一般市民向けに実物資料の活用や工作等の作業を通じて何らかのスキルの向上を図るものであるが，学校週5日制の導入に伴い，児童生徒向けの自主学習のための体験プログラムなどが準備されるようになった．しかも，それを学校の課外活動として土曜日に学校の施設を使って行うなど，アウトリーチ活動と呼べるような形態のものも生まれている．そこでは夏休みなどの長期休業中の学習のアイデアやその方法の修得を目的とするものや，展覧会の実施方法を学ぶことでプレゼンテーション能力の修得を目的とするものなど，さまざまな工夫がみられる．野外で行われる天体や野鳥，植物などの観察会が児童生徒を対象に行われることも多い．これらの企画には学校の教員が参画している場合もあり，学校外や課外で行われているというものの，学校教育を補完するものとなっている．

⑦ウェブを活用した諸情報の提供

近年さまざまなアウトリーチ活動に関する情報を広く普及するために，ICTを活用する動きも盛んになってきた．個々の博物館のウェブサイト内に学校教員向けや児童生徒向けのメニューを設けることで，利用者の違いを意識したページ作りが進められている．ミュージアムパーク茨城県自然博物館のように，児童生徒向けの学習教材やワークシートなどがウェブサイトに公開され，誰もが自由にダウンロードして活用できるような事例もある．

また，博物館への訪問やさまざまな自然環境を疑似体験できるような視聴覚資料を提供するとともに，学芸員と双方向同期でコミュニケーションもできるようなシステムの開発も行われている．ひとつの博物館とひとつの学校が手を結ぶだけではなく，複数の博物館と学校をネットワークで結ぶような取り組みも始まっている．これらの取り組みは近隣に博物館が存在しない学校，あるいは自然環境が乏しい学校の児童生徒にとって魅力的であろう．ただし，この取り組みを円滑に行うためには学校，博物館の双方に通信機材を整備するとともに，両者をつなぐ回線を確保する必要があるなど，多額の設備投資が必至となる．

なお，ウェブの活用は「誰でも，何時でも，何処でも」というキャッチフレーズがあるように，時間と空間を越えることができるという点で優位性がある．しかし，ただウェブに載せておくだけでは，「誰も見ない」ことになりかねないことと同意でもある．博物館からの情報が教員に届きやすいようにする工夫，教員をウェブに導く工夫が依然として必要である．

以上本節では，博学連携推進のための必要条件として，博物館と学校を結ぶ人とその人々の取り組みをみてきた．繰り返しになるが，博物館にある「もの」を用いた教育は，児童生徒が体験を通じて学ぶことを基本とするため，知識の定着や学習意欲の醸成などに効果が多いことが確認されている．基礎・基本の知識を確実に身に付けさせ，それを活用しながら新たな知識を創造できる主体的な学習者を育成していくことが今日の学校教育の課題である以上，博学連携はますますその重要性を増すことになる．

他方，そのような「もの」の教育力を認めるとしても，物理的な制約から博物館を訪れることが難しかったり，ICT活用が困難であったりする場合も少

なくない．また地域学習を進めるための資料が収集されていたとしても，それを保管・展示する郷土資料館や郷土博物館を設置・運営するだけの財政的な余裕がない場合もある．これらの課題を解決する一つの方策として学校自体に博物館が存在する，つまり「学校博物館」を設置することが挙げられる．少子化に伴う空き教室の増加もあり，物理的なスペースの確保は比較的容易であろう．同様の取り組みは大正～昭和初期の学校における郷土室の設置でもみられたことである（2.3.1d項参照）．ただし，当時も批判されていたように，ただ資料が置かれているだけでは有効に機能しないことも容易に想像される．そのあやまちを繰り返さないためには，学校博物館に通常の博物館におかれている職員や学芸員のもつ専門的力量を身に付けた人員を配置することが肝要である．この専門的力量は一般の学校教員のそれとは別物である．「学芸教諭」の配置のような取り組みが不可欠であろう（鷹野ほか，2008）．

[石渡尊子]

参考文献

大宮信行（2001）「博学連携の取り組みと課題について」『大宮市立博物館の博学連携』大宮市立博物館

香川正弘・宮坂広作編（1994）『生涯学習の創造』ミネルヴァ書房

高田浩二（2003）「博学連携が博物館を活性化する」『博物館研究』38巻2号

鷹野光行ほか（2008）「学校博物館の現状と今後の可能性（予察）―学芸教諭の誕生に向けて」『全博協 研究紀要』10号，全国大学博物科学講座協議会

高橋順一（2005）「博物館資料を用いたアウトリーチ・プログラムの新視点」森茂岳雄編『国立民族学博物館調査報告 No.56 国立民族学博物館を活用した異文化理解教育のプログラム開発』

竹内友理（2004）「国立歴史民俗博物館における教育活動―学校利用を中心に」『大阪人権博物館紀要』8号，大阪人権博物館

東京都立多摩社会教育会館編（2001）「地域の教育機能の融合を目指して―学社融合の具体的な推進のために（平成11年度調査研究事業「学社融合」報告書）」

中川修（2003）「学校教育と博物館」『博物館研究』38巻2号

中川志郎（2006）「博物館と学校」インターネットミュージアム，Museum Communication Network, Since 1996 No.00048を主に参照した．

枡義嗣（2003）「地域の博物館と学校の連携に関する研究」『中国四国教育学会 教育学研究紀要』49巻

吉澤立巳（2000）「博物館から新しい教育の風を受けよう」『学ぶ心を育てる博物館「総合的な学習の時間」への最新実践集』アム・プロモーション

2.5 博物館の市民利用と学び

2.5.1 生涯にわたる学びに向けて―博物館教育の変遷と市民との関わり

　博物館教育という言葉には，博物館と教育という二つの大きな概念が組み合わされた言葉である．しばしば学校教育と対比されることが多いが，この分野では近年，博物館における学び（ミュージアムラーニング，museum learning）や博物館体験（ミュージアム・エクスペリエンス，museum experience）という切り口から，「人と博物館の関わり方」について研究していく傾向がみられる．博物館教育という言葉にある「教育」も，一方的に教え込むというスタイルを中心とした「教育」から，人々の主体的で自由な発想や関わり方を含んだ「学び」や「学習」，「体験」といった表現が用いられることが増えてきた．ところが，日本ではこの学習という言葉に対しても「学校でするもの」という認識が強く，学ぶことを「勉強という強制を意味する言葉で表現」し，「学校を終えれば勉強から解放された，と認識」（岩槻，2012）すると指摘している．しかし，近年の日本においても団塊の世代が定年を迎え，時間と経済力のある層が格段に増えてきたことも受け，受験といった競争を基盤とした学習とは異なる，全人教育としての生涯学習のニーズが高まってきている（岩槻，2012）．ゆえに社会教育・生涯学習機関の一つである博物館がそれを実現する場として期待されている．

　次に博物館教育の「博物館」という言葉について考えていくと，次のような疑問にぶつかる．そもそも人は生涯において，なぜ博物館と関わるのだろうか．無論，積極的に関わる人もいれば，ほとんど関わらずに過ごす人もいるだろう．博物館は，法律によって通うことを義務づけている小中学校のように，行かなくてはならない場所ではない．ましてや医療機関や市役所のように，必要不可欠だから行く場所でもない．いってみれば，確かに存在するが，博物館と関わっていくか否かはその人の考え方，価値観，行動様式次第といえるだろう．

　博物館の主な機能は資料の収集，保管，展示，研究調査，教育普及である．このような活動は，一般の人々の人生にどのように関わっていけるのだろうか．現状のように，ごく一部の熱心な博物館ファン以外は，博物館と距離を置いたままという状況で良いのだろうか．

　ICOMの博物館の定義にあるように，博物館とは人類や自然の遺産を保存し，伝えるという役割以外にも，人々の教育（エデュケーション，education），学び（スタディ，study），そして楽しみ（エンジョイメント，enjoyment）のためにあると明確に示している．つまり，研究調査・展示活動といった主たる機能も，人々の教育・学び・楽しみに帰結するように展開することが求められているのである．だからこそ，より多くの人々が博物館における体験を前向きに良いものとして捉えてもらうような場となることから，博物館は取り組まなければならない．

　現実として，文部科学省が実施した平成23年度社会教育調査で明らかになっているだけでも日本全国には5,700館以上もの博物館がある．これは本調査が始まって以来の過去最高の数である．無論，地域差はあれど多くの人々にとって博物館は「行く気にさえなれば，行くことができる」文化施設といっても過言ではないだろう．これだけ津々浦々にある多種多様で個性豊かな文化資源を，個人の生活に役立てていかないのでは資源の無駄になってしまう．確かに旧来の多くの博物館は，物・資料の収集・保管・展示を中心に据えた運営をしてきたために，利用者側の視点を欠いた運営がなされてきた（木下，2007）．しかし，近年，博物館は変わってきている．以前よりも利用者の声に耳を傾け，市民に博物館を積極的に使いこなしてもらいたいと，その門戸を開くようになったのである．

表 2.5.1 世代別博物館像（伊藤，1991 を一部抜粋・改変）

世代区分	目的	利用形態	日常生活との関連
第一世代	保存志向（宝物の保存施設）	娯楽，観光	乖離（別の世界の展示）
第二世代	公開志向（町のシンボル，コレクションの寄贈・公開）	一過性の見学	部分的関係（導入としての展示）
第三世代	参加志向（地域社会の要請）	継続的な活用	対象化（課題を提示）

この変化を日本の博物館を事例に整理したのが，『ひらけ，博物館』を1991年に発表した伊藤寿朗である．彼は表2.1.2にあるように，日本の博物館の発達を三つの世代に分けて，それぞれの特徴をまとめている（表2.5.1）．

伊藤が示すように1980年代後半にめばえてきた新しい志向性を持った「第三世代」の博物館は，市民による継続的な関わりを求めている．この世代の博物館像は「社会が求める課題にもとづいて資料の価値を発見し，つくりあげていくもので，市民の参加と運営の軸とする」（伊藤，1991）としている．伊藤は第一世代，第二世代の博物館が淘汰されるべきだとは考えておらず，それぞれが特徴と強みを生かしながら役割を分担し，共存していくことが望ましいとしている．博物館教育の視点からみれば，この第三世代とされる博物館の動きが注目される．

日本の博物館の発達史を簡単に振り返ったところで，改めて「なぜ人々の生活に博物館が必要なのか」について考えてみたい．石黒敦彦は五感に訴える「体験型の展覧会」を企画してきた経験から，現代のミュージアムの役割が「学ぶ場所から参加する場所へと大きく変わり始めている」ゆえに「ミュージアムは，保育園でも学校でもないもの，教育でも遊びでもないグレーゾーンにあるものを担わなければならない時代にきて」（石黒，1999）いるという．つまり，学齢期を過ぎた世代に対してもその間口をいっそう広げ，これまでの学習体験とは異なる切り口で，歴史や科学，芸術といった広い分野に触れる場となっている．この様子は本章2.2.1項で紹介した森美術館のパブリックプログラムなどがそれに当てはまるだろう．いまや手元で映画などの映像を世界中から気軽に入手して見られるデジタル社会である．しかし，このような「個」あるいは「孤立した」メディア経験ではなしえない，3次元の五感に訴えてくれる実体験を提供してくれるのが博物館といえよう．

浜口哲一は，人が身近な博物館を利用することによって「（そこに）足繁く通い，その活動に積極的に参加することは，また違う人生の豊かさを与えてくれます」（浜口，2000）と述べている．さらに「館活動への参加によって，資料を集めたり，本を作ったりする作業を通じて，自分の力が社会のために生かせる場面が生まれるかもしれません．それは単なる楽しみのために参加する活動とはひと味違った生き甲斐を与えてくれるでしょう」という．このような資料を集めて研究し，そしてその成果を展示や出版などの方法で社会に発信するというプロセスを博物館活動を通して経験することで，日常生活では味わえない達成感や充実感を人々は得ることができるであろう．そして，このような経験は個人レベルを越えて，一般に発表することで社会にも役立っている．これは趣味活動ではなかなか得ることのできない経験であろう．

また兵庫県立人と自然の博物館の館長を務めた岩槻邦男は，生涯学習と博物館の関係を述べるうえで次のような仮説を唱えている．

　（略）ひとつの仮説を提唱します．それを式で表わせば，

　（人＋資料・標本）×発信力＝生涯学習支援＋シンクタンク機能

となります．博物館は学校（幼稚園・保育所から大学・大学院まで）と違って，すぐれた資料標本を所蔵し，有能な人が所属する機関です．<u>ここが強力な発信力を持てば，成果として人に学ぶ歓びを目覚めさせ，考える力をつけるお手伝いができます．</u>（岩槻，2012；下線部筆者）

岩槻が述べるように，博物館は他の教育機関と異なり，資料標本や作品という「モノ」を持っており，そのモノに詳しい学芸員という「人材」の両輪を持っている機関である．だからこそ，さまざまな

やり方で人々の生涯の学びに関わっていくことができる．それでは博物館は市民と地域とどのように関わっているのだろうか，次に具体例をみていきたい．

2.5.2 地域との関わり—ボランティア・市民学芸員・担い手の育成

a．ボランティア・市民学芸員

地域博物館の代表的な事例である平塚市博物館を準備室の段階からその設立に携わり，のちに館長を務めた浜口は，それぞれの地域には「放課後博物館」が必要であると唱えている．浜口のいう放課後博物館は，何も学齢期の児童・生徒のみを対象に考えているものではない．

「『放課後博物館』では，展示室だけではなく，集会室や研究室あるいは収蔵室にも毎日のように市民が出入りしています．放課後とは学校の放課後だけを意味するわけではありません．勤めを持っている人のアフターファイブであり，定年を迎えた方々の人生の放課後でもあります．展示室を見学するだけではなく，余暇を使って，その活動にどんどん参加していく，そんなつきあいのできる館が放課後博物館です」（浜口, 2000）と述べていることからもわかる通り，全ての年代の人々に向けて開かれた，空き時間に気軽に立ち寄って活動に励むことができ，それぞれの能力を生かせるような場と空間を与える機関であるとしている．

浜口は一般の人に向けて，さらに具体的な博物館の活用方法を紹介している．21世紀の生涯学習社会においては，このような館側からのアプローチのみならず，利用者側も積極的に自分なりに博物館を使いこなしていく姿勢が求められる．浜口は使いこなす方法を下記のように5項目あげている．

- 刊行物の利用（年報，報告書，図録など）
- 問い合わせをする（書面でその目的と質問を具体的に）
- 行事に参加する（単発のものから通年まで）
- ボランティアになろう（展示解説，資料整理など）
- 寄贈という協力（標本類や古文書など）

（浜口, 2000）

そして，さらなる関わり方の道として「博物館を作る運動」への参加，そして「学芸員になるには」を紹介している．上記の5項目が既存の博物館の利用に対して，後述の二つはさらに主体的に地域の変革に関わる方法である．実際の職業として学芸員になるのは，日本の場合，年齢制限があることも多いうえに採用数がきわめて少ないのが現状であるため，正規雇用の学芸員になることは非常に難しい．しかし，生涯学習の観点に立てば稼ぐことはできないが，学芸員の業務内容と近いことを市民学芸員として任され，自分の能力を活かしながら博物館で活躍することは十分に可能である．

このような活動は市民学芸員あるいは市民ボランティアといった名称で呼ばれ，日本の博物館でも導入が進められている．その具体例として，埼玉県飯能市郷土館の「市民学芸員」を取りあげたい．

飯能市郷土館のウェブサイトによれば，この制度は次のような概要である．

> 市民学芸員になるためには，所定の養成講座を受けていただくことが条件となり，その後実務体験をします．
>
> この制度は平成12年に始まり，16年度，19年度，22年度と養成講座を行いました．現在は約40名の市民学芸員の方が，「博学連携」分野，「古文書整理」分野の2つに分かれて活動を行っています．
>
> 「博学連携」分野では，主に小学生の社会科見学での説明や体験学習の指導を行い，「古文書整理」分野では，館所蔵の古文書の解読，整理を行っています．（飯能市郷土館ウェブサイト）

飯能市郷土館における市民学芸員制度は2000（平成12）年度から始まったことから，既に13年の歴史を持ち，現在も所定の養成講座を終えた市民学芸員が40名ほど活躍しているという．郷土館では市民学芸員制度を「市民に向けた学習機会を提供するシステム」，「本務学芸員を補完する立場」そして「博物館側の情報発信機能と受けての市民の間をつなぐ伝達媒体としてのサポーター」（村上, 2013）と位置付けているという．ゆえに市民学芸員は館の利用者の中で最も館に近い人々としてい

る．二つの学習グループのうち博学連携のグループが毎年受け入れている市内小学校3年生の対応プログラムを中心にその活動を紹介する．

飯能市郷土館では小学校3年の社会科単元「昔の人々とくらし」の学習の一環で，毎年1月中旬から2月上旬にかけて市内13の小学校の3年生を受け入れている．このプログラムには2001（平成13）年より市民学芸員が加わるようになり，手作りで民家の台所が再現されたという．市民学芸員はプログラムの実施のみならず，企画やプログラム改善の全般を担っており，学芸員は内容の確認とサポートに徹している．プログラム当日は，小学生を5人ずつのグループに分け，常設展示見学，むかしの道具さがしクイズ，体験学習の三つを順番に体験するという．

常設展示見学では，①飯能市域の国指定重要文化財の説明，②市史上重要な西川林業の説明，③昔の子どもの遊びの解説と紙芝居体験の三つの中から二つの内容を各学校が選ぶ．音声付きのカラー映像が当たり前の子どもたちにとり，肉声で読み上げられ，一枚一枚手で引き抜かれる紙芝居の展開に子どもたちは関心を寄せるという．

むかしの道具さがしクイズコーナーでは，20点の民具を4ヶ所に分け，民具を観察してもらい，それぞれが洗濯，炊事，学校生活，暖房のどれに関係するかを当ててもらい，解説するというプログラムである．実際に手に取ってさかさまにしてみたり，重さを確認したりしてそれぞれの道具の用途を考えてもらう．本物の民具を使うあたりが，博物館ならではのプログラムといえよう．子どもたちの反響が特に大きいのが最後に紹介する行灯で，部屋を暗くして，行灯の明るさと同じ電球をつけるとみな口を揃えて「えー?! くらーい」と驚くそうだ．

体験学習では，石臼で米とこがした大麦の2種類を製粉する作業と，火のし・炭火アイロンで木綿のハンカチにアイロンをあてる作業をさせている．子どもたちは，石臼で大量の粉を作るのは長い時間とかなりの労力が必要なことを実感し，電気を使わないアイロンの威力に感動するという．

このプログラムの課題としては，同じ内容を期間中に連日行うため，ボランティアの中には体力的に厳しいと訴えている人も出ているという運営面の問題や，新しいボランティアが入るとベテランが辞めてしまうという世代交代の円滑化，市民学芸員のスキルアップのためにはどのような学習機会を設ければよいのかといった事項が館の検討課題となっているという．しかしながら，学芸員も市民学芸員の存在なくしては，同じプログラムの実施は不可能であることから，彼らの存在を頼りにしている．市民学芸員も毎回同じではなく改善しながら新しいプログラムに挑戦していき，子どもたちからの反応を直接見られるのは活動のやりがいにもつながっているだろう．

2.6節でも述べるが，日本の博物館は人材不足と予算不足という問題が深刻である．この問題の一つの解決策として，優れた市民学芸員や博物館サポーターを育成することがあげられる．現在は博物館における市民育成プログラムやボランティア運営の実態調査や研究はまだ少ないが，そのあり方を議論する機会は確実に増えてきている．今後は成人，社会人，市民の育成に博物館がどのように取り組むかがきわめて重要になってくるだろう．

b. 担い手の育成

日本の多くの博物館を占める公立館のほとんどが地方自治体によって管轄されている事実からも，各館が地域との結びつきを模索してきたことがわかる．本節の前半でも述べたように，近年の博物館はあらゆるレベルで地域に開かれていること，そして地域の人々を巻き込んでいく活動形態が望まれるようになってきた．その具体例として，研究と生涯学習活動を両輪に据え，力を入れてきた兵庫県立人と自然の博物館（以後，ひとはくと略す）の事例を取り上げる．

ひとはくは1992（平成4）年に開館した．この年はリオデジャネイロで国連環境開発会議（環境サミット）が開催され，生物多様性条約と気候変動枠組条約という二つの国際条約が採択され，日本も締結している．この頃の日本はバブル経済崩壊が始まった頃でもあった．ひとはくの一つの特徴として，博物館としての研究活動を主軸とすべく，県立大学であった姫路工業大学（当時）の自然・環境科

学研究所を併設し，研究員の大半は大学教員の肩書も持つという体制で始まった異例の博物館であったことがあげられる．2012年で20周年を迎えたひとはくも，最初の10年間は博物館活動が思うように進まず，来館者数も減少の一途をたどり苦しんでいたという（岩槻，2012；池田，2012）．研究系博物館としてデビューしたにもかかわらず，そのオリジナリティがよくわからず他館と大して変わらないという厳しい評価を受け，「博物館としての存続の危機に直面した」（池田，2012）という．同時期に兵庫県教育委員会行政組織規制の改正が行われ，博物館の組織が大きく改変されたことも改革を進める要因の一つであった．

そして館を挙げて「新展開」と呼ばれる内部改革を行い，2002年4月より新しい一歩を踏み出した．池田によれば，この変革は「これまで内なる活動を中心とした"受け身"の博物館から自ら外に情報を発信し活動を広げていく"攻め"の博物館への転換」（池田，2012）であったという．この後半の2002年以降の成果をまとめたのが『みんなで楽しむ新しい博物館のこころみ』（2012）という館が編集した著書であり，ここではその中でもふれられている生涯学習支援ならびに博物館連携について紹介する．

2002年以降のひとはくでは，人々の「学習の場の構築」と「担い手の育成」という二つの方針に力を入れてきたという．一つ目の「学習の場の構築」については，開館当初から各種セミナーの開催などの学習支援活動を実施してきたが，肝心のセミナーの話の内容が小難しく，専門知識がある人を対象にしているようだという評価を受けてきたという．それを反省し，聞き手のニーズを意識したセミナーや演示の開催を心がけるようになったという．近年の活動では館内で開催されるセミナー等に限定されることなく，館外にも赴くようになった．たとえば，2002（平成14）年に始まったキャラバン事業「ひとはくがやってくる」では，県内各地の公民館等の場所を借りて，展示・セミナー・リサーチプロジェクトをセットで展開する事業も始め，形を変えて現在も継続しているという．

ウェブサイトによれば，この事業は次のように説明されている（図2.5.1）．

　人と自然の博物館では，兵庫の自然・環境・文化のすばらしさを一人でも多くの方と共有し次世代に伝えてゆきたいと考え，平成14年から「ひとはくキャラバン」として，多彩なメニューを用意し，事業を展開しています．

　「ひとはくキャラバン」では，研究員が県下各地に出張し，展示活動やセミナー，リサーチプロジェクトなどのプログラムを通じて，各地の県民やNPO，行政などが取り組む，地域の自然・環境・文化についての学習や活動をサポートします．

　ご参加くださったみなさまから，新しい"ひょうごの自然・環境・文化"が発信され，ひょうごに住む一人ひとりにそのすばらしさが伝わるような，そんな「ひとはくキャラバン」の活動にご期待ください．（兵庫県立人と自然の博物館ウェブサイト）

このキャラバン活動の特徴は，地域の人々を主役

図2.5.1　兵庫県立人と自然の博物館「キャラバン事業　ひとはくがやってくる」
（兵庫県立人と自然の博物館ウェブサイトより）

に据えていることであろう．たとえば，展示活動ではひとはくから持ち込んだ展示物だけではなく，住民のコレクションも一緒に展示する．その際には，ひとはくの学芸員（研究員）の高度な展示技術を駆使して人の目を引くような配置をしていき，解説やサインも手作りするなどディスプレイとしての完成度を上げているという．そして，セミナー活動では地域の中から講師を探し，市民に教える側になってもらうという．たとえば稲わらづくりなど，かつては日常的に多くの家で見受けられ伝承されていた技術を伝える場にしている．最後のリサーチ・プロジェクトも研究員らの専門知識や技術と住民の興味関心が巧みに組み合わされた事業となっている．具体的には調べたい生き物やテーマは住民に選んでもらい，それを調べるにあたっての最適な調査方法やデータ分析の方法，結果の展示の仕方などを研究員が提案するという．

　このような形式をとることで，研究員が主役となって一から十まで「指導」するのではなく，あくまでも主役は「住民・市民」であり，研究員はあくまでも脇役に徹している．研究員の役割はプロの知識と技術をもってして，市民の知的好奇心を刺激し，さらに探究を深めて，その成果の内容とレベルを高め，そして成果を見栄え良く効果的に伝えるまでを支えることであるとしている．この出張プロジェクトで，館に直接来ることが難しい地域の人々にもひとはくのコレクションと研究の魅力を感じてもらうと同時に，研究員の力と自分たちの力を合わせることの楽しさを感じ取ってもらうことに成功したという．

　ところが，予算的にも人材的にもこのような直接どこかに赴くタイプの事業を県内全域に行き渡らせることは難しく，2007（平成19）年以降はこのキャラバン事業と地域研究員養成事業も並行して展開するようになった．この事業もひとはくが二つ目の方針に掲げる生涯学習支援事業の柱である「担い手の育成」に含まれる．なぜ，ひとはくは「担い手の育成」に重点を置くようになったのだろうか．

　ひとはくは，県立の博物館である．兵庫県は約560万人の人口を抱え，その面積は約8,400 km^{2}と非常に広く，海もあれば山もあるきわめて起伏に富んだ土地である．橋本がいうように，「ひとはくが提案する自然・環境・文化を未来に継承する取り組みを県全域で広めるためには，外部の方々との連携が不可欠」（橋本，2012）である．ゆえにひとはくでは，生涯学習支援と外部の連携事業の両方において，「担い手の育成」に力を入れている．池田によれば，「ひとはくが考える"担い手"とは，ひとはくの活動を通じて得た知識や経験をもとに自身が活動主体となって行動し，自己学習のみならず他者への学習支援を行う方々」（池田，2012）であるという．このような担い手を育てることで新たな学びの場が作られ，研究員だけの力では実現できない数々のイベントや講習会，セミナー，発掘調査活動などを実現している．このような仕組みが成熟することで，より多くの市民に博物館活動に参加してもらえ，次の世代の博物館利用者が育ち，ひいては日本国民全体の科学リテラシーの向上につなげたいと池田は考えている．

　ひとはくが注目される資料の一つである丹波竜の化石の調査研究についても，このひとはくが育てた「担い手」の市民が積極的に関与し，さらに次の担い手を育成するというサイクルが生まれている．ここで恐竜化石に関与する市民の「担い手の育成」を事例でみていきたい．2006（平成18）年の丹波竜の化石発見も市民研究家二人によって見つけられたという経緯があるが，その後も丹波竜の調査研究には市民が深く関わり，今は彼らの存在なくしてここまでの研究成果を上げることは難しかったという．ここでひとはくの特徴としてあげられることは，研究員というプロからその技術や知識を市民に伝え，習得してもらい，彼らのスキルを認定することでいわばセミプロとして実際の調査研究に加わってもらうという体制を築き上げたことである．

　ここで重要なのは，担い手となった市民に対して研究員は，お互いに技術を持ったプロ同士という意識を持って対応していることである．学芸員・研究員の小間使いのボランティアという認識ではない．具体的には，ひとはくとその近隣の自治体が設置した研究所では，化石クリーニングのプレパレーターとして技能を身につけた市民にその専門的な作業を任せるといったことを実現している．実物の化石標

本に手を加えるとなれば，多くの博物館では専門分野の学芸員以外に任せられない，素人に現物を削らせることなど「冗談じゃない」と目くじらを立てるだろう．ところが，ひとはくはきちんとした訓練プログラムを築き，研究員との連絡，コミュニケーションを密にすることで，「市民が本物に手を加えること」の不安を払拭している．ここに至るまでにはさまざまな試行錯誤を経てきただろうが，市民に信頼を寄せ，責任のありかも確認しつつ，彼らの知的好奇心を実際の調査研究に生かしていくという体制がひとはくでは実現している．

なぜ担い手の育成が必要なのか．それは博物館の学芸員や研究員だけでは，できることに限界があるからである．人員はどこの博物館においても限られているゆえ，この問題は世界中の博物館に共通する課題であろう．ひとはくの場合，たとえば丹波竜の発掘調査に参加するメンバーにしても，研究員や大学院生を動員するだけでは調査規模には限界があったという．しかも長期間にわたる調査となれば，宿泊や滞在費の負担といった問題が必ず発生する．これに対してひとはくは，発掘現場の近隣住民の中で発掘調査に関心のある人々を募り，発掘に必要な技能と知識を指導し，習得した人たちとともに発掘調査を行っている．当然のことながら，いい加減な資料の扱いや単純な判断ミスが大きな学術的な穴に直結することから，その指導内容は厳しい．それでもやる気のある住民は，やはり好奇心が強く，発掘を通して地域に貢献しているという意識を持ってついていくという．

このようにして養成された市民の発掘調査員はその後，定期的に「発掘体験」というイベントの担い手にもなっていった．このイベントは当初，研究員が実施していたが，多忙ゆえに年間に実施できる回数はかなり絞られていた．現在は，市民発掘調査員が担い手となり，開催の頻度が上がり，より多くの人々に「発掘体験」をしてもらえ，丹波竜への興味関心を広める機会になっているという．

担い手の育成は何も自然史系博物館のみならず，歴史系博物館や美術館においても今後，ますます求められていくようになるだろう．なぜなら，今後，博物館に従事するスタッフの人数が劇的に増えることはまず考えられない．と同時に，市民が博物館に求めるものの多様化も止めることができない．予算縮小や人員不足を理由に挙げて，博物館活動・サービスを縮小しては，地域に根差した博物館としてその役割を放棄しているに等しい．だからこそ，学芸員は今後，市民を「お手伝い」としてのボランティアではなく，調査研究に加わることができるくらいの市民を「担い手」として養成し，その担い手がさらに「担い手」を育てていくような体制づくりが求められていく．それをなくして，博物館の活動の活性化はおそらく難しいであろう．そのためには，21世紀の学芸員として資料と向き合うだけでなく，人を育てていくことも重要な仕事となっていくに違いない．

［井上由佳］

参考文献

池田忠広（2012）「第2章 生涯学習支援―恐竜化石をとおして」兵庫県立人と自然の博物館編『みんなで楽しむ新しい博物館のこころみ』研成社

石黒敦彦（1999）『体・験・型おもしろミュージアム』フレーベル館

伊藤寿朗（1991）『ひらけ，博物館』岩波書店

岩槻邦男（2012）「序章 ひとはくの20年とこれから」兵庫県立人と自然の博物館編『みんなで楽しむ新しい博物館のこころみ』研成社

千地万造・木下達文（2007）『ひろがる日本のミュージアム―みんなで育て楽しむ文化の時代』晃洋書房

橋本佳延（2012）「第3章 連携で広がる博物館の可能性」兵庫県立人と自然の博物館編『みんなで楽しむ新しい博物館のこころみ』研成社

浜口哲一（2000）『放課後博物館―地域と市民を結ぶ博物館』地人書館

飯能市郷土館ウェブサイト http://www.city.hanno.saitama.jp/0000001227.html（2013年8月28日アクセス）

兵庫県立人と自然の博物館ウェブサイト／連携事業：キャラバン事業「ひとはくがやってくる」http://www.hitohaku.jp/education/caravan.html（2013年9月30日アクセス）

村上達哉（2013）「市民学芸員がつくる学びの場：小学3年生に伝える『昔のくらし』，連載 いきいきミュージアム―エデュケーションの視点から」『文化庁月報』536

2.6 博物館教育の将来性

2.6.1 現状と課題

現在の博物館教育の課題は何だろうか．1990年代後半以降，日本各地の博物館の教育活動は従来にも増して盛んになり，今や学校連携や家族向けのプログラムを実施していない館の方が珍しい．日本の博物館教育は，全国規模で展開しているといえよう．このような状況になったことには大きく分けて二つの理由がある．一つ目の理由として，ICOM（国際博物館会議）などで博物館の社会的・教育的役割がよりいっそう強調され，推進していったという国際的な潮流の影響を日本の博物館も受けたことである．この流れの影響もあるのか，日本人で海外の大学院等で博物館学関連分野を学んだ後に帰国し，数は少ないが博物館等に勤務し，海外で学んできた成果を日本の現場で発揮する人も少しずつ増えてきている．

さらには二つ目の理由として，2003（平成15）年に導入された学校週5日制と総合的学習の時間を含んだ学習指導要領の導入があげられる．日本の博物館の多くを占める公立館はその管轄が教育委員会の場合も多く，やはり学校などの教育機関と博物館を連携させていくことは喫緊の課題となり克服してきたのだろう．同じ行政組織が管轄であることから，連携が進めやすい部分もある一方で，学校とは異なる博物館における教育とはどのようなものなのか，それが教員・学芸員双方の間でコンセンサスのないままプログラムを手探りで開発していったというのが現状である．それゆえ，プログラムの回数が増えるにつれ切磋琢磨を重ねよりよいプログラムにたどりついた事例もあれば，双方にとりメリットが見出せず，形骸化してしまった事例もあっただろう．

博物館教育の広がりという側面でいえば，質量的にはまだ不十分な点が見受けられつつも，かなり普及してきたと評価できよう．しかしながら，博物館教育の導入当初から議論されてきた，「博物館教育の専門家」がほとんどの館にいないという人材問題と，新しいことを始めるにも人を雇うにも必要な予算が足らないという財政問題は未だ解決していない．

人材については，さらに二つの問題について論じたい．一つ目は日本国内で博物館学ならびに博物館教育を専門的に学んだ人材がほとんどいないということである．さらにいえば，日本国内で博物館教育を本格的に学ぶ学部そして大学院はほとんどない．一部にサイエンス・コミュニケーター養成課程を設ける大学院や科学館が見受けられるが，そのほとんどは理系専攻者を対象としており，美術館や歴史系博物館などで活躍することは対象外である．このような状況の原因の一つに，日本の博物館法では学芸員資格については制度化されているが，学芸員の中でも専門分野を持つ人材の養成ならびに資格の付与については，まだ検討段階の域を越えていない．ゆえに，海外の博物館でしばしば見受けられる教育専門の職員であるエデュケーター（educator）は日本にはほとんどいない．ごく一部の館に少数存在するだけである．そして，この分野の専門家養成が国内ではまだほとんどされていないのが現状である．

二つ目は，学芸員不足の問題である．新しいことを始めるには人手が必要になる．それは当然のことであるが実はここで大きな矛盾が生じている．文部科学省生涯学習政策局社会教育課が2008（平成20）年9月に調査したところ，回答した日本の311大学から9,577人の学芸員有資格者を輩出した．その中で博物館職員として就職しているのはわずかに61人（全体の0.6％）であるという．この数値からみても，学部卒業時点で博物館職員として就職できる人がきわめて限定されていることは明らかである．これは平成3年度の調査（132大学回答）の2.1％よりも低い数字となっていることに着目し

たい．

　この他にも，前述したように大学院レベルで海外留学し，博物館教育学を学んできたという日本人も複数いる．このように学芸員のなり手は若い世代で確実に存在するにもかかわらず，就職口がほとんどないという問題が生じている．以前より学芸員の口は常に狭き門であったがこのままいけば将来的に必ず，若手を採用しない→職員の年齢層が二分化する→ベテラン層が一気に退職し，経験も浅く人数も少ない若手しか残らなくなるという問題が起こる．いわゆる団塊世代の大量退職時に指摘されたのと同じ構造的な問題が学校教員の間でも発生しているが，博物館の方が職員数の少ない分問題はより深刻である．学芸員資格を取得しても，実際には就職できない，就職口が見つからない問題，特に若手を採用する機運が低いことは由々しき事態である．

　さらに，博物館教育の分野に特化した人材問題としては，短期そして非常勤という形態で教育担当者を雇用する館が非常に多いことが挙げられる．これは複数の国立館でも見受けられ，3年もしくは5年で雇止めとなり現場を去らざるをえない若手職員が多い．館内外で始まっていた連携事業も担当者が変わることで継続が難しくなることも多々ある．5年後，10年後といった長期的な視点から館の教育事業の在り様を考え，戦略的に動くことが構造的にできない．このような現状を広く知らしめ，解決策を見出していくことが必要である．これは指定管理者に博物館運営を委託する問題にも通ずる．

　予算をはじめとする財政問題は，博物館経営論の章で詳細に分析されているので，ここでは詳しくは述べない．しかしながら，博物館教育の予算が館で確保できないという問題は，やはりその博物館のミッション＝社会的使命を改めて議論し，教育事業はおろそかにできない柱の一つであると職員の間でコンセンサスをとる必要があるだろう．2.5節でも取り上げた兵庫県立人と自然の博物館（ひとはく）の中瀬館長の言葉にあるように，「（ひとはくは）これらの物的・人的資源を基礎にしつつ，生涯学習に機能的に対応できる『人と自然の共生博物館』を目指して」（中瀬，2013）いると明確に館のミッションを示している．このようにトップの館長以下，すべての博物館職員が「生涯学習」に取り組む姿勢を持つことが教育事業を根付かせるためには不可欠である．

　さらに，文化施設における教育事業に対して助成する外部団体（民間財団，文化庁などの行政機関）から助成金を積極的に獲得していくことも必要であろう．日本とは博物館を取り巻く事情が大きく異なるが，欧米では博物館の中にファンドレイジング（Fundraising）を担う専門部署があり，そこの職員は常に申請可能な助成金に応募することに専念している．もちろん，申請書類を作成する段階では，学芸員やエデュケーターなどと相談しながら，申請内容を固めていくが，どの財団にいつ・いくら申請するかといったことを館全体の事業として部署間で調整しながら積極的に資金獲得している．日本では，大規模館を除いて資金獲得の専門家を置いている博物館はほとんどなく，学芸員がその役割を担うことが多い．資金獲得には時間もエネルギーもかかるため，学芸員だけがその荷を担うことは負担が大きい．日本型の資金獲得の手法を生み出すことが望まれる．

　この他にも公立の社会教育関係施設の約26％に導入されている指定管理者制度の問題もある．ここでは深入りしないが，この制度が設ける契約年限の制約から，博物館教育事業を長期的な視座で運営することを難しくしていることは改めて指摘しておきたい．特に，市民学芸員といった人を対象とするプロジェクトの担当者が次々と入れ替わるようでは，それまで蓄積されてきた知見が次に生かされない，参加する市民にとっても数年おきに新しい職員とゼロから関係を築かなければならないという現実問題が生じている．この事態は，教育担当者の雇用形態が有期・非常勤といった不安定な地位にあることが多いことに通ずる構造的な問題である．

　日本の博物館教育を確実に館に根付かせ，安定した運営体制のもと良質なプログラムを提供していくには，これらのマネジメント面の解決が早急に望まれる．

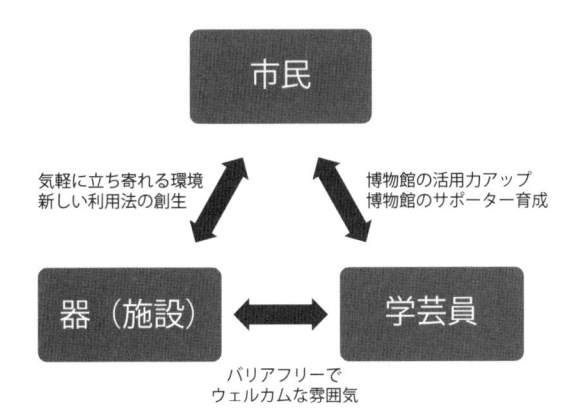

図 2.6.1 博物館と市民のつながりを広げ深めるための相関図

2.6.2 今後の展望―博物館と市民のつながりを広げ深める

本章の最後に，博物館教育の今後の展望として，①学芸員と博物館教育の関わり方の見直し，②ミュージアム活用力を持った市民を育てる，③器を新たに作るではなく，器を活かす，という三つの視点から論じたい．この三点の関係を図にまとめると図 2.6.1 のようになる．

a. 学芸員と博物館教育の関わり方の見直し

「こうした（博物館を取り巻く環境の）変化の中で，ますます問われてくるのは学芸員の姿勢でしょう．市民，行政，学校など地域社会の役に立つ博物館にしていくことに労を惜しんでいないか，しかも一方で資料を着実に収集し，その情報を取り出しやすい形で蓄積し続けているか，その困難な仕事に前向きに取り組んでいるか」（浜口，2000）．

放課後博物館を唱えた浜口は，上記のように今後の博物館の未来を築くのは学芸員の姿勢にあると述べている．学芸員はここに挙げた点を自己評価し，内省し，それがどこまで達成できているのかを確認する必要があるという．非常に多岐にわたる業務を日々こなしつつも，第三者的な目を持って自身の仕事ぶりを「地域社会に役に立つ博物館」につながっているのかを振り返ることを勧めているのだ．

それでは，実際の学芸員と博物館教育の関わりはどうなっているのだろう．日本の博物館は事業部と研究部という二つの組織に別れて運営されているところが多い．そして学芸員は研究部に属し，博物館教育を担当する職員は事業部に配属される傾向がある．実はこの構造は大きな問題をはらんでいる．これは既に 1970 年代には米国や英国の博物館現場で問題視されていたことであるが，学芸員と教育担当者の地位が平等ではなく，展示の企画においては，最終案が決まってから教育担当者に展示内容がはじめて知らされ，既に決められた展示内容に合わせた付随的なプログラムしか作れないという問題があった．展示解説や見せ方にしても，教育的なあるいは来館者の視点からの声は，展示企画に一切組み込まれないという構造的な問題が存在していた．この問題を解消するべく，たとえば英国のテート・ギャラリーでは教育担当者にもキュレーターという職位を与えて，館内の立場を確立した例が挙げられる（井上，2006）．

日本においてもこの問題がようやく意識されはじめ，現在は滋賀県立琵琶湖博物館のように学芸員（研究員）の全員が持ち回りで数年おきに教育事業を担当するという形式にしたり，兵庫県立人と自然の博物館のように事業部制という体制をしき，館員のほとんどがどこかの事業部に属して事業を担当するというスタイルが出ていた．これにより，日常的に職員同士のやりとりが生まれ，快適な環境になってきたという（岩槻，2012）．学芸員の教育普及事業に対する意識変革も大切であるが，構造的に学芸員も教育事業に関与しやすい体制を築いていくことも必要である．

b. 博物館を楽しめる市民を育てる

これまで多くの博物館学の著書は，博物館の立場から学芸員の意識や姿勢といった点について述べたものが多いが，図 2.6.1 にもあるとおり，博物館とは孤立して存在するものではなく，地域の中にあり，市民が利用してはじめて成り立つものである．建物という器があってコレクションがあって学芸員がその中にいるだけでは，真の博物館とはいえない．

それでは，博物館に市民がやってくるのをただ待てばいいのかといえば，情報デジタル化が進んだ現代においてその姿勢では人はやってこない．やはり

博物館側から積極的に発信していく必要があり，それはひとはくでも広報を重視していることからもわかる（小林，2012）．そして，広報で情報を広めたならば，次には多様な利用者に博物館を「私の居場所」と感じてもらえるような市民を増やしていくことが求められよう．

2.5節でも述べたように，市民にとり博物館には主に5つの関わり方がある．しかし，多くの市民にとって博物館に行くことは，非日常的で年に数回行く場所に過ぎない．博物館で過ごす時間も1回につき平均2時間弱と限られており，そこで見聞きした体験がどの程度その人の中に残るのかは個人差も大きい．今後の博物館教育では，このようなふらっと博物館に立ち寄った人々にも何か一つ感動してもらう，あるいは新しいことを知った歓びを感じてもらうような展示の開発，スタッフと触れ合う場づくり，イベント企画をしていくことがよりいっそう求められるだろう．

その博物館にある資料の意味やそれのどこをどうやって問題意識を持ってみればいいのか．つまり学芸員が資料を見るときの視点を共有し，知的な興奮や発見の歓びを体感してもらえるようになれば，別の博物館に行ってもそこの資料を楽しむことができるだろう．このような博物館を楽しむ力，あるいは楽しむ方法をもっと発信していくことも大切ではないだろうか．考古資料あるいは古文書を目の前に置かれて，その見どころを瞬時に理解し，感動することは専門家以外にはできない．これを専門家として得意とする学芸員こそが，その見方，面白さを伝える必要があるだろう．そして，この楽しみ方を学芸員から市民学芸員・ボランティアといった担い手に伝え，彼らが他の人々に伝えていく．このような流れが生まれたら，世界中の博物館を楽しむ術を持った市民が育つに違いない．

2.5節で既に紹介したように，現在も市民学芸員やボランティアといった形態で博物館に長期的に関わる人々が増えてきた．これは喜ばしいことであるが，こうした活動はシニア層に偏っているのが現状である．平日に時間のある世代が限定されていることからも，仕方ない面もあるが，たとえば大英博物館でも大人向けのミュージアム・フレンズ（友の会）に対して，ヤングフレンズ（Young Friends）という8歳から15歳まで限定の友の会ヤング部を設けてメンバーを募集している．この会に入会すると，年に6回のお泊り会を開催し，各回とも別個のテーマをもとに展示室で寝泊まりするというイベントに参加できる（メンバー1人につき保護者を含めた4名まで一緒に参加可能）．他にも定期的に広報紙が届いたり，クリスマスカードが博物館から届いたりと，随所にヤング部会員であることの「特別感」を持たせている．このように博物館のファンの世代を広げていく努力を続けていくことは，未来の博物館の利用者を育む意味でも見逃せない．

c. 器を新たに作るのではなく，器を活かす

2013年現在，文部科学省の社会教育調査で把握されているだけでも約5,700館の博物館・博物館類似施設が存在している．この数字だけみれば，日本は既に「博物館大国」といえよう．既に飽和状態であるはずなのに，まだ新しい館が建設されている．確かに，近年，集客力があり話題を集めている博物館として紹介される金沢21世紀美術館（2004年）や青森県立美術館（2006年），川崎市藤子・F・不二雄ミュージアム（2011年）とそのほとんどが2000年以降に開館したものである．こうした新しい器，すなわち新しい建物を作り，コレクションを整備し，新しい試みにチャレンジする姿勢は評価できるが，既にある器に手を加え活用していくという戦略をとることが，今後はいっそう求められていくのではないだろうか．政府をはじめ地方自治体の財政難の問題は簡単には解決できない以上，既にある5,700館以上の博物館を無駄にしないためにも，既存のものを現代の視点で新しく捉えなおし，それを改善していく発想力と実行力が必要である．

その成功例として，公立の旭川市旭山動物園（昭和42年，1967年開園）はよく紹介されているものだろう（例：井上，2010）．この動物園は入園者数の減少，閉館の危機に遭遇しながらも，復活することができたのは「行動展示」という動物の動きや生活のありのままを動物に負担をかけることなく，むしろ彼らの特性を存分に発揮できるようにして，その様子が来園者によく見える獣舎をデザインした

図 2.6.2 大型草食獣館（仮称）完成予想図，カバの屋内展示場所（完成予想図）
（旭山動物園ウェブサイトより）

ものを 1997 年以降に公開し始めたたからである．もちろん，行動展示だけではなく「もぐもぐタイム」や「なるほどガイド」といった従来は裏方が専門だった飼育員が表に出てきて，来園者に直接動物の魅力を解説するという試みなどもその成功の要因である．これらの試みに共通することは，実は博物館教育の視点をどちらも取り入れている点である．それは，学芸員・飼育員といったプロが知っている資料（動物）の見どころ，面白さ，楽しみ方を，洗練された形で来館者・来園者にわかりやすく伝えることに力を入れたことにある．「動物を五感で感じてもらい，動物たちのすばらしさを伝えていく施設を目指します」という言葉（旭山動物園ウェブサイト）は，まさに博物館教育が目指していることではないだろうか（図 2.6.2）．

旭山は動物園の成功事例であるが，このように既存の器を活かして，そこに学芸員のプロの視点を当て，優れたデザイナーとともに資料の魅力と面白さを伝える展示を作り，それをさらに効果的に活用するためのスタッフをフロアに置くなどの試みを実現するには，博物館教育の知識と経験が欠かせない．学芸員・来館者双方の視点を対立するものとして捉えるのではなく，その橋渡しをするには何が必要なのか，どのようなアプローチがあるのか，それを考えていくことが博物館教育のターゲットである．今後の新しい展開に注目していきたい． ［井上由佳］

参考文献

旭山動物園ウェブサイト／旭山のしせつ，大型草食獣館（仮称）ができるまで http://www5.city.asahikawa.hokkaido.jp/asahiyamazoo/（2013 年 8 月アクセス）

井上由佳（2006）「パブリック・プログラムのマネージメント：テート・ギャラリーの事例研究」『日本ミュージアム・マネージメント学会研究紀要』10

井上由佳（2010）「魅力ある文化施設づくり」山口一美，椎野信雄編著『はじめての国際観光学』創成社

岩槻邦男（2012）「ひとはくの 20 年とこれから」兵庫県立人と自然の博物館編『みんなで楽しむ新しい博物館のこころみ』研成社

小林美樹（2012）「博物館の広報—ひとはくの広報活動」兵庫県立人と自然の博物館編『みんなで楽しむ新しい博物館のこころみ』研成社

中瀬勲（2013）「新館長ごあいさつ」『ひとはく手帖 2013 セミナーガイド』兵庫県立人と自然の博物館

浜口哲一（2000）『放課後博物館—地域と市民を結ぶ博物館』地人書館

3

日本の博物館論の展開

3.1 西欧博物館の経験と博物館思想の醸成

3.1.1 博物館学に関わる研究史の視点と課題

本節では，日本における博物館学の展開についての素描を試みる．すなわち，博物館学の研究史を概観することを課題としている（なお，博物館学では「学史」と称することが多いが，他の学問分野においては「研究史」や「学説史」の語が使われることが多い．ここでは一般的な用法である「研究史」を用いるが，その使い分けに特段の違いを意図しているものではない）．

博物館学概説書の刊行は年々増加している．書籍だけではなく，論文も含めればその数は夥しいものとなる．ところが，その博物館学がどのような蓄積の上に成り立ち，いかなる系譜のもとで理論構築がなされてきたのかを明らかにする研究史については，これまで積極的に取り組まれてきたとはいいがたい（金子，2010）．

研究史への理論的関心を表明した著作としては，わずかに加藤有次，青木豊によるものが数えられるものの（加藤，1977, 1996, 2000；青木，2011），山本哲也が指摘するように，加藤は昭和50年代以降，青木は平成以降を対象外とするなど，研究史とするにはいささか不十分であった（山本，2011）．

とはいえ，博物館学に関わる研究史を整理するにあたっては，以下に示すように，博物館学固有の特徴が存在しており，これは博物館学が抱える構造的なアポリアともいえる．

a. 博物館学の研究史をとらえる視点

当然のことながら，博物館学は博物館を対象とした学問である（厳密には，「博物館的」な施設や，市民による博物館づくり運動などもその射程に入るため，博物館およびその周辺領域をめぐる「博物館現象」を対象にしているといっていいかもしれない）．そのため，現実の博物館という施設や実践が存在してはじめて成立するのであって，その逆はあり得ない．

しかし，その実践や模索の中から紡ぎ出されたさまざまな言説を，すべて博物館学として括り，そのまま研究史の範疇の中に位置づけることはできないだろう．いうまでもなく，博物館学に関わる研究史の対象は，学問としての博物館学であり，この博物館学をどうとらえるかということは，研究史においてその根幹に関わる．ところが，研究史において対象とする博物館学の範囲が必ずしも明確ではなく，その共通理解も十分ではなかった．

たとえば，多くの博物館で生み出されている無数の実践報告や，あるいは博物館長を務めた人物が老後にしたためたエッセイのような類を，そのまま博物館学の研究史の中に括り入れられるべきなのか，その判断基準は必ずしも明確ではない．いずれにせよ，博物館学の研究史をとらえる独自の視点の確立が要請されるだろう．

この点に関して「博物館学意識」「博物館学的学問思想」（青木，2011）などという概念によって説明されることもあるが，あらかじめ概念規定をしたうえでこれらの用語が用いられているわけではなかった．しかし，こうした視点の獲得によって，研究対象の範囲がかなり明確化されることになるだろう．

そこで以下，博物館に関するさまざまな主張や考え方を，隣接領域である教育学における「教育思想」に倣い，ここではさしあたって「博物館思想」と呼ぶことにする．「博物館思想」は，何も専門家や関係者だけのものだけではなく，一般の市民や利用者の中に存在しているかもしれないし，あるいは制度や政策の中に包含されているとも考えられる．博物館に関する何らかの主張や言明が，学問と呼べる段階には至っていないものの博物館を考える上で有益な示唆を与える場合もある．これらの「博物館思想」は，博物館学そのものとは区別されるべきものだ

が，密接に関連しながら博物館学を形成していると，ひとまずここでは考えておきたい．

b. 博物館法・学芸員養成制度との関係

博物館学を学ぶきっかけとなるのは，多くの場合，学芸員の資格取得のためである．多くの大学に学芸員養成課程が設置され，学芸員になるならないに関わらず，年間1万人前後の大学生が学芸員の資格を取得して社会に輩出される．博物館学は，学芸員資格取得に伴う大学のカリキュラムに組み込まれ，その学問構成は博物館法施行規則によって規定されている．博物館学はおおむねこの制度をなぞるように成立し，ほとんどの博物館学概説書はここで示されたカリキュラムに準じた構成となっているため，博物館学は学芸員養成制度といわば一蓮托生の関係にある．

たとえば，中川成夫が1988年に著した『博物館学論考』では，「私の博物館学」という項目を設け，自らの構想する博物館学の構成を記しているが（中川，1988），これは自身の立教大学でのシラバスを示したものにすぎない．あるいは，大堀哲が『博物館学教程』において「博物館学の内容」として挙げているのは，文部省（当時）が1996年に提示した「学芸員養成科目の改善内容」（生涯学習審議会社会教育分科審議会報告）であり（大堀，1997），いずれも博物館学がそのまま学芸員養成に直結する学問であることを物語っている．

2009年には，文部科学省が博物館法および博物館法施行規則の改正にあわせて，「大学における学芸員養成科目の改善」（これからの博物館の在り方に関する検討協力者会議第2次報告書「学芸員養成課程の充実方策について」）と称したガイドラインを提示している．本書を含む多くの概説書はこのガイドラインに準じた内容になることが予想され，博物館学の構成・内容が学芸員養成のカリキュラムに沿うという性質は，今後も継続していくだろう．

つまり博物館学は，学芸員養成という制度によってその存在が守られている反面，博物館学の領域や構成が制度的な要請による制約を受けるという，一種のトレードオフの状況にあるといえる．このように，博物館学は学芸員養成と密接不可分な関係とい

う宿命を背負っており，その是非は別にして，「制度的な要請によってかろうじて延命している学問」（金子，2001）という現実を甘んじて受け止めるしかない．当然，本書もその一翼を担っている．

博物館学の内容が制度的に規定されているということは，その内容も文部科学省のガイドラインによって枠組みを与えられた画一的なものになりやすいことを意味する．このことにより，博物館学概説書がおしなべて金太郎飴状態になったとすれば，研究史の整理にはそれが最大の桎梏となるだろう．加藤有次が昭和50年代以降を対象としなかった（できなかった）のも，故なきことではなかったのである．

c. 専門分化と時期区分

研究史は，いわゆる歴史叙述と同じく，時期区分がなされたうえで時系列に沿って編年的にまとめられることが多い．しかし，あらゆる理論の発展は専門分化をもたらす．当然のことながら博物館学においてもそれは例外ではなく，とりわけ1990年代以降は急速に研究対象の拡散化が進んだため，単線的かつ包括的な時期区分を設定するには無理が生じている．

確かに，博物館事業促進会が設立され，棚橋源太郎が『眼に訴へる教育機関』を著した1928（昭和3）～1930（昭和5）年頃，そして，『博物館学綱要』が刊行され，博物館学の枠組みが制度的に与えられる博物館法が制定された1950（昭和25）～1951（昭和26）年あたりは，それぞれ画期としてとらえられるが，博物館法制定以降は専門分化が進み，その課題ごとに指標となるような出来事は違ってくる．

博物館学の進展に応じて時期区分を精緻化しようとする試みもみられるが（山本，2011），「博物館の制度および研究のある種の成熟を示す一方，議論が館種や領域別に細分化され，網羅的な把握はすでに不可能」（新藤，2011）とされる現在にあっては，博物館学としての素朴な一体感はもはやないと考えざるをえない．むしろ課題別にその展開の動向をまとめるという方法が現実的であり，包括的な時期区分は重視しないというのが本節の立場である．

3.1.2 西欧への渡航経験と「博物館思想」の醸成

「博物館学」という言葉すら存在していなかった時代を，博物館学の研究史に入れることには慎重になる必要があるが，ここでは定説に従い，幕末から明治初期における西欧の博物館の翻訳・紹介という段階から始め，「博物館思想」醸成の動態を概観する．

a. 福沢諭吉『西洋事情』とその受容

日本に広く博物館の存在を紹介し一般に広めたのが，福沢諭吉による『西洋事情』であることはよく知られている．福沢は，1860（万延元）年の遣米使節，1862（文久2）年の遣欧使節，1867（慶応3）年の軍艦受取委員としての渡米と，都合3回にわたって幕府遣外使節に随行し，自身の欧米での見聞・体験に基づいて，西洋文明（欧米5ヶ国）の状況を紹介した『西洋事情』を刊行する．

同書は，初編（1866年）3冊，外編（1868年）3冊，二編（1870年）2冊からなるが，そのうち博物館については，初編巻之一において，「世界中ノ物産，古物，珍品ヲ集メテ人ニ示シ，見聞ヲ博クスル為ニ設ルモノナリ」と説明され，続いて「ミネラロジカル・ミユヂエム」，「ゾーロジカル・ミユヂエム」，「動物園」，「植物園」，「メヂカル・ミユヂエム」という5種に分けて，具体的な内容が記されている．このうち「メヂカル・ミユヂエム」以外は，福沢が訪問したジャルダン・デ・プラント（フランス国立自然史博物館）の中に設置されており，その時の見聞がもとになったという（椎名，1989）．

『西洋事情』は偽版も含めると20万から25万部以上が刷られ，幕末・維新期の大ベストセラーとして多くの日本人に影響を与えた（椎名，1988）．当時，洋行経験を持つ者が日記に博物館に関する記述を書き留めることはあったものの，福沢ほど詳細に紹介されたものはなかった．福沢による紹介によって，museum の訳語として「博物館」の概念が広く普及・浸透する端緒となったのである．

b. 博物館創設の建議・建白書にみられる博物館思想

「博物館」概念の紹介・普及という段階を経た後，実際に博物館を創設しようとする動きにつながっていくことになるが，ここで重要な意味を持っていたのが，町田久成，田中芳男，佐野常民による博物館構想だった．それぞれ西洋での経験をもとに，自らが理想とする博物館の創設に向けて奔走し，彼らが博物館創設のために案出したいくつもの建議・建白書の中に，当時の博物館思想の一端を見出すことができる．

日本初の博物館創設に向けて重要な役割を果たす町田久成は，1865（慶応元）年に薩摩藩の留学生としてイギリスに渡り，2年間滞在している．その間，とりわけ大英博物館やサウス・ケンジントン博物館（1899年にヴィクトリア＆アルバート博物館に改称）に足繁く通い，この2館は町田の構想する博物館像のモデルとして影響を及ぼすことになる．1871（明治4）年に，自らの博物館構想をまとめ，「大学」（後の文部省）名義により「大学献言」として太政官に上申する（東京国立博物館，1973a）．当時，明治政府の神仏分離令に伴う廃仏毀釈によって「天下ノ宝器珍什」がことごとく散逸破壊されていたため，その保護の目的で「集古館」の建設を訴えたのだ．

さらに，1873（明治6）年には，太政官に「大博物館建設の必要」を建議し，イギリス滞在の経験をもとに，大英博物館とサウス・ケンジントン博物館をモデルとして例示し，図書館，動物園，植物園を包含する壮大な構想を提示する．

一方，町田とともに博物館創設に奔走した田中芳男は，博物学者・伊藤圭介の薫陶を受けて本草学・物産学を学び，幕末の物産会を経験していた．1872（明治5）年に田中が中心となって作成した「博物局博物園博物館書籍館建設之案」では，冒頭で「動物，植物，鉱物，三科之学ヲ研究シテ其品物ヲ陳列シ人ニ一見シテ其知識ヲ拡充スル」と宣言しているとおり，本草学・物産学への回帰を意識したものだった（東京国立博物館，1973b）．

同案では，あわせて博物館，博物園，書籍館を統括する「博物局」を設置することを提起している

が，ここからは，田中が1867（慶応3）年にパリ万博に派遣された際に見学して魅了されたジャルダン・デ・プラント（フランス国立自然史博物館）の影響が認められる．植物園に動物園が併設され，研究と教育のための設備を有する総合的な施設であったジャルダン・デ・プラントに，田中は日本の自然史博物館の理想を見出していたが，これは本草学・物産学を原点とする田中の出自からすれば当然のことでもあった．

これらはいずれも，1873（明治6）年のウィーン万国博覧会への参加・出品を契機とし，万博開催を念頭に置いた資料収集という側面が強い博物館創設案であったが，その背景には，江戸時代からの物産会・本草会の流れに，明治初期の「古器旧物」保存が加わって，日本最初の博物館創設を生み出そうとする思想上の潮流が存在していたのである．

c. 殖産興業への志向と佐野常民

その一方で，博物館創設にあたってこれらに重なるように政策的に大きな影響力を与えていたのが，殖産興業，すなわち国内産業の充実のための博物館という考え方だった．その中心人物は，ウィーン万博事務副総裁を務めていた佐野常民であり，博覧会を通じて日本の近代化に貢献した人物として知られている．

佐野はウィーン万博の報告書において，

> 夫博覧会ハ博物館トソノ主旨ヲ同クスルモノニシテ，実ニ国家富殖ノ源，人物開明ノ基トス．之ヲ要スルニ大博覧会ハ，博物館ヲ拡充拓張シ之ヲ一時ニ施行スルニ過キス．故ニ常ニ相須テ相離レサルモノタリ

と述べ，博覧会と博物館は同一の「主旨」であるととらえたうえで，博覧会は一時的に「拡充拓張」された博物館に過ぎないという認識を示している．また，その「主旨」の具体的内容については，

> 博物館ノ主旨ハ，眼目ノ教ニヨリテ人ノ智巧技芸ヲ開進セシムルニ在リ．夫人心ノ事物ニ触レ其感動識別ヲ生スルハ眼視ノカニ由ル者最多ク，且大ナリトス

と，「眼目ノ教」「眼視ノ力」と繰り返し使っている通り，「目で見ること」を強調した（東京国立博物館，1973b）．「見る」という意味において，博物館と博覧会は同一の視野のうちに置かれていたのだ．

さらに佐野の博物館思想を特徴づけるのは，

> 実ニ知学芸術進メハ間経済上ニ裨益スルハ，近クニ十三年前ニ在テ創起シタル英国「サウツケンシントン」ノ博物館ヲ以テ其権輿トス

という文言である．ここで佐野は，イギリスのサウス・ケンジントン博物館（現ヴィクトリア＆アルバート博物館）こそ博物館の「権輿」（始まり）であるとしているが，その理由に，研究が進めば経済上の「裨益」（役に立つこと）となることを挙げている．逆にいえば，経済の役に立たなければそれは博物館と呼ぶことはできず，だからこそ博物館の始まりをあえてサウス・ケンジントン博物館に求め，大英博物館もルーブル美術館も，佐野にとっての博物館の概念からは外れているのである．このことは，博物館が博覧会と不可分に結びついているとする佐野の博物館思想とも関わっている．

この佐野の博物館思想と近かったのが，岩倉使節団に随行し，後に公式報告書である『特命全権大使米欧回覧実記』をまとめた久米邦武だった．岩倉使節団は，岩倉具視を正使として1871（明治4）年から1873（明治6）年にかけて米欧12ヶ国を歴訪し，西洋先進国の制度や文物の視察・調査を主目的とした総勢107名の大規模な使節団であり，この経験をもとに，明治政府は国内産業の充実へと大きく舵を切ることになる．

『回覧実記』の中で際立って多かったのが博物館への訪問であり，総計50館以上に及ぶが，それは殖産興業を進めていくうえで基礎的かつ重要な場として博物館が高く評価されていたからにほかならなかった．こうして殖産興業という課題が博物館にも課せられていくが，久米の記述からも，佐野と同様に，殖産興業を推進し国力の充実を図ることを本義とする「貿易立国論」者としての思想が伺える．

d. 美術工芸への傾倒

しかし，佐野や久米が考えていた博物館思想は，1886（明治19）年に「博物館」（現東京国立博物館）の所管がそれまでの農商務省から宮内省に移管され，殖産興業政策から切り離されることによって行

き詰まることになる．その背景には，岩倉具視が唱えていた「天皇大権強化」の構想があり，その一環として，皇室財産を確保・充実しておく必要があった．すなわち，博物館が宮内省への移管により皇室の資産の中に組み込まれたのである．

さらに，1889（明治22）年に，初代総長に九鬼隆一が就任すると，皇国の歴史を象徴する「美術」の名品・優品・傑作を収集する方針に転換する（関，2005）．かねてから美術行政に意欲的だった九鬼は，1886（明治19）年に欧米の美術事情についての調査から帰国すると，後に同館の美術部長に据えることになる岡倉天心の知見も加えながら，「本館陳列スル所ノ天産物ハ将来悉ク文部省ニ引キ渡シ」とする原案を作成し（東京国立博物館，1973a），これまで勧業政策の中で収集された天産資料（動植鉱物標本）を手放して，美術工芸，古美術に特化した博物館構想を描き出すのである．

九鬼とともに同館の美術工芸への転換に専心した岡倉天心は，九鬼のブレーンとして活躍し，九鬼の強大な後ろ盾のもとに，美術工芸の振興に力を注いだ．博物館が宮内省図書寮に移管された1888（明治21）年に，「博物館に就て」と題する岡倉の講演会の内容が『日出新聞』に連載されているが（岡倉，1888），「博物館」と題しながらも対象を美術品に限定し，博物館を通して日本美術の振興を目指していた岡倉の博物館思想が投影されている．このなかで岡倉は，東京に加え，京都，奈良に設置されるべき博物館について，京都にはルーブル美術館に範を取り東洋美術の収集に特化した博物館，奈良には「日本ノ最古物」を収集するローマにあるような博物館をそれぞれ新設し，そして東京には「徳川美術ノ粋」を集めるとする構想を表明するが，いずれも古美術博物館としての体裁を促すものだった．

3.1.3　欧米への留学経験と博物館への積極的紹介

以上みてきたように，日本の博物館草創期において，いわば政府の中枢にいた人物が欧米へ派遣され，そこでの見聞が博物館思想を培ってきた．しかし次第に，アカデミックな関心から欧米に留学し，その経験をもとに博物館への認識を深め，博物館について言及していく研究者が現れてくる．

a. 坪井正五郎

1889（明治22）年のパリ万博は，留学中の坪井正五郎も見学していた．坪井は，日本における「人類学の祖」として知られ，後に東京帝国大学人類学講座の礎を築くことになるが，博物館に関しては，考古学・民族学の実物資料を活用する方法として展示に関心を持ち，資料展示法の研究に先鞭をつけたとされる（青木，2010a）．

1889年のパリ万博の「人類学部物品陳列」について批判を交えて紹介した「パリー通信」（坪井，1889-1890），同じく大英博物館の展示と分類に関する「ロンドン通信」（坪井，1890），模範的な展示の具体案を示した「土俗的標本の蒐集と陳列とに関する意見」（坪井，1899）などの論考から，青木豊は「明治期に於ける博物館学確立者として評価せねばならない学者」，「我が国の『博物館展示学の父』と尊称するに価する人物」と，最上級の賛辞を送っている（青木，2010a）．

ただし，坪井は1903（明治36）年の「人類館事件」に関与していることも急いで付け加えておかなければならない．「人類館事件」とは，第5回内国勧業博覧会の場外余興パビリオンである「学術人類館」において，学術研究資料の名目で朝鮮人，アイヌ人，沖縄人，台湾高砂族などの「人間」が「見世物」として展示され，当時大きな社会問題となった事件だが，坪井はその発案者であった．

すでに坪井は，1889年のパリ万博において「野蛮未開人種の村落」の展示を見学し，「パリー通信」に「村落には誠の野蛮未開人民が群集起居して居ります」と報告している．「博覧会の歴史のなかでも最も悪名高いひとつの伝統」といわれる「人間の展示」を万博において最初に行ったのがこのパリ万博であり（吉見，1992），植民地の多数の原住民を博覧会場に連行し，柵で囲われた模造の植民地集落で生活させ展示するというものだった．その後，1893年のシカゴ万博をはじめ，20世紀初頭のアメリカ，ヨーロッパでの万博でも広く行われていくことになる．パリ万博での「人間の展示」を報告した坪井は，自ら発案して日本国内の博覧会において

同様に「野蛮未開人種」の展示を実践することになったことも，あわせて言及しておく必要がある．

b. 黒板勝美

西欧での留学経験をもとに日本における人類学の勃興に寄与し，博物館展示にも言及していた坪井に対して，歴史学の分野において同様の功績をもたらした人物に，『国史大系』の編纂で知られる国史学者で古文書学の体系化に貢献した黒板勝美がいた．黒板は，1908（明治41）年から2年間にわたり，私費留学生としてアメリカ，イギリス，ルーマニア，ギリシャ，ドイツ，イタリアなど19ヶ国を巡歴し，その見聞を『西遊二年欧米文明記』に記している（黒板，1911）．

同書では，博物館だけでなく，図書館，文書館，公園，史跡など，大小問わず実に多くの文化施設を訪問し，羨望とともにその施設および活動を紹介している．博物館に関しては，アメリカのボストン美術館，メトロポリタン美術館，イギリスの大英博物館，ヴィクトリア＆アルバート博物館，ナショナル・ギャラリー，フランスのルーブル美術館，リュクサンブール美術館，ギメ美術館，スウェーデンのスカンセン野外博物館，ドイツのカイザー＝フリードリヒ博物館（現ボーデ博物館）など，詳細に紹介しているものから簡単に施設や見学内容を指摘するものまでさまざまだが，鋭い観察眼と好奇心に満ちた批判精神によって活写している．

青木豊は，同書における「ミュンヘン大学の如き，博物館学なる一講座を有する程である」との一文の中に，「博物館学」という語の初出が見られ，これをもって「博物館学の意識に基づく語の使用は黒板が嚆矢となる」との見解を示している（青木，2010b）．確かに，「博物館事業について，最もよく理論的に研究せられて居るところは独逸である」，「伯林は博物館の研究上最も適当したところである」と指摘しているように，すでに博物館学の必要性を見通していた黒板の着眼点には瞠目すべきものがある．しかし，いくら「博物館学」の用語が初出とはいえ，他国における博物館学の存在の言及をもって「博物館学の意識に基づいている」といえるかどうかについては，一定の留保が必要であろう．

留学からの帰国以降，黒板は博物館や史蹟遺物保存に関して多くの著作を発表しているが，それらでなされている提言の多くは，欧米で得た知見を模範としつつ，日本に適用することを企図したものだった．特に，植民地事業の一環としての遺跡発掘・保存事業に関しても，「まず併合された韓半島でいわば試行的，実験的に実施に移し，ついでそれに必要な修正を加えつつ，改めて日本内地にも適用する，という手法を取っている」との指摘（稲賀，2002）は，黒板の欧米に対するまなざしの戦略性という点において重要である．

c. 濱田耕作

黒板勝美と同時期に，同じように西洋での欧米経験をもとに博物館への関与を持った人物に，濱田耕作がいる．濱田は，日本の考古学に実証的な研究方法を導入した人物として知られ，京都帝国大学考古学教室の初代教授として，日本考古学の基礎を築いた．

濱田は，1913（大正2）年から1916（大正5）年にかけて国費によりヨーロッパに留学し，多くの博物館を見て回った．こうした経験をもとに生まれたのが，児童向けに博物館を概説した書，『博物館』である（濱田，1929）．

同書は，「第一，序の巻」「第二，考古博物館の巻（上）」「第三，考古博物館の巻（下）」から成り，このうち「序の巻」のはしがきにおいて，「たゞ何分書物の標題が『博物館』となつてゐますので，初めに少しばかり博物館全体のことを述べて置きます」といささか後ろ向きなエクスキューズから始まっている．

ここで具体的な事例として紹介されているのは西洋の博物館であり，

> 現在わが国にある博物館はその数は少いばかりでなく，残念ながら世界に押し出して優れた博物館とは申すことが出来ません．そこで世界で指折りの博物館といえば，どうしても西洋にあるのを挙げなければならないのです

と述べられているように，自身の西洋での留学経験をもとに，その先進的な博物館を紹介するという形式をとるものだった．

d. 欧米博物館活動の積極的紹介

1930年代以降になると，留学や視察目的で欧米へ渡った研究者が増大し，そこで見てきた欧米の博物館活動を紹介する論考も増えていく．伊藤寿朗によれば，この1930年代前半は「博物館の理論にとって多産な時代」であり，たとえば，『岩波講座生物学』（岩波書店，1930年）に収録された矢部吉禎「植物園」，小泉丹「動物園」をはじめ，欧米博物館の視察報告として，後藤守一『欧米博物館の施設』（東京帝室博物館，1931年），星合正治『米国内各博物館の教育事業に就て（東京科学博物館報告第一輯）』（東京科学博物館，1932年），森金次郎「欧米の科学博物館巡り」（『科学知識』10，1932年）など多数の報告を挙げ，「博物館の急速な理論化が試みられた時期でもある」と評価する（伊藤，1978）．

このように，欧米をモデルとし，日本への普及・定着を目指すという作業は，より裾野を広げていった．しかし，いずれもその博物館への言及は断片的なものでもあった．たとえば，これまで見てきたように，坪井正五郎，黒板勝美，濱田耕作は，いずれも欧米の留学経験をもとに博物館への認識を深め，自らの博物館思想を醸成していったが，ここで忘れてはならないのは，坪井は人類学，黒板は歴史学，濱田は考古学という，それぞれ主たる専門領域での留学目的があり，博物館に関する考察はその副次的なものであって，逆ではないということである．それは，1930年代に至っても変わらなかった．

したがって，博物館学は独自の領域を持ちうることなく，あくまでも何らかの学問分野に従属し，留学時における西洋経験の余技的考察としてのみ当時の博物館思想が存立しえたということになる．

そしてこうした事態は，後に登場する棚橋源太郎によって新たなステージを迎えることになる．

　　　　　　　　　　　　　　　　　　［金子　淳］

参考文献

青木豊（2010a）「坪井正五郎」青木豊・矢島國雄『博物館学人物史 上』雄山閣

青木豊（2010b）「黒板勝美」青木豊・矢島國雄『博物館学人物史 上』雄山閣

青木豊（2011）「博物館学の歴史」鷹野光行・山田英徳・米田耕司・西源二郎編『新編博物館概論』同成社

伊藤寿朗（1978）「日本博物館発達史」伊藤寿朗・森田恒之編『博物館概論』学苑社

稲賀繁美（2002）「越境する学術：20世紀前半の東アジアの遺跡保存政策―帝国主義的状況下の美術史学，建築史学，考古学」『美術フォーラム21』6

大堀哲（1997）「博物館学論」『博物館学教程』東京堂出版

岡倉天心（1888）「博物館に就て」『日出新聞』（青木豊（2012）『明治期博物館学基本文献集成』雄山閣に再録）

加藤有次（1977）「博物館学史序説」『博物館学序説』雄山閣出版

加藤有次（1996）「博物館学史の展開」『博物館学総論』雄山閣出版

加藤有次（2000）「博物館学史」『新版・博物館学講座 第1巻 博物館学概論』雄山閣出版

金子淳（2001）『博物館の政治学』青弓社

金子淳（2010）「戦後日本の博物館学の系譜に関する一考察」『博物館学資料「鶴田文庫」の整理・保存及び公開に関する調査・研究 解説編（科学研究費補助金基盤研究C 研究成果報告書）』

黒板勝美（1911）『西遊二年欧米文明記』文会堂書店（朝倉治彦監修（1989）『明治欧米見聞録集成』第34・35巻，ゆまに書房に再録）

椎名仙卓（1988）『日本博物館発達史』雄山閣出版

椎名仙卓（1989）『明治博物館事始め』思文閣出版

新藤浩伸（2011）「博物館批判の論点に関する一考察―文化学習基盤としての博物館に向けて」東京大学大学院教育学研究科生涯学習基盤経営コース『生涯学習基盤経営研究』36

関秀夫（2005）『博物館の誕生―町田久成と東京帝室博物館』岩波書店

坪井正五郎（1889-1890）「パリー通信」『東京人類学会雑誌』43-48（青木豊（2012）『明治期博物館学基本文献集成』雄山閣に再録）

坪井正五郎（1890）「ロンドン通信」『東京人類学会雑誌』50（青木豊（2012）『明治期博物館学基本文献集成』雄山閣に再録）

坪井正五郎（1899）「土俗的標本の蒐集と陳列とに関する意見」『東洋学芸雑誌』16（217）（青木豊（2012）『明治期博物館学基本文献集成』雄山閣に再録）

東京国立博物館（1973a）『東京国立博物館百年史 本編』

東京国立博物館（1973b）『東京国立博物館百年史 資料

編』
中川成夫（1988）『博物館学論考』雄山閣出版
濱田耕作（1929）『博物館』アルス（伊藤寿朗監修（1990）『博物館基本文献集 第 5 巻』大空社に再録）

山本哲也（2011）「博物館学史の編成について」『博物館学雑誌』37(1)
吉見俊哉（1992）『博覧会の政治学』中央公論社

3.2 棚橋源太郎と博物館事業促進会

3.2.1 棚橋源太郎の登場とその思想形成

棚橋源太郎は，博物館の実践および理論の両面からその発展に大きな功績を残し，「明治・大正・昭和まで続く博物館の理論的・組織的指導者」(伊藤, 1978)，「博物館学の巨人」(矢島, 2012)として知られている．博物館学の研究史を語るうえでも，きわめて重要な人物としてその名を挙げなければならない．

もっとも棚橋は，博物館学だけでなく，理科教育や郷土教育，手工教育など学校教育での功績や，生活改善運動，赤十字運動の実践者などの側面もあわせ持ち，その活動の領域は多岐にわたる．ここでは，博物館に関わる理論的な動向を中心に概観するが，その前に棚橋源太郎の経歴について簡単に触れておきたい．

a. 理科教育と博物館の接点

1892 (明治25) 年に東京教育大学 (現筑波大学) の前身である高等師範学校 (1902年に東京高等師範学校に改称) に入学し博物学を専攻していた棚橋は，同校卒業後，兵庫県尋常師範学校教諭兼訓導，岐阜県尋常師範学校教諭兼訓導，高等師範学校附属小学校訓導を歴任し，1903 (明治36) 年に東京高等師範学校教授に就任する．この間，観察や実験など実物を中心とした理科教育に力を注いでいた．

1900 (明治33) 年，東京高等師範学校の同僚であり，同校において児童の自発活動を重視する「『活動主義』教授理論のリーダー的存在」(下條・小林, 2000)であった樋口勘次郎とともに『小学理科教科書』(1900年，金港堂) を刊行したのを皮切りに，『理科教授法』(1901年，金港堂)，『小学各科教授法』(1902年，金港堂)，『理科教授法講義』(1903年，寳文館)，『実用教授法』(1903年，金港堂)，『尋常小学理科教授書』(1908年，金港堂)，『新理科教授法』(1913年，寳文館) などの著作を立て続けに刊行するとともに，『教育時論』『国民教育』などの教育雑誌にも精力的にその実践報告を発表していく．

理科教育や実科教育の教授法研究に取り組んでいた棚橋が，その活動の軸足を博物館に移すきっかけとなったのは，1906 (明治39) 年に東京高等師範学校附属東京教育博物館 (現国立科学博物館) の主事兼務を命じられたことである．なお，これをもって，棚橋の生涯を，前半の理科教育，後半の博物館と区分して解釈する向きもあるが，実際には矢島國雄が指摘するように，師範学校在任時における教育実践や教育論，とりわけ直観教授，郷土科，生活改善の実践が，後の博物館教育の教育理念を形成したのであり (矢島, 2010)，その関連性のもとで考えるべきだろう．

博物館着任以前における博物館との接点の一つに，ウェールズの教育者で，ケンブリッジ大学の初代女子師範部長を務めたエリザベス・フィリップス・ヒューズ (Elizabeth Philips Hughes) との出会いが挙げられる．ヒューズは，1902 (明治35) 年に英国政府教育視察派遣員として来日し，(東京) 高等師範学校で講義を行う．棚橋は，同校教授の本田増次郎とともに，16回に及ぶ講義内容を翻訳し，『E. P. ヒュース嬢教授法講義』(ヒューズ, 1902) として刊行しているが，ヒューズはこの講義の中で以下のように学校博物館の設置の必要性や学校教育における博物館の活用について強調している．

> 学校博物館設置の必要なる理由にも二あり．第一は生徒自らをして実際に調査し研究せしむる上に必要なり．第二は生徒をして学校博物館につきて実際的に之を利用する方法を学ばせしめ，以て他日公設の博物館を利用することを得しむる上に必要なり．今や西洋の各国にては，公設の博物館は続々として新設せられつつある

3.2.1 棚橋源太郎の登場とその思想形成

が故に，之が利用の方法を知らしむることは最も必要のことに属す．

同書の内容がその後の棚橋の思想形成にもたらした影響について検討した内川隆志によれば，「ここで記された学校博物館づくりの方法論は，後に東京高等師範学校附属東京教育博物館の中で応用される」とされ（内川，2004），師範学校在任中における博物館への関心の萌芽を見出すことができる．

b. 留学経験と博物館への関心

さらに付け加えるなら，棚橋にとって大きな転機となったのは，東京教育博物館主事兼務の時点というより，正確には，1909（明治42）年10月から1911（明治44）年12月にかけてのおよそ2年間にわたる欧米留学を終えてからだった．

福田珠己は，主事就任の年の1906（明治39）年の講演記録では旧来の「蔵」としての博物館像を継承しているに過ぎず，その理解について急激な変化がみられるのは留学後であるとの見解を示している（福田，2011）．矢島國雄が詳細に検討しているとおり，1906（明治39）年の第一回全国小学校教員会における演説においては，「教育博物館は，特に教育の改善のために，教育者の智識を進めることを唯一の目的とすべき」と，教育関係者のための博物館という考えを前面に押し出しつつ，「海外の或る教育博物館では身近な学術上の事項に関し，通俗講義を催ほして，学問の普及に努めて居るものもあるが，私の考えでは，斯ういふ類の仕事は，教育博物館の本領とする所ではない」とさえ言い切っており（棚橋，1906），「後の棚橋の『通俗教育』に資するという博物館経営の在り方とは百八十度異なる姿勢」（矢島，2010）を持つものであった．

このように，留学前の時点において，学校教育においてのみ活用される教育関係者のための博物館を志向していた棚橋は，学校教育に従属する博物館との認識のもとで，通俗教育に関する資料の撤去をはじめとする大がかりな展示改革を断行している．

しかし，こうした棚橋の博物館像は，教育学と博物館研究を目的とした欧米留学により変化がもたらされる．棚橋は，およそ2年間の留学期間のうち，1年8ヶ月をドイツ，主にベルリンに滞在し，その他，北欧諸国，フランス，イギリス，アメリカなどを訪問した．その間，数多くの博物館を見学し，先進的な博物館の施設や活動，さらには社会に対して積極的に働きかける姿を目の当たりにしている．特に，ドイツでの見聞は，棚橋の博物館思想の形成に多大な影響を及ぼしたとされる（斎藤，1998）．

こうした欧米での経験を経て，棚橋にもたらされたもっとも大きな変化は，学校教育から社会へと博物館の対象を広げたことである．そして帰国後の棚橋は，広く社会に向けた博物館活動を推進し，欧米での経験を踏まえて博物館の振興に力を尽くすようになっていった．

c. 通俗教育館での実践と2回目の留学

留学中の1910（明治43）年に起こった大逆事件を契機に社会主義思想への弾圧が強化されると，政府は社会教化，思想善導を目的とする通俗教育施策を積極的に展開し，これを受けて東京高等師範学校附属東京教育博物館は，1912（明治45）年に通俗教育館を付設する．帰国後の棚橋は，この通俗教育館において，ドイツの博物館においてみられた新しい展示法を導入し，留学経験の具体化を図っている．標本を羅列して解説を加えるという従来の展示方法から脱皮して，「天産部」（自然史部門）にはジオラマ式の生態展示，「理学器械および器械模型」（理工学部門）には観覧者自らが操作し実験することのできる展示および視聴覚機材の活用など，当時としては斬新な方法がとられていた（椎名，1988）．

その後，棚橋の置かれている環境も徐々に変化し，1914（大正3）年に東京高等師範学校附属東京教育博物館は文部省普通学務局の直轄となり，東京高等師範学校の附属から外れて東京教育博物館に改称した．棚橋は，東京高等師範学校教授の肩書のまま東京教育博物館長事務取扱に，さらに1917（大正6）年に東京教育博物館長に就任する．この間，常設の展示とは別に，「虎列拉病予防通俗展覧会」「食品衛生経済展覧会」「家事科学展覧会」など，生活に密着した身近な題材を扱って科学思想を普及する特別展覧会を立て続けに開催し，付帯事業としての通俗講演会や映写会などもあわせて実施している．これは，棚橋が博物館着任当初から構想してい

た「生活の科学化」を実施に移したものとされる（椎名，1988）．

こうして帰国後の棚橋は，欧米での経験を日本にも導入するべく，所属する東京教育博物館でのさまざまな取り組みを始めとして，理科教育，郷土教育，博物学，家政学，社会教育，生活改善運動などに活動の幅を広げ，数多くの雑誌に夥しい量の論考を発表していく．

棚橋は，1924（大正13）年に東京教育博物館および東京高等師範学校を退職するが，翌1925（大正14）年には，①社会教育調査（文部省），②日本赤十字社参考館に関する材料や陳列方法等の調査（日本赤十字社），③欧州各国における博物教授の施設に関する調査（東京高等師範学校），④生活改善と勤倹奨励状況調査（社会局，後の厚生省），⑤直観教授施設や公園内民衆教育視察の視察（東京市役所）などの依頼を受け，再び欧米へと旅立ち，フランス，イタリア，オーストリア，ドイツ，イギリス，アメリカを歴訪する．この間，いくつもの博物館を見学し，20数年の博物館の実務経験を踏まえ，意識的に「資料貯蔵室・研究室・参考図書室・学芸員室・工作室など，楽屋裏」にまで立ち入ったという（棚橋，1957）．

これらの調査を終えて帰国すると，日本赤十字社参考館（1938年に赤十字博物館に改称）の設立に関わり，1926（大正15）年の開館後も携わり続ける．同館では，東京教育博物館と同様に特別展覧会に力を入れ，1946（昭和21）年に棚橋が同館館長を辞するまで，20年間ほど続けられた．

ここまで概観してきてわかることは，先の坪井正五郎，黒板勝美，濱田耕作らと同じように，棚橋も，欧米への留学経験がもとになって博物館への関心の扉が開かれたということである．しかし，彼らと決定的に異なるのは，それぞれ人類学，歴史学，考古学という特定の専門分野に従属させる形で博物館との関係を持ち続けてきたのに対し，棚橋は，留学前には理科教育との関係でそのような傾向があったにせよ，その後，活動の主軸が博物館に移り，やがて博物館の実践および理論面において全面展開させていった点である．そして，その活動の舞台は，博物館関係者の全国組織である博物館事業促進会（後の日本博物館協会）においてであった．

3.2.2 博物館事業促進会の設立

a. 一元的組織の成立

東京教育博物館を去った棚橋源太郎が，日本赤十字社参考館開館の後に取り組んだのが，博物館事業促進会（1931年に日本博物館協会と改称）の設立だった．1928（昭和3）年に結成された博物館事業促進会は，博物館関係者の全国的団体であり，博物館の振興をめざした活発な活動を展開していくが，これは欧米の博物館協会のような組織を日本にも作りたいという棚橋の提案に基づくものだった．

これまで個別的に運営されてきた博物館を結束して一つの組織にまとめあげたことは，日本における博物館の組織的基盤が成立したことをも意味していた．棚橋が「組織的指導者」（伊藤，1978）として評価される所以でもある．

会長には日本赤十字社社長の平山成信を据え，棚橋自身は常務理事として機関誌である『博物館研究』の編集に携わることになるが，実質的な運営は棚橋一人の手に負っていた．『博物館研究』誌の紙面の多くを，棚橋は「一記者」「記者」，あるいは無署名で執筆し，二度の洋行での見聞で得られた知識，収集資料などから，欧米の先進的な取り組みや理論的な研究を紹介している（矢島，2012）．

その一例を挙げれば，1928（昭和3）年6月1日発行の第1号では，「博物館従業員の養成」と題してアメリカの事例をもとにその必要性を説き，「博物館の建設維持方法　英米両国の比較」「米国地方的小博物館の設計」「博物館及美術館に於ける美術教育」「博物館発達の歴史」の記事が続く．さらに，「内外博物館ニュース」と称して，国内および海外の博物館に関する情報を適宜紹介するコーナーも設けている．

これらの情報の多くは棚橋が二度の留学を通して知りえたものであったが，当時，日本赤十字社参考館では，潤沢な運営費のもとで博物館学に関する外国図書の購入や雑誌の購読も活発に行われており，同館の研究活動において得られた情報も含まれていた（福田，2011）．

b. 博物館学の基盤形成

『博物館研究』の定期刊行によって，博物館に関する情報流通にも大きな変化が訪れる．それまで，個別の博物館活動に関する情報は散在しており，それらを網羅的にカバーすることはきわめて困難だった．

しかし『博物館研究』の発刊によって，全国および海外の博物館の状況を一望のうちに見渡すことのできる拠点が形成され，流通する情報量も飛躍的に増加した．こうした博物館に関する情報のインフラ整備によって，研究対象としての博物館が前景化していく契機ともなりえた．つまり，博物館学を発展させていく研究環境が組織的に成立したのである．博物館事業促進会の機関誌名が『博物館研究』(*Museum Studies*) であったことも，このことと無関係ではなかった．その意味で，博物館事業促進会の創立および『博物館研究』の発刊は，博物館学における大きな転換点であった．

こうして，博物館事業促進会および『博物館研究』という活躍の場を得た棚橋は，堰を切ったようにこれまで培ってきた自らの経験や知識を表出させていく．

c. 運動団体としての博物館事業促進会

一方，棚橋は，博物館事業促進会を情報共有の場だけではなく，政府に対して働きかける運動団体としてもとらえていた．「博物館事業促進会設立の趣旨」には以下のように説明されている（博物館事業促進会，1928）．

> 我邦今日の急務は博物館の職能と其の教育学芸及び産業等に及ぼす影響とを力説して，我が官民をして博物館の真に必要欠くべからざる所以を理解せしめ，且つ従来博物館と云へば直に大規模なるものを想像し，莫大の建設費を要するものゝ如く信ずる謬見を正し，適切なる指導を与へ普く全国に亘りて之れが建設完成の機を速かならしむるにあり．

これは，日本の貧しい状況を打破するために組織としてロビー活動を行うという宣言とも読み取れる．しかも，「力説し」，「謬見を正し」，「適切なる指導」といった語句が散りばめられているように，現実の問題に対してアクティブであろうとする姿勢も垣間見える．

棚橋は，博物館事業促進会の活動方針として，①博物館令に関する件，②本邦に建設すべき博物館の種類規模及配置に関する案，③既設の陳列館，展覧所等を拡張充実して博物館に改造する案，という三つの事項に関する調査を行うこととした（博物館事業促進会，1928）．さらに②を発展させ，「本邦に配置すべき博物館の種類及配置案」をまとめて，「博物館施設に関する建議」として1928（昭和3）年8月9日に文部大臣に提出するなど，博物館の振興のために対政府への運動も行っている．

1929（昭和4）年からは，博物館関係者の全国集会である全国博物館大会（当初は「博物館並類似施設主任者協議会」として発足）がはじまり，博物館に関する問題の協議や政府の諮問に対する答申などを行った．

その後も，博物館令制定をはじめとする博物館の振興をめざした活発な活動を展開していくが，棚橋は一貫してその中心的な存在であり続けたのである．

3.2.3 『眼に訴へる教育機関』の刊行

a. 記念碑的著作

棚橋は，博物館事業促進会創立から2年後の1930（昭和5）年，『眼に訴へる教育機関』を刊行する．これは，棚橋にとって「博物館」を冠する初めての著作であり，「わが国最初の体系的にまとまった博物館論」（伊藤，1978）とも評される．

棚橋は，その「緒論」において，同書の構成およびその目的について次のように説明している（棚橋，1930）．

> 故に本書に於ては先づ以て博物館の職能，博物館系統に於ける地方博物館の位置本領を明かにした後，早速郷土博物館，教育博物館，学校博物館，児童博物館等の問題に進んで，博物館学の上からそれぞれ解釈を試み批判し，遂に一切の解決を以て，地方博物館の建設普及に委せんとするに至つたものである．著者は之れに依つて我が学界教育界の注意を喚起し，博物館問題

に関して正当な見解に導き，健全な世論の醸成に資せんと期待して居る次第である．

ここでは，「博物館学の上から」と，その学術的な姿勢を明示している点に注意が必要である．つまり，「博物館学」という学問分野を意識しながら，現実の問題を「解釈」「批判」し，「解決」を導き出そうとする見通しが宣言されているのである．その意味でも，日本の博物館学にとっては記念碑的な著作である．

しかも，『博物館研究』の発刊と同時期に海外の先進的な博物館の実践や理論に触れることのできるまとまった書籍が刊行されたことは，当時の博物館関係者に多大な影響をもたらすものでもあった．

b. 羅列的，網羅的

では，実際にどのような問題が検討されているのか．『眼に訴へる教育機関』の章構成は以下のとおりである．

　　第一章　眼に訴へる教育機関発達の歴史
　　第二章　博物館の種類及び職能
　　第三章　地方博物館
　　第四章　郷土博物館
　　第五章　教育博物館
　　第六章　学校博物館
　　第七章　児童博物館
　　第八章　戸外博物館
　　第九章　動植物園・水族館
　　第十章　物品の蒐集製作整理保存
　　第十一章　博物館の陳列
　　第十二章　博物館の説明案内
　　第十三章　博物館と学校教育
　　第十四章　研究機関としての博物館
　　第十五章　博物館の宣伝
　　第十六章　博物館の建築

章構成をみれば，いかにも網羅的であるが，その構造はいたって平板であり，羅列的である．博物館に関わる事象を同一の次元に雑然と列挙したかのような印象を受ける．歴史（1章）や分類（2章）が導入的に位置づけられ，次いで館種別の博物館論（3～9章）が続く．10章以降は，資料論・展示論・教育論・建築論などが未分化な状態で配置されている．

とはいえ，それまで日本にはここまで博物館について網羅的に論じられた著作は存在していなかった．西欧の見聞をもとにした博物館論はこれまでにもみられたものの，どれも断片的だった．先に述べたように，主となる学問領域がすでにあり，博物館への言及はあくまでも「従」であり「余技的」だった．それに対して，棚橋は正面から博物館の問題に取り組み，包括的な視野を持ってまとめ上げた．この点をとっただけでも，博物館学の先駆的な労作として高く評価されるべきであろう．

また，網羅的ということは，別の言い方をすれば，戦後に続いていく博物館学の基本的な視点と論点の多くが，この段階ですでに提出されていたことを意味する．学校博物館，郷土博物館，展示法などのように，その後さらに博物館学としての議論を巻き起こすことになる主要な論点を胚胎していたのである．

c. 博物館の範囲

章構成をみればわかるように，ほとんどの章で「博物館」の語が使用されている．しかし，書名はなぜ「博物館」ではなく，あえて「眼に訴へる教育機関」と言い替えているのだろうか．このことについて棚橋は，

　　精密に言へば，博物館，動植物園，水族館等は，之を眼に訴へる所の社会教育学校教育及び学術研究の機関と見るべきであらうが，本書に於ては便宜上簡単に眼に訴へる教育機関と云ふ名称の下に一括したに過ぎない

と述べ（棚橋，1930），「学術研究」の意味を含めつつ，書名としてはあくまでも便宜的なネーミングであると説明している．

棚橋の認識においては，博物館と動植物園，水族館は別物であるものの，これらを総合して捉える必要性を予見していた．このことについては，以下の記述からも明らかである．

　　動植物園及水族館も，近来非常な改善を加へた結果，其の内容は最早博物館と区別することが出来ないくらひに進歩し，寧ろ博物館の一種として見做して毫も差支ない程度に達したのであ

つまり，博物館と動植物園，水族館を包括するという意味で，あえて「博物館」という名称をはずしたのである．別の箇所では「公開の実物教育機関」と呼んでいるが，これも同様の理由による．ここからは，動植物園と水族館を合わせた包括的な議論を展開しようとしていた棚橋の意図が推測できる．

こうした棚橋の問題提起は，その後の博物館法制定運動においても引き継がれた．いずれも棚橋が原案を作成した「博物館並類似施設に関する法律案要綱」（1946年），「博物館動植物園法」（1951年）などにも同様の問題意識が貫かれ，「博物館と動植物園とはなぜ同一法で律するを可とするか」（棚橋，1950）と題する論考において，その根拠が示された．結局，博物館の中に動植物園を包含する形で博物館の概念が規定された博物館法（1951年）において，棚橋の問題意識がようやく実現されることになるのである．

d. 欧米への視線

『眼に訴へる教育機関』において決定的に欠けていたのは，博物館に関する行政や政策への言及である．これは，棚橋が理想とする欧米の状況と日本の現実との落差に関係している．

同書では，その記述の多くを外国の事例紹介に費やしていた．それは，「緒論」で述べられている通り，「日本には恟に遺憾ながら，まだ博物館らしいものが，殆どないのである」という棚橋の認識に基づいている．棚橋にとって，日本の博物館の現実は常に貧しく，否定的なものであった．そのため，棚橋の視野のうちに日本の博物館の事例は入っていなかったのである．

棚橋は，同じ「緒論」において「博物館施設の発達しない，そして博物館思想の幼稚な」という形容をもって日本の貧しい現状を憂い，続けて，

> 日本が世界の文明国独立国の一として存立して行くには，博物館は学校や図書館などと共に，到底欠くことの出来ない重要な機関であるから，一日も早くこれが完成を期さなければならぬ．

と，同書のスタンスを明確にした．ここからは，博物館の振興を企図する運動団体としての博物館事業促進会との同一性が浮かび上がる．事実，この「緒論」は，先に引用した「博物館事業促進会設立の趣旨」との重複・流用が目立ち，論旨もほぼ共通しているため，棚橋にとっては，博物館事業促進会も『眼に訴へる教育機関』も，同一のコンテクストのうちに存在するものだったのだろう．

日本の博物館は貧弱であるから振興しなければならない，そのためには政府に働きかける必要がある，という論理は，博物館事業促進会においても，『眼に訴へる教育機関』においても一貫していた．つまり，「国家権力を基盤とし，それに依拠した振興実現への試み」と指摘されるとおり（伊藤，1978），棚橋にとって，行政や政府は依拠して働きかけるべき対象ではあっても，客観的に分析する存在にはなりえなかったのである．

3.2.4 棚橋源太郎と藤山一雄

a. 『新博物館態勢』

この時期，棚橋とともに博物館に関する単行本を著した人物に，藤山一雄がいる．藤山は，1926（大正15）年に下関梅光女学院の地理科教諭を退職し，満洲へ渡った後，満洲鉄道関連会社などを経て，1939（昭和14）年に満洲国国立中央博物館副館長に着任する．

藤山が1940（昭和15）年に著した『新博物館態勢』は，博物館を冠した日本人の著作としては，満洲国では初めてだった．

章構成は以下のとおりである．

　　第一章　博物館について
　　第二章　ゲーテ博物館
　　第三章　ベルリン国立民俗博物館
　　第四章　北方博物館
　　第五章　慶州博物館
　　第六章　日本民芸館
　　第七章　エヂプト博物館
　　第八章　シエークスピア博物館
　　第九章　フランス国立博物館
　　第一〇章　北米合衆国国立博物館
　　第一一章　国立中央博物館大経路展示場

第一二章　民俗博物館について
第一三章　満洲国の博物館
第一四章　結語

11〜13章は，満洲国における藤山の実践に関わる章に充てられ，2〜10章は国内外の事例紹介，1章と14章がそれぞれ総論と結論に該当する．

b. 棚橋源太郎との差異

棚橋と同様に主要部分は欧米の事例で占められているが，棚橋と異なるのは，日本の事例（6章）および植民地（5章）を事例として視野に入れている点，そして，自らの実践に関わる章（11〜13章）を設けている点である．

棚橋にとって，日本の博物館は常に貧しく，参照される事例も限定的であった．常に視線の先には羨望とともに欧米の博物館があり，日本は否定的な対象でしかなかった．一方，藤山は，日本民芸館の展示を評して，「展示されてゐる民芸品及びその環象を透して，全く動かすことの出来ない美しさを如実に見出す」，「民芸館の展示方法については殆ど間然〔欠点を非難すること──引用者注〕するところはない」（藤山，1940）と，大いに賞賛している．

棚橋の日本の博物館へのまなざしは，必ずしも具体性を伴うものではなかった．多くの場合，抽象化された「未熟な博物館界」であり，「博物館に理解のない行政，政府」である．しかし，藤山による日本の博物館への言及は具体的である．日本民芸館への賛辞もそうだが，逆に，東京帝室博物館（現東京国立博物館）への敵意も露わである．「東京の○○博物館」と伏せ字にしつつも，「何千万円もかかつたあの宏壮な博物館のあらゆる機能をもつてしてそれらの生徒達に一つの組織を持つた世界を提供し得なかった」と批判する（藤山，1940）．東京帝室博物館はいうまでもなく日本を代表するシンボル館であり，このことについて犬塚康博は，「日本─帝室博物館を批判することによって，満洲国─国立中央博物館の位置を示していた」とし，「これが，彼の博物館論における戦略図式であった」と解釈する（犬塚，1998）．つまり，満洲国国立中央博物館が，植民地としての満洲国という曖昧模糊とした境界的空間に位置しているからこそ，日本との関係においてその存在を再確認する必要があり，そのためには，良くも悪くも具体的な言及が必要だったのである．

c. 満洲国国立中央博物館の活動

『新博物館態勢』の11〜13章は，自身の実践と関わっている．副館長を務める満洲国国立中央博物館では，「博物館エキステンション」と総称される教育活動を積極的に展開していた．これは，「店を展げ，お容〔客──引用者注〕を待つて居る旧来の博物館から，所要のものを大風呂敷に包み，お得意先に押売りに出かける」（藤山，1940）と説明されるように，積極的に社会に働きかける博物館活動のことを意味する．また，1930年代のアメリカで行われていたMuseum Extentionをモデルにしたもので，もともとは世界恐慌後の生き残り策でもあったという（犬塚，1997）．

同館では，移動講演会，現地入所科学研究生，博物館の夕，満洲科学同好会，科学ハイキング，展覧会，文献発行といった多彩な活動が行われていた（犬塚，1993）．

その背景には，日中戦争に伴う資材統制と庁舎払底により，本館庁舎の調達ができず，窮余の策として「庁舎なき博物館」を標榜せざるをえなかったという事情がある．しかし，「幸か不幸か」「旧世界の博物館通念を打破」（藤山，1940）し，アクティブな活動へと転換できたのである．

3.2.5 博物館事業促進会から日本博物館協会へ

さて，博物館事業促進会は，1931（昭和6）年に日本博物館協会と改称し，棚橋は専務理事に就任する．そして棚橋は，博物館事業促進会・日本博物館協会を通じてその活動を主導し続けた．博物館並類似施設主任者協議会，公開実物教育機関主任者会議などを組織し，全国博物館大会に発展させた．さらに，組織的な調査活動の成果として『郷土博物館建設に関する調査』（1942年），『本邦博物館発達の歴史』（1944年）などを刊行し，後述する大東亜博物館建設の調査にも関与した．

理論面においても，棚橋はその後も精力的に執筆

活動を継続し，『博物館研究』だけでなく，さまざまな雑誌に論文を発表し続けた．さらに単行本として『郷土博物館』(1930年)，『世界の博物館』(1947年)，『社会科文庫・博物館』(1949年)，『博物館学綱要』(1950年)，『博物館教育』(1953年)，『博物館・美術館史』(1957年)を著す．

　博物館事業促進会として活動を開始した時期から，棚橋の関心事の一つは，博物館に関する法的整備，すなわち博物館令の制定だった(椎名，1988)．最も早いものでは，博物館事業促進会設立直後の1928(昭和3)年8月，「博物館施設に関する建議」において，

> 博物館ノ種類及配置方針ノ決定ト共ニ最モ緊急ヲ要スルモノヲ博物館令ノ発布トス．故ニ政府ニ於テハ出来ルタケ速ニ博物館令ヲ制定シテ，本邦博物館施設ノ健全ナル発達ニ資セラレタシ．

と，博物館令の制定を急務とし，それ以降，繰り返し答申，具申，建議，陳情などの形式により，あらゆる機会をとらえて政府に働きかけている．こうした博物館令促進運動は，いずれも日本博物館協会を母体とし，その中心には一時期を除けば常に棚橋源太郎がいた．しかし，戦前にはその実現が果たされることなく，1951(昭和26)年の博物館法制定まで待つことになる．なお，博物館法制定過程については2巻を参照のこと．　　　　　　　　［金子　淳］

参考文献

伊藤寿朗(1978)「日本博物館発達史」伊藤寿朗・森田恒之『博物館概論』学苑社

犬塚康博(1993)「満洲国立中央博物館とその教育活動」『名古屋市博物館研究紀要』16

犬塚康博(1997)「再び満洲国の博物館に学ぶ—危機における博物館の運動論」『美術館教育研究』8巻1号

犬塚康博(1998)「藤山一雄博物館論ノート」『名古屋市博物館研究紀要』21

内川隆志(2004)「E. P. ヒュース嬢と棚橋源太郎」全日本博物館学会『博物館学雑誌』29巻2号

斎藤修啓(1998)「1900年代における棚橋源太郎による西欧博物館論の受容—博物館の教育活動と学校教育の関係に注目して」教育史学会『日本の教育史学』41

椎名仙卓(1988)『日本博物館発達史』雄山閣

下條拓也・小林輝行(2000)「樋口勘次郎の『活動主義』教授理論とその教育実践への影響」信州大学教育学部附属教育実践総合センター『教育実践研究』1

棚橋源太郎(1906)「教育博物館」『教育研究』13

棚橋源太郎(1930)『眼に訴へる教育機関』宝文館(伊藤寿朗(1990)『博物館基本文献集 第1巻』大空社に再録)

棚橋源太郎(1950)「博物館と動植物園とはなぜ同一法で律するを可とするか」『日本博物館協会会報』9

棚橋源太郎(1957)『博物館・美術館史』長谷川書房(伊藤寿朗(1991)『博物館基本文献集 第16巻』大空社に再録)

博物館事業促進会(1928)「博物館事業促進会昭和三年度事業計画」『博物館研究』1巻1号

ヒューズ, E. P.(本田増次郎・棚橋源太郎訳)(1902)『E. P. ヒュース嬢教授法講義』山海堂

藤山一雄(1940)『新博物館態勢』満日文化協会(伊藤寿朗(1990)『博物館基本文献集 第4巻』大空社に再録)

福田珠己(2011)「棚橋源太郎の博物館論と郷土の具体化」『空間・社会・地理思想』14

矢島國雄(2010)「棚橋源太郎」青木豊・矢島國雄『博物館学人物史 上』雄山閣

矢島國雄(2012)「棚橋源太郎」青木豊・矢島國雄『博物館学人物史 下』雄山閣

3.3 博物館法の制定と博物館学の制度化

3.3.1 「新しい博物館」の理論化

戦後の再出発にあたり，博物館学にとってきわめて重要な2冊の理論書がほぼ同時期に発行された．それが，1949（昭和24）年の木場一夫著『新しい博物館―その機能と教育活動』と，1950（昭和25）年の棚橋源太郎著『博物館学綱要』である．ともに，戦後の「新しい博物館」のあり方を模索する中で理論化を試み，「近代博物館の出発期における理論」がこの2冊に集約されているとさえいわれている（伊藤，1978）．

a. 木場一夫『新しい博物館』

木場一夫の著した『新しい博物館』を理解するためには，その背景として木場の経歴について触れておかなければならない．

1938（昭和13）年，満洲国国立中央博物館に着任した木場一夫は，学芸官として同館の実務に携わっていた．『新博物館態勢』を著した藤山一雄は同館の副館長であり，ともに「博物館エキステンション」を推進するとともに，自身の専門である動物学に関する研究活動にも関わっていた（名古屋市博物館，1995）．

1943（昭和18）年に木場は満洲国国立中央博物館を退職し，文部省科学局に移って大東亜博物館建設の準備に取りかかっている（犬塚，1994）．大東亜博物館とは，当時，文部省が推し進めていた壮大な博物館構想であり，本館を東京に，分館を大阪，昭南港（シンガポール），バタビヤ（ジャカルタ）などにそれぞれ設置する予定であった（金子，2001）．

大東亜博物館設立準備のために木場が着手したのは，外国の博物館に関する調査であり，その成果は1944年8月の『昭和十九年八月 各国主要博物館の概況』（文部省科学局総務課，1944）として結実している．文部省科学局において大東亜博物館の創設準備に携わっていた木場一夫は，敗戦後も引き続き，科学局の後身である科学教育局に属し，科学教育を中心とした博物館振興に関わっていた．そして，満洲国国立中央博物館での経験と，文部省における大東亜博物館創設準備および博物館行政の経験をもとに著したのが，『新しい博物館』だったのである．

このことについては，著者である木場によって次のように記されている（木場，1949）．

> 本書は，筆者が博物館につとめた若干の体験と，文献によつて学び得た諸外国の博物館，特にアメリカ合衆国の科学博物館に関する知識をもとにして編んだもので，外国の諸先輩の研究と教示におうところが甚だ多い．

こうしてまとめられた『新しい博物館』の最大の特徴は，博物館の機能に関するモデルを打ち出したことである．

> 博物館で行われる各種の作業及び活動は，博物館の主体性にもとづく独自の指標に向うところの共通目標に焦点を合せたすべての機能と内部的調和が基本でなければならない．この基底の上に博物館が社会的道具として意義と存在をはじめて発見しうるものであり，真に社会と共に生きた博物館となり，変化しつつある世界において，それに合致した動きつつある博物館の様相を示現するに至るであろう．

このように木場は，博物館のあり方を博物館の諸機能の「内部的調和」とみた．別の箇所でも「研究と教育とが車の両輪のようにきわめて調和的になさるべきである」と，「調和的」という言葉によって両者の理想的な結びつきを説明している．伊藤寿朗は，博物館の理想的なあり方を博物館内部の機能の組み合わせによって説明しようとする考え方を「機能主義博物館論」と呼んだが（伊藤，1978），その萌芽をここで見出すことができる．そしてその後，

鶴田総一郎に継承されることになるこの理論が戦後博物館学の「方法的基礎」（伊藤，1978）を形作ることになる．

b. 棚橋源太郎『博物館学綱要』

一方，棚橋源太郎が1950（昭和25）年に刊行した『博物館学綱要』は，日本で初めて「博物館学」を冠した著作であり，博物館学の体系化を進めた先駆的な業績として知られている．

章構成は，以下に示す通り，羅列的だった『眼に訴へる教育機関』に比べると，一見すっきりした印象を与える．

　　第一章　博物館発達の歴史
　　第二章　博物館の種類
　　第三章　博物館の機能
　　第四章　博物館資料の蒐集整理保存
　　第五章　収集品の展示
　　第六章　各種博物館の設備運営
　　第七章　博物館の教育普及事業
　　第八章　博物館の管理
　　第九章　博物館の建築

ただし，『眼に訴へる教育機関』で多くを占めていた個々の館種別博物館を扱う章（地方博物館，郷土博物館，教育博物館，学校博物館，児童博物館，戸外博物館，動植物園・水族館）が消え，それ以外の章はほとんどの部分で対応関係を持つ．つまり，館種別博物館の個別解説を後景に退かせ，博物館の固有の機能や構成要素に応じた章立てに統一したのである．次元の異なる内容が混在していた『眼に訴へる教育機関』に比べてすっきりした印象を受けるのはそのためであり，博物館学体系化の礎を築いたとの評価もここに起因する．

一方，個別の記述については，『眼に訴へる教育機関』と同様に，事例のほとんどを欧米の博物館に求めていた．このことについて棚橋は以下のように述べている．

> 本書が博物館施設に関する具体的な事例の殆ど全部を海外に採り，欧米博物館事業の紹介を主眼としてゐるやうな嫌があるのは，我が国の博物館事業は漸く近年に至つて発足したばかりで，まだ参考に資するに足るほどの実績を有た

ないからである．

『眼に訴へる教育機関』の刊行から20年を経てもなお，日本の博物館は「発足したばかり」で「参考に資するに足るほどの実績を有たない」のである．棚橋にとって，日本の博物館は常に否定的で，遅れた存在であり続けた．

その一方で，『博物館学綱要』は，博物館法制定の前年に刊行という経緯もあり，博物館法制定と専門職員養成が視野に入っていた．博物館法案の作成において，日本博物館協会を拠点にその中心的な役割を果たしていた棚橋は，現実が貧しいゆえに，その解決のために博物館法制定・学芸員養成という具体的な道筋を描き出し，実際に行動もしていたのである．

3.3.2 博物館法の制定と学芸員講習会

1951（昭和26）年に博物館法が制定され，博物館に関する法的整備が進むにしたがって，博物館学の存立基盤そのものが変貌を遂げる．つまり，博物館学の「制度化」をもたらしたのである．

博物館法第5条において，学芸員の資格を取得するための方法の一つとして「学士の称号を有する者で，大学において文部省令で定める博物館に関する科目の単位を修得したもの」が明示され，その「文部省令」は1952（昭和27）年に博物館法施行規則として定められた．その第1条では，必要な科目が以下のように示され，ここにおいて，制度の中の「博物館学」が成立したのである．

　　博物館学　　　四単位
　　教育原理　　　一単位
　　社会教育概論　一単位
　　視聴覚教育　　一単位
　　博物館実習　　一単位

しかし，博物館法制定当初，大学でただちに博物館に関する科目を開講することは現実的に困難であった．博物館法施行規則に伴って開講できたのは立教大学だけであり，国立大学にいたっては大学設置基準の改正が必要だったため，実施が遅れることは必至だった．さらに，博物館法の制定に伴って，博物館には専門職員として学芸員を置くことが求め

られたが，すぐに資格を付与して配置することは不可能だった．そのため，学芸員の資格取得方法は，大学における博物館に関する科目の履修だけでなく，学芸員講習会の受講によっても可能としたのである．

その経過措置として，博物館法の附則において，3年間は現職の博物館職員に対し「学芸員暫定資格者」として学芸員の資格を認めることとし，該当者は，その3年間に文部省の主催する学芸員講習会を受講して，正規の学芸員資格を取得することが求められた（1955年2月末日まで）．

博物館法施行規則では，学芸員講習会における科目構成について次のとおり定められ，

博物館概論	一単位
博物館資料収集保管法	一単位
博物館資料分類及び目録法	一単位
博物館資料展示法	一単位
教育原理	一単位
社会教育概論	一単位
視聴覚教育	一単位

4単位として一括されていた博物館学の内容が，博物館概論，博物館資料収集保管法，博物館資料分類及び目録法，博物館資料展示法という4つの領域から構成されることが明示された．そのほか，人文科学学芸員の資格取得希望者については，さらに，文化史，美術工芸史，考古学，民俗学，博物館実習を，自然科学学芸員の希望者については，自然科学史，理化学，生物学，地学，博物館実習をそれぞれ修得することになっていた．

こうして，主に現職者の資格取得のために学芸員講習会が開かれることになり，文部省社会教育局の主催によって，1952（昭和27）〜1954（昭和29）年の3年間にわたり，東京芸術大学を会場に行われた．その講義内容は，『学芸員講習講義要綱』として文部省によってまとめられている（文部省，1952・1953）．

ところが，長期にわたる講習の受講は，現職者の負担が多く，また，3年の間に地理的な事情により受講できなかった者が残されている状況にあった．その間，参考書その他の教材による学習の機会も増加したことなどから，1955（昭和30）年の博物館法改正に際してこの講習会を継続することはせず，講習制度を試験による認定制度に切り替えて，博物館法施行規則も全面改正したという経緯がある．

ここで，そのうち中核をなす博物館概論の骨子について，1953年度版の『学芸員講習講義要綱』から確認しておきたい．

 Ⅰ 序説
  A 博物館と博物館学
  B 博物館学の輪郭
 Ⅱ 博物館の歴史と現況
  A 博物館機能の推移
  B 博物館の現況
  C 博物館の国際協力
 Ⅲ 博物館の機能
  A 博物館機能の推移
  B 現代博物館の機能
 Ⅳ 博物館法と関係法規
  A 博物館法の成立経緯
  B 博物館法の概要
  C 関係法規
  D 行政機関との関係
 Ⅴ 博物館の形態
  A 種類
  B 構成
 Ⅵ 博物館の管理
  A 事務
  B 人事
  C 会計
  D 建物
  E 諸規程
 Ⅶ 博物館の運営
  A 性格，使命の確立
  B 運営組織
  C 事業
 Ⅷ 博物館の評価
  A 評価の意義
  B 評価の方法
  C 評価の基準
  D 評価の改善計画

この構成は，棚橋源太郎や木場一夫らがこれまでに著した著作の章構成と比べると，特にⅣおよびⅥ

以降に展開される実務的な内容の比重が比較的大きくなっている．これは，現職者向け講習会という性格に合わせて，現場ですぐに役立つ内容を意識的に増やしたからだろう．

いずれにせよ，こうした経緯から明らかになるのは，これらが学芸員養成制度開始という外在的な契機によって生み出されたということである．実際，文部省は，博物館法が成立し施行規則を検討する段階に至って，日本博物館協会に対し，学芸員講習の内容，学芸員の暫定資格基準に関する検討などを委嘱し，日本博物館協会では，特別委員会を招集してそれに応じた．その検討結果は，「博物館法に伴う（学芸員の講習，博物館の基準）等に関する意見」としてまとめ，1952（昭和27）年1月14日に文部省に提出している（日本社会教育学会社会教育法制研究会，1972）．ここで示された講習会の原案は，多少の修正を経て博物館法施行規則にも反映されている．

学芸員講習会で講師を務め，後述する日本博物館協会の『博物館学入門』を著した鶴田総一郎は，晩年，この学芸員講習会の講義内容について，「日本における博物館学の体系の骨組みが示された」と回想しており（鶴田，1991），このことは，学芸員養成制度の開始に伴って組織化された講義が，後の博物館学の構成にも大きな影響を及ぼしたことを示している．

3.3.3 日本博物館協会による『博物館学入門』の刊行

1955（昭和30）年の博物館法改正によって，学芸員の資格取得方法が再編され，学芸員講習会に代わって国家試験が加えられた．そのため，国家試験受験のためのテキストが必要となり，日本博物館協会がその任を負うことになった．この時に，日本博物館協会理事の中から宮本馨太郎と鶴田総一郎が編集担当者として選任され，鶴田総一郎がその総論編を執筆することになる．こうして生まれたのが，1956（昭和31）年に発行された『博物館学入門』だった．

『博物館学入門』では，冒頭で，

　　大学における博物館学講座のテキストであり，明年2月に行われる学芸員資格取得の国家試験の受験参考用であり，また博物館学芸員および博物館管理経営者が実務を行うためのハンドブックであります．

と，その用途について述べているが（日本博物館協会，1956），その直前には「本協会は『博物館学入門』を編纂して，博物館学の確立に寄与する」と，学術的な貢献にも言及しており，受験参考書と学問の確立が同一次元のもとで把握されていた．

さて，『博物館学入門』の本文は，前編の「博物館学総論」と後編の「博物館学各論」から構成されている．前編の全文を鶴田総一郎が，後編は館種別に計19名の現場職員が執筆した．とりわけ前編の「博物館学総論」においては，博物館を「"ひと"と"もの"をむすびつける"はたらき"」として見る機能主義博物館論を完成させたとされ，「この時期における理論的集約」（伊藤，1978）と位置づけられる．

「博物館学総論」を執筆した鶴田総一郎は，文部省科学教育課を経て，執筆当時は国立自然教育園（1962年に国立科学博物館の附属施設となる）に勤めていた．文部省時代に職場をともにし，鶴田に大きな影響を与えたのは，先輩格となる木場一夫だった．鶴田と木場の関係について，浜田弘明は「木場一夫は同じ理系の出身者であったことから，同じ土俵で議論を戦わせることができ，職場での討議は自然科学的発想をベースとする鶴田博物館論の構築に役立ったものと考えられる」，「自然科学的博物館論は木場博物館論に大きく影響を受けている」と推測しているが（浜田，2010），鶴田自身も「木場一夫博士の博物館観からの影響」を認めており，「博物館への関心を最初に私が持つようになったのは同〔木場一夫を指す——引用者注〕博士からの直接の影響である」とも述べている（鶴田，1991）．「木場科学官と色々討議しているうちに，私の抽象的に考えていた科学の振興と普及は，つまり，社会的常設機関である科学博物館，或いは更に広く博物館全体を通じて行うことが最も着実かつ永続的な施策であり事業であると悟った（実は感化された?!）」（鶴田，1991）という言葉が示すとおり，木場のインパクトは鶴田にとって絶大なものだった．動物生

態学を専攻し，当時，自然史専攻という出自をアイデンティティの核においていた鶴田の理論的な出発点において，木場の考えが重要な素地を形成していたと推測することができる．

鶴田は，学芸員講習会の講師を務め，『学芸員講習講義要綱』の作成にも関わっていたが，この講義要綱はあくまでも各担当の原稿の寄せ集めに過ぎず，記述内容もほとんどが箇条書きであるなどの点に不満を残していたといい（浜田，2010），その結果として，自らが本格的な博物館学のテキストづくりに取り組むこととなったという経緯がある．

章構成は，以下のとおり大きく5つに分けられている．

　　第一章　博物館学の目的と方法
　　第二章　博物館史
　　第三章　博物館の目的
　　第四章　博物館の目的を達成するための方法
　　第五章　博物館の経営

このうち第3章では，博物館の機能を収集，整理保管，研究，教育普及の4つに類型化し，博物館資料（もの），博物館施設（ところ），学芸員（人）の3つを構成要素に分けるという，その後の博物館学に受け継がれることになる博物館機能論を展開している．また，第4章「博物館の目的を達成するための方法」は，木場一夫の『新しい博物館』の第2章「博物館の目的を達成する方法」を踏襲しているが，収集法，整理保管法，調査研究法，教育普及法という，博物館の各機能に対応した方法論の解説に充てている．

『博物館学入門』で示されたさまざまな論点，とりわけ「博物館学とは何か」という問い，そして，博物館の望ましいあり方を博物館機能の組み合わせによって説明しようとする機能主義的な方法論については，その後の博物館学に大きな影響をもたらすことになった．

3.3.4　博物館学の"隆盛"

a.　富士川金二『博物館学』

日本博物館協会の『博物館学入門』は初版だけで絶版となり，その後しばらくの間，同書に代わる書籍が出版されることはなかった．その間，学芸員資格を得るための国家試験受験者や大学における博物館学を受講する学生からは，博物館学に関するテキストや参考書への要望が多数出されていた．

『博物館学入門』から13年後の1968（昭和43）年に，ようやく富士川金二により『博物館学』が刊行される．しかし，同書は文部官僚による筆のためか，「法体系に基づいた『制度論的博物館論』」（浜田，2010）の域を出ず，内容面においても，

> 出典，引用等がまったく無記載だが，大勢において，歴史の部分は，棚橋源太郎『博物館・美術館史』（長谷川書房　1957年），各機能の部分は，鶴田総一郎「博物館学総論」（日本博物館協会編『博物館学入門』理想社　1956年）等，その他の戦後刊行された主要論文の再録といった性格を有している．

と酷評されるほどだったが（伊藤，1978），学芸員資格のためのテキストとしてはその任を果たし，1971（昭和46）年には改訂増補版が出るなど，版を重ねた．

b.　博物館学の模索

博物館学のテキスト刊行という形での進展はなかったものの，その間，研究面においていくつかの側面で進展も認められ，とりわけ日本博物館協会の機関誌『博物館研究』を舞台に，博物館学の理論的検討が活発に行われていたことは特筆に値する．

日本博物館協会では，1963（昭和38）年の全国博物館大会において，同志社大学教授・酒詰仲男が「博物館学」をテーマとする講演を行い，同年の『博物館研究』では全国博物館大会を受けて「博物館学の確立のために」という特集が組まれる（日本博物館協会，1963）．しかし，酒詰の講演は，「冒頭に，博物館の話をすれば何でも博物館学であるがと軽くいい捨てられたが，これは如何であろうか」（上田，1963），「これが酒詰の博物館学か，と疑問すら抱いた」（加藤，2000）などと論難され，さらに，『博物館研究』で展開された特集の内容も，『学芸員講習講義要綱』の再録とその不備を指摘するというもので，生産的な議論とは言いがたいものだった．

その後，『博物館研究』においては，倉田公裕「博

物館学概論（試論）」（倉田，1970-1971），新井重三「博物館における"研究"の性格と機能別にみた博物館の分類—Curatorial Museumと Non-curatorial Museum」（新井，1973），鶴田総一郎「学芸員を目指す人々のために」（鶴田，1975）などが次々と発表され，『博物館研究』誌は文字通り博物館学の理論的考察の拠点として機能していく．そしてこれらの蓄積は，後述するように，1970年代の後半に『博物館学講座』全10巻（1978～1981年）やその他の著作として結実していくことになる．

また，これらの動向を後押しするように，博物館学を研究する組織の結成も相次いだ．すでに1957（昭和32）年には，博物館学を開講する大学間の組織的連絡を目的に，全国大学博物館学講座協議会が組織されており，1960年の全国博物館大会には，同会として「博物館学の基礎的研究の促進について」との議題を提出していた（日本博物館協会，1960）．一方，博物館学を開講する個々の大学では，それぞれ独自に紀要を発行するようになり，1957（昭和32）年に創刊された立教大学博物館学講座の『Mouseion 立教大学博物館研究』に加え，新たに1968年から『国学院大学博物館学紀要』，さらに1969年からは『同志社大学博物館学紀要』の刊行が始まった．こうして大学においても博物館学の成果を発表する場が形成されていく．たとえば，『同志社大学博物館学紀要』の2号に掲載された安井良三の「博物館学序論—博物館学成立に関する（試論）」（安井，1970）は，その初期の成果である．

1967（昭和42）年に山種美術館学芸員の倉田公裕を中心に結成された「博物館学研究会」では，『良き博物館にするために—博物館管理学入門』（カール・E. グーズ著の訳書，1968年），『展示—その理論と方法』（1971年），『博物館と社会』（1972年），『学芸員—その役割と訓練』（1974年）を発行し，短期間ながらも精力的な活動がみられた．1968（昭和43）年には，法政大学在学中の伊藤寿朗らを中心に，同校教授だった鶴田総一郎が顧問となって「法政大学博物館研究会」が結成され，1970年に博物館問題研究会へと発展的解消を遂げ現在に至っている．

こうした個別的な組織化が進む中で，1975（昭和50）年，博物館学を研究するための全国的な学会として全日本博物館学会が結成され，日本博物館協会とは別に，博物館学について議論する組織が成立した．同年より『博物館学雑誌』の刊行も始まっている．

さらに，基礎的な資料集の刊行も始まり，実証研究への道筋を切り開く役割を果たしていく．博物館法制定過程に関する資料を集成した日本社会教育学会社会教育法制研究会『社会教育法制研究資料XIV』（1972年），個別館史としての先鞭をつけた『東京国立博物館百年史』（本編・資料編）（1973年），『国立科学博物館百年史』（1977年）などはその顕著な例である．

c.『博物館学講座』と『博物館概論』

こうして1970年代後半には，『博物館学講座』全10巻（1978～1981年）の刊行に至り，以下の構成による刊行は博物館学体系化への模索の一つの到達点を迎えた．

第1巻 博物館学総論（責任編集：新井重三，以下同）1979年
第2巻 日本と世界の博物館史（樋口秀雄）1981年
第3巻 日本の博物館の現状と課題（加藤有次）1980年
第4巻 博物館と地域社会（広瀬鎮）1979年
第5巻 調査・研究と資料の収集（千地万造）1978年
第6巻 資料の整理と保管（柴田敏隆）1979年
第7巻 展示と展示法（新井重三・佐々木朝登）1981年
第8巻 博物館教育と普及（倉田公裕）1979年
第9巻 博物館の設置と運営（下津谷達男）1980年
第10巻 参考資料集（新井重三・加藤有次）1981年

さらに，加藤有次『博物館学序論』（加藤，1977），伊藤寿朗・森田恒之『博物館概論』（伊藤・

森田，1978），倉田公裕『博物館学』（倉田，1979）など，毎年のように博物館学関連書が刊行され，にわかに活況を呈した．

なかでも異彩を放っていたのは，伊藤寿朗・森田恒之の編集による『博物館概論』であった．同書は，「まえがき」において，

1. 社会は博物館をどのように生み，いかに規定しているのか．
2. 博物館は社会をどう捉え，どう対応したらいいのか．
3. そのためには博物館に何が必要であり，何をすべきなのか．
4. 博物館職員はその目的を達成するために最低限どのような方法をとったらよいのか．

という4つの基本的な視点を設定し，社会との対応関係において博物館を捉えるという方法論を明確に打ち出した．以下に示すように，「総論編」「機能編」「資料編」という構成は『博物館学入門』へのオマージュが感じられるが，後で詳しく触れるように，同書は『博物館学入門』批判，正確には鶴田総一郎批判の書でもあった．そこで目指されていたのは，『博物館学入門』で試みられていた内的機能の組み合わせとしてみる博物館学の超克だった．

【総論編】
　序章　博物館の概念（伊藤寿朗）
　第一章　人間の社会と博物館（小川知二・三輪克・遠藤悟朗）
　第二章　日本博物館発達史（伊藤寿朗）
【機能編】
　序章　博物館の機能と技術（森田恒之）
　第一章　収集（中村たかを）
　第二章　保存と修理（森田恒之）
　第三章　展示（林公義）
　第四章　教育事業（広瀬鎮）
　第五章　博物館の運営と職員（後藤和民）
　第六章　博物館の建築（小島弘義）
　第七章　博物館と行財政（中村たかを）
【資料編】（伊藤寿朗・森田恒之）

上記の章構成からもわかるとおり，その広範かつ明確な課題設定と精緻な理論展開は，同時期の他の類書を圧倒するものだった．なかでも総論編第2章の「日本博物館発達史」は，夥しい量の文献の渉猟によって収集された膨大な情報をもとに，単なる館園史の寄せ集めではない博物館固有の多面的な歴史像を描き出し，後の博物館史研究にも大きな影響を与えた．

3.3.5　博物館学の定義と体系化をめぐる議論

こうして博物館学に関する理論的な考察が進み，とりわけ1970年代後半には集中して議論が行われていく過程で，いくつかの論点が浮かび上がってきた．その領域は多岐にわたるが，この時期を特徴づけるものとして挙げられるのが，①博物館学の定義・目的，②博物館学の構成，そして③博物館の機能をめぐる議論の展開である．

a. 博物館学の定義

博物館学という学問領域が成立するか否かという議論は古くから行われていたが，この時期，博物館学をどのような言葉によって説明するかということが，関係者の間で最重要項目として認識されていた．それはそのまま，博物館学そのものの存在意義を主張することでもあった．

棚橋源太郎は，博物館学に関して積極的な論述をしていない．「博物館学」を冠した最初の書籍である『博物館学綱要』においても，博物館学の定義や目的に関する記述はない．冒頭の「例言」には，「本書は博物館経営の理論及び実際に関して概説したものである」と宣言されていることから，「博物館経営」に関することを念頭に置いているらしいことは推測できるが，博物館学そのものについては，ただ以下のように記すのみである（棚橋，1950）．

> 欧米諸国に於ては数十年前からMuseumology, Museumskunde（博物館学）の語が使用されてゐるに拘らず，博物館に関する科学的研究は余り進歩せず，随てこれに関する著書の刊行されてゐるものも甚だ少く，殊に博物館問題の全般に渉って，科学的解決を与へ系統立てられたものゝ如きは，殆ど見当たらないのである．

博物館学について明快な説明を与えたのは，鶴田

総一郎だった．ただし鶴田は，博物館学について，「定義」ではなくあえて「目的」と表現しつつ，次のように述べている（鶴田，1956）．

> 博物館学（Museology）は，一言で尽くせば博物館の目的とそれを達成する方法について研究し，あわせて博物館の正しい発達に寄与することを目的とする科学であると言える．

この「目的」は，鶴田にとっては博物館学の定義ではなかったが，鶴田のこの記述が博物館学の定義と同一視され，その原点として後に繰り返し言及されていくことになる．さらに鶴田は，博物館学の方法についても，

> 博物館学は，心理学を片翼とする教育学の未開拓の一分野として存在し，従って，これから研究されねばならぬ教育学の特殊な方法として，博物館学的方法が厳存するといえる．

と，博物館学を教育学の一分野として明確に位置づけた．

この点に関して，新井重三は，「この考え方，すなわち博物館学イコール博物館教育学的発想にはかなり問題があり，一方的な狭い視点からみている偏見であるように思われる」と疑義を呈し，

> ためらうことなく教育的利用を志向し，さらに教育普及機能の一部として位置づけられている展示教育の方法論をもって，それを博物館学的方法のすべてとし，上位概念であるべき博物館学と置き換えている点については理解しかねるところである．

と批判するが（新井，1979），これは，博物館の機能のうちどの機能を最も根本的で基礎的とするかという博物館の機能に関わる認識とつながっている．

ところで，新井自身は，本文中で博物館学を定義することを巧妙に避けているが，それは，「研究対象となる博物館自身が歴史の流れの中で変化発展してきたし，今後も進化していく」との考えから，博物館学も同様に変化を続けることになり，一意的な定義は不可能という理解に基づいている．

こうした逡巡は森田恒之にもみられ，「博物館学はいったい人文・社会・自然のいずれの科学に分類したらよいのだろう」と自問したうえで，「単純に社会的機能一般の問題としてだけでとらえきれるも

のでもなくなる」として，

> 博物館学は単に一領域の科学ではなく，既成の諸科学の概念からすれば，学際領域に立ち，「もの」を「見せる」ことを媒介としたコミュニケーションのための総合科学とでもいうほかあるまい．

と結論づけた（森田，1978）．

そのほか，たとえば「博物館の概念や理論構成に関する処理の仕方，操作の仕方を扱う科学的研究」とする倉田公裕の定義（倉田，1979）や，「既成諸科学の成果を，博物館を通じて研究，教育へ展開をはかる方法論」とする加藤有次の定義（加藤，1977）など，各論者が著作ごとに各人各様の持論を展開し，博物館学の定義をめぐってはまさに百花繚乱の様相を呈した．

本節では，これらの定義から共通項を抽出して統一的な博物館学の定義を示すことを目的としていないため，ここではさしあたって，博物館学の本格的な始動にあたり自らの根拠を探り当てようとする営みとして，これらの動向をおさえるに留めておきたい．奇しくも『博物館概論』では，1978年時点における博物館を，人間でいう「青年期」ととらえ，「戦後日本の博物館もこの段階に至って，いま〈博物館とは何か〉，〈博物館は何をしたらよいのか〉という青年期の悩みを顕著にしている」と形容しているが（伊藤・森田，1978），例えるなら青年期特有の「自分探し」にも似た，「博物館学」という存在証明やアイデンティティを再確認する営みとして把握できるだろう．

b. 博物館学の構成と体系

博物館学の定義とともに議論となったのは，博物館学の構成である．この点については，新井重三が以下のように定式化している（新井，1979）．

> いわゆる博物館学は博物館論理学と博物館実践学の両者より構成される科学とみることができる．すなわち，博物館論理学は「博物館とは何か，博物館はいかにあるべきか」という課題を追求する学問分野であり，一方，博物館実践学は，博物館論理学から結論づけられた学説に立って，その具体化を実現するために必要な方

法論や技術論について研究し記録する記載科学的分野である．

ここで示されている博物館論理学と博物館実践学とは，それぞれ Museology, Museography の訳語であり，この両者が「互いに有機的に相互依存し合いつつ発展する研究分野」であるとした（新井，1979）．こうした理解はその後も踏襲され，論者によって語法の差はあるが，おおむね博物館学は Museology と Museography から成り立つとの見方で共通していた．

こうした前提のもと，博物館学を細分化し，その体系を示そうとする議論が続く．加藤有次は，「私見によれば，博物館学の体系はつぎのごとく分科して考えるべきであると思う」として，

博物館概論，博物館各論，博物館史，博物館教育方法論，博物館施設論，博物館社会学，博物

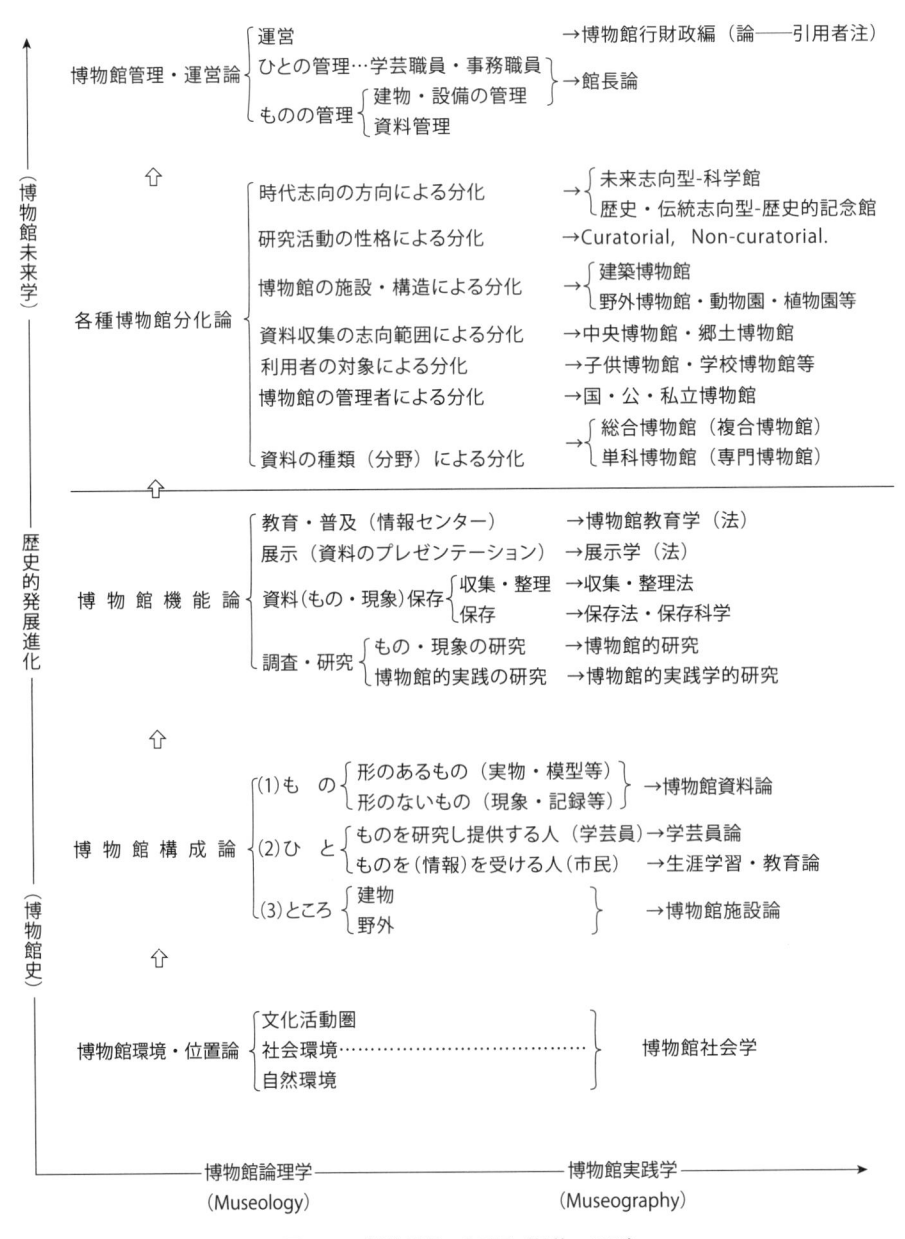

図 3.3.1 博物館学の体系図（新井，1979）

館行財政論，博物館資料収集保管法，博物館資料分類目録法，博物館資料展示法，博物館資料修理製作法，学校博物館の管理と運営

と自らの構想を開陳した（加藤，1977）．これをさらに精緻化したのが新井重三であり，「時間の軸（歴史的発展進化）」と「領域の軸（博物館論理学・博物館実践学）」という2つの軸の中にそれぞれの領域を位置づけて，これを「博物館学の体系図」（図3.3.1）とした（新井，1979）．

こうした試案はその後も現在に至るまで，さまざまな論者により幾度となく提唱されている．しかし，その提唱者自身が自らの提案する新しい学問領域の開拓に着手し，その研究成果を世に問うことはしなかった．つまり，「体系化の夢」を壮大に描きつつも，誰一人として，構成される各学問領域に関する実際の研究を自ら手がけることはしなかったのである．こうして，博物館学体系化をめぐっては，「掛け声倒れ」だけが虚しく繰り返されることになる．

c. 博物館の機能

博物館のあり方を博物館の諸機能の「内部的調和」とみる博物館機能論は，すでに木場一夫の『新しい博物館』においてその萌芽がみられたが，博物館の本質を「"もの"と"ひと"とを効果的に結びつける"はたらき"」としてとらえるという鶴田総一郎の「博物館学総論」の登場によって，それがさらに徹底された．

鶴田は，博物館の機能を，①収集，②整理保管，③調査研究，④教育普及としたうえで，相互の関係について図3.3.2のように示すとともに，①因果律的関係にあること，②等価値的であること，③相互補償的であること，という相関性を提起した（鶴田，1956）．

浜根洋（生駒山天文博物館学芸員）が，「CRE循環」と称して，保存（Conservation），研究（Research），教育（Education）という3機能の循環の重要性を説き（浜根，1963），倉田公裕が図3.3.3のように図式化して（Ⅱ）の姿が望ましいと主張したのも（倉田，1979），こうした相関性の一つのバリエーションである．

後藤和民は，博物館の機能を，博物館の目的や方法を規定する社会的機能と，それを現実的・具体的に実現する方法手段である内部的機能に分けた（後藤，1978）．社会的機能とは，博物館の社会的役割や存在意義，目的を把握し，博物館が社会に対してとるべき行動や態度を確立させることを指し，そのために長期にわたる計画的，組織的な調査研究が必要であるとする．内部的機能は，博物館内部で行われる調査研究，分類・整理・保存，展示・教育活動のことであり，社会的機能によってその方向づけや方向性が決まるという．そして，社会的機能と内部的機能は，単なる循環ではなく，図3.3.4のように，正・反・合と弁証法的に統一されながら，社会の進展とともに発展するという動的な把握を提唱した．

一方，加藤有次は，①資料収集，②調査研究，③

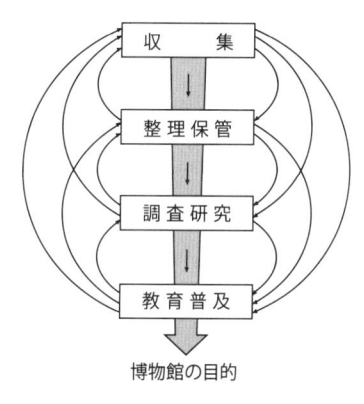

図3.3.2 博物館の機能（1）（鶴田，1956）

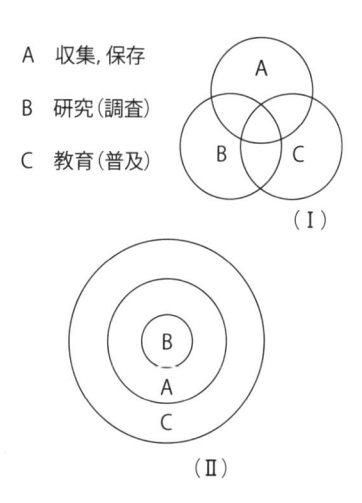

図3.3.3 博物館の機能（2）（倉田，1979）

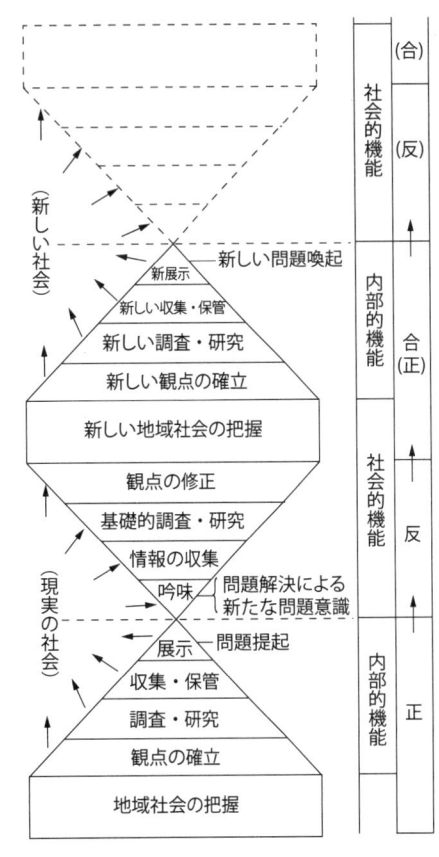

図 3.3.4 博物館の機能（3）（後藤，1978）

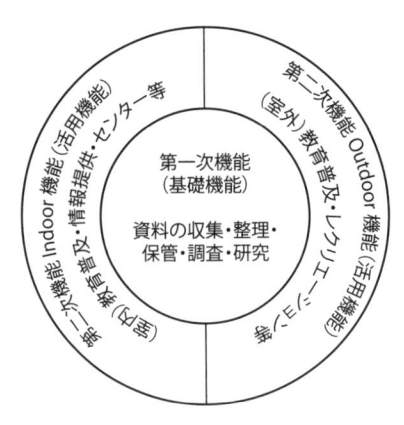

図 3.3.5 博物館の機能（4）（加藤，1977）

整理保管、④教育活動、という4つの機能を核とし、それらを基礎機能である「第一次機能」と、活用機能である「第二次機能」に分類した（図3.3.5）。第一次機能は、「一つの資料を、博物館資料（＝「もの」）とするためのきわめて基礎的な働きかけ」であり、「資料の収集、整理、保管、調査、研究」が該当するとした。第二次機能は、「いかに資料を活用・利用するかを考える機能」であり、室内機能（In-door 機能）と室外機能（Out-door 機能）の両面からその機能の整理をする必要性を訴えた（加藤，1977）。これは、機能相互の関係性というより、機能ごとに活動の類型化を図ったもので、鶴田の機能論とは隔たりのあるものだった。そのためか、この考え方についてはその後あまり参照されることはなかったようである。

この時期の博物館学における議論について、青木豊は「博物館学の目的、方法、構成といった博物館学の体系に関する執拗な研究が流行した時代」と総括し、「かかる状況が一方で博物館現場との乖離を生じさせた一因であった」と評している（青木，2011）。確かに、博物館の現場とは無関係に、「象牙の塔」の中で組み立てられた抽象度の高い議論が「机上の空論」として受け取られたとしても不思議ではない。しかしその一方で、こうした乖離状況は、内的機能の組み合わせによって理想の博物館像を目指すという、鶴田総一郎以来の博物館機能論の方法論そのものに内在する問題でもあった。

3.3.6 機能主義博物館論批判

鶴田総一郎が『博物館学入門』において展開した理論を、最初に「機能主義博物館論」という言葉で表現し、その後、執拗に「機能主義博物館論批判」を展開したのは、鶴田の法政大学での教え子にあたる伊藤寿朗だった。

伊藤は、鶴田の理論について、「わが国において博物館独自の内的論理を全的構造として示しえたのは『鶴田理論』唯一つだった」と評していたように（伊藤，1972a）、一定の評価を与えていたものの、直接的な理論継承をその内に見ることはできず、むしろ批判の対象として位置づけていた。このことは、鶴田が戦後博物館学の形成に寄与した「唯一といってもよいイデオローグ」（伊藤，1972a）であるという積極的な評価と表裏をなしている。

鶴田があくまでも博物館の内在的な機能にこだわり、博物館の内から理論構築を試みるという方法論をとっていたのに対し、「博物館のあり方は同時に

社会のあり方の反映でもある」ととらえた伊藤は，「博物館とその営みを生みだし，必然化させてきた，社会的諸条件から抽象化していく方法」として「歴史主義博物館論」を唱え，「本稿で提起する方法論である」（伊藤，1986）と，自らのスタンスをその枠組みに置こうとしていた．このような博物館学をめぐる方法論に決定的な差異を認めていた伊藤は，鶴田の「機能主義博物館論」に対して徹底的な批判を加えていく．

伊藤によれば，「機能主義博物館論」とは，先述したとおり "ひと" と "もの" とを結びつける "はたらき" を博物館の本質とする見方のことであり，

> 機能上の構成要素，形態上の構成要素を両者の関連と，その働きの仕方を，完成された理想的な姿である理念型として抽象化することによって，博物館本来のあるべき姿，目標をつくりだしていく．そしてこのモデルとして想定された世界から，現実の博物館の世界を判断していくという博物館論である．

ととらえられていた．この見方が，鶴田総一郎の「博物館学総論」において完成したとされ，

> 海外博物館の紹介的役割から脱皮し，博物館論として自立し，体系化しえた唯一のものである．さらに戦後の博物館論を指導し，かつ現在にいたるも支配している論理である．

と位置づけている（伊藤，1986）．

しかし，「ひと」「もの」という高度に抽象化された構成要素によって博物館の機能を論じ，しかもその内的な機能の理想的な組み合わせによって博物館のあり方を理念型として提示するという方法論は，現実の問題に対して無力であったとする．このことについて伊藤は，

> 今日の階級社会の複雑な網の目に組みこまれている人間をその規定性と媒介性を捨象し，抽象化して「ヒト」一般で，そして人間労働すらもが商品となるこの社会で，博物館資料を「モノ」一般でつつみこむ機能主義．その両者の相関関係の仕方を理念型としてさし示すという方法は，ひとたび現実の諸問題に接したとき，その内在的展開としての問題の所在をさし示すことができず，「意識を変えよ！」の啓蒙主義に転化してしまうわけである．

と論じ，その限界性について言及している（伊藤，1972b）．

こうした批判はさらに続き，「自己否定の契機を，自らの内にもつことを失なった機能主義博物館論は，そのまま矛盾なき，予定調和理論として世界に対面する」，「一面では，その理念型の持つ緊張感の高さによって，進むべき方向を提示しつつ，しかし他面では，人畜無害の啓蒙的説教へと堕していく」と，その弊害について繰り返し指摘した（伊藤，1986）．

しかし，両者の見解は完全に平行線をたどるようなものではなかった．伊藤の理論形成の過程において，戦後博物館学の最大のイデオローグ・鶴田総一郎の存在は巨大なものであったはずであり，それがポジかネガかという反転現象はあったにせよ，鶴田の理論を媒介にして生み出されたからである．

伊藤は，「近代に生きる博物館の避けることのできない宿命」として，「一方では，対社会的な外在的諸関係として，しかし他方では，博物館固有の内在的諸関係として，一個二重の機能をもって成立している」ことを挙げ，「この両者の関係性を問うところに〈博物館の概念〉が発生する」と結論づけた（伊藤，1978）．後者は明らかに鶴田の機能主義を想定しており，伊藤自身はおおむね前者の立場をとっていた．

ここから導き出されるのは，両者が決して相反するものではなく，相補的な関係性としてみなしているという伊藤の枠組みである．つまり伊藤は，一方の立場に基づくアプローチのみでは完全ではありえず，両者をトータルにとらえ対象化していくことを，博物館学の課題として提起したのである．したがって，対立図式としてではなく，補い合う二つの要素として把握されるべきものだった．伊藤の理論は，鶴田の存在があって初めて有効なのであり，そのことによって伊藤は自らの方法論的なスタンスを位置づけることができたのである． ［金子 淳］

参考文献

青木豊（2011）「博物館学の歴史」鷹野光行・山田英徳・米田耕司・西源二郎編『新編博物館概論』同成社

新井重三（1973）「博物館における"研究"の性格と機能別にみた博物館の分類—Curatorial Museum と Non-curatorial Museum」『博物館研究』45巻2号

新井重三（1979）「博物館学（理論）と博物館実践学」『博物館学講座 第1巻 博物館学総論』雄山閣出版

伊藤寿朗（1972a）「鶴田総一郎「博物館学芸員の専門性について」書評」『博物館問題研究会会報』6

伊藤寿朗（1972b）「情勢分析—私達をとりまく諸問題」『博物館問題研究会会報』9

伊藤寿朗（1978）「日本博物館発達史」伊藤寿朗・森田恒之編『博物館概論』学苑社

伊藤寿朗（1986）「地域博物館論」長浜功編『現代社会教育の課題と展望』明石書店

伊藤寿朗・森田恒之（1978）『博物館概論』学苑社

犬塚康博（1994）「新京の博物館」東海教育研究所『「満洲国」教育史研究』2

上田穰（1963）「講演「博物館学の基礎」をきいて」『博物館研究』36巻12号

加藤有次（1977）『博物館学序論』雄山閣出版

加藤有次（2000）「博物館学史」『新版・博物館学講座 第1巻 博物館学概論』雄山閣出版

金子淳（2001）『博物館の政治学』青弓社

倉田公裕（1970-1971）「博物館学概論（試論）」『博物館研究』42巻4号，4巻2・4号

倉田公裕（1979）『博物館学』東京堂出版

後藤和民（1978）「博物館の運営と職員」伊藤寿朗・森田恒之『博物館概論』学苑社

木場一夫（1949）『新しい博物館—その機能と教育活動』日本教育出版社（伊藤寿朗監修（1991）『博物館基本文献集 第12巻』大空社に再録）

棚橋源太郎（1950）『博物館学綱要』理想社（伊藤寿朗（1991）『博物館基本文献集 第13巻』大空社に再録）

鶴田総一郎（1956）「博物館学総論」日本博物館協会編『博物館学入門』理想社

鶴田総一郎（1975）「学芸員を目指す人々のために」『博物館研究』10巻6号

鶴田総一郎（1991）「『博物館学入門』の『博物館学総論』篇を執筆した経緯」伊藤寿朗『博物館基本文献集 別巻』大空社

名古屋市博物館（1995）『新博物館態勢—満洲国の博物館が戦後日本に伝えていること』

日本社会教育学会社会教育法制研究会（1972）『社会教育法制研究資料 XIV』

日本博物館協会編（1956）『博物館学入門』理想社

日本博物館協会（1960）『博物館研究』33巻11号

日本博物館協会（1963）「特集・博物館学の確立のために」『博物館研究』36巻11号

浜田弘明（2010）「鶴田総一郎と博物館学」『博物館学資料「鶴田文庫」の整理・保存及び公開に関する調査・研究』（平成19〜21年度科学研究費補助金基盤研究（C）研究成果報告書）

浜根洋（1963）「博物館学について」『博物館研究』36巻12号

森田恒之（1978）「博物館の機能と技術」伊藤寿朗・森田恒之『博物館概論』学苑社

文部省（1952・1953）『学芸員講習講義要綱』（伊藤寿朗（1991）『博物館基本文献集第21巻』大空社に再録）

文部省科学局総務課（1944）『昭和十九年八月 各国主要博物館の概要』（『博物館史研究』7号（1999）に再録）

安井良三（1970）「博物館学序論—博物館学成立に関する（試論）」『同志社大学博物館学紀要』2

3.4 博物館学における郷土と地域

博物館学においてとりわけ主要な課題として取り組まれていたのが，博物館にとっての郷土や地域をどのように対象化するのかということだった．多くの論者が，博物館と郷土・地域の関係に言及し，その理論化も意欲的に進められていた．そこで，博物館学における郷土・地域の関係性について，節を改めて詳しく検討していきたい．

博物館学において郷土や地域が集中的に論じられた時期は，大きく分けると3回のピークがある．1回目のピークは，1920～30年代にかけての郷土教育運動と関わりながら展開した郷土博物館論であり，棚橋源太郎がその主導的役割を担った．次いで2回目は，1960～70年代にかけて，中小の博物館が市町村単位で増加してきたことを背景に，複数の研究者によって論じられてきた博物館地域社会論である．3回目にやってきたのは，伊藤寿朗によって1980年代に提起された地域博物館論である．以下，順にみていく．

3.4.1 棚橋源太郎の郷土博物館論

a. 学校教育における郷土

棚橋が郷土について言及を始めたのは，『教育実験界』に「教授の基礎としての郷土」を発表した1901（明治34）年以降であった．その後，次々に郷土科教授に関する論考を発表し，1903（明治36）年の『尋常小学に於ける実科教授法』の刊行がその集大成となる（福田，2011）．当時，東京高等師範学校附属小学校訓導として現場での教育実践を積み重ねていた棚橋にとって，郷土は直観教授・実物教授に基礎をおく教授法の中で位置づけられるものだった．

棚橋が影響を受けていた直観教授論は，明治10年代にペスタロッチによってもたらされ，すでに1881（明治14）年には，その影響を受けたとされる「小学校教則綱領」が公布されていた．その綱領には，「務メテ実地ニ就キ児童ノ観察力ヲ養成スヘシ」とあり，各科の教授を実物標本・模型等の観察を基礎として行う教育方法が志向されていたことがわかる．

次いで1891（明治24）年に公布された「小学校教則大綱」では，「尋常小学校ノ教科ニ日本歴史ヲ加フルトキハ郷土ニ関スル史談ヨリ始メ」と規定され，身近な生活の場，すなわち「郷土」に教材を発見し，それを授業に利用するという「郷土教育」の思想が登場している．ドイツにおけるハイマートクンデ（Heimatkunde＝郷土科）設置の影響を受け，郷土教育は，歴史・地理・理科等の実科（＝内容教科）の「初歩」「予備」としての位置が確立した．

ちょうどこのような時期に，棚橋は郷土に対する関心を持ち始め，東京高等師範学校附属小学校で実践を始めるのである．同校における郷土科に関する理論と実践は，郷土教育の思想に教育方法としての一定の水準を与え，とりわけ実地観察に重きをおいた棚橋の実践は，秋田県師範学校附属小学校，長野県師範学校附属小学校など，主に師範学校附属小学校のカリキュラムに影響を与えたといわれている（川合，1985）．

このように，学校教育における郷土教育推進の最前線にいた棚橋は，その後，東京高等師範学校附属東京教育博物館への着任，1909（明治42）年から2年間のドイツ・アメリカ留学を経て，徐々に活動の主軸を博物館に移していく．そして，欧米の先進的な博物館の見聞をふまえながら，博物館の理論的・実践的主導者として着実に歩みを進めていくが，棚橋が本格的に郷土博物館に言及を始めたのは，1925（大正14）年からの2回目の留学を終えてからであった．

b. 郷土教育運動と師範学校における郷土室

棚橋が2回目の留学を終えた昭和初期には，教育界を郷土教育運動が席巻していた．1927（昭和2）

年に，文部省は全国の師範学校や附属小学校などに対し「郷土教授ニ関スル件」を照会し，郷土教育に関する実態調査を行った．これを皮切りに，文部省では郷土教育に関する施策を矢継ぎ早に実施していく．1930（昭和5）年・1931（昭和6）年には，全師範学校に対して郷土室設置を目的に，1校あたり初年度1,810円，2年目に4,150円の「郷土研究施設費」を交付した．これにより，実際に各師範学校では資料収集や施設の整備を進め，設置された郷土室においてはさまざまな実践が展開された（内山，2012）．

さらに，帝国図書館・東京美術学校を会場とした「郷土教育資料の陳列と講話」の実施（1932年），全国の師範学校を会場とした「郷土教育講習会」の実施（1932～1937年）など，文部省は郷土教育に関する施策を次々と打ち出し，これに伴って全国的に郷土教育が広まっていくことにもなる．

こうした文部省の振興策に呼応するように，郷土教育連盟を中心とした学校教育関係者による郷土教育運動が高まり，昭和初期になると一大教育運動として全国的に展開されていた．この郷土教育運動の中心的役割を担ったのが，刀江書院社長の尾高豊作を中心に，小田内通敏や柳田國男らも関わりながら，1930（昭和5）年11月に結成された郷土教育連盟だった．

連盟は，機関誌『郷土』（後に『郷土科学』『郷土教育』と誌名を変更）を舞台として，主に学校教育関係者による郷土教育の実践報告や研究成果の発表を行うとともに，盛んに各地で講演会・協議会を開催するなど，幅広い活動を行っていた．とくに文部省の郷土研究施設費の交付に際しては，特集や活動報告の記事を組み，大きな関心を寄せていた．

c. 棚橋源太郎による郷土室への見解

しかし，こうした傾向に対して棚橋源太郎は批判的な態度をとっていた．学校における郷土資料室の設置について，「いさゝか考慮の余地がある」としたうえで，「学校の一室に，常に同じ様な郷土資料を陳列して置いて，児童に勝手に出入させて見せておくことは徒らに彼等の興味をそぎ，研究心を鈍らすに過ぎない」という教育方法としての不備と，「各小学校毎に一つの郷土博物館様のものを造ることは甚だ不経済で到底経費の許さない」という不経済性を指摘し，「地方毎に若干の学校が協力し，種々な団体や有志者の援助を得て，郷土博物館を建設して共同的に使用しなければなるまい」と，学校内において小規模な資料室を設置するのではなく，学校教育の枠内にとどまらない広い視野のもとで，青少年，一般民衆のための郷土博物館を設置すべきだと主張した（棚橋，1931）．

しかしここで重要なのは，棚橋が，収集・保管・展示のすべてを児童自身が主体となって行い，児童の中から交代で「博物館委員」を選出し，その管理や展示品の収集・保管に当たるような学校博物館の設置については，大いに奨励していることである（棚橋，1930）．こうした見解は，1902（明治35）年に来日し棚橋もその講演録を翻訳したE. P. ヒューズの影響を大いに受けていた．そして，「陳列されるに至るまでの児童の労作作業と，委員制の自主的管理運営に拠る社会的訓練とに，教育上の価値を認める」という学校博物館論が，後に棚橋自身によって定式化されることとなる（棚橋，1949）．

つまり棚橋は，現状における郷土室が「常に同じ様な郷土資料を陳列して置いて，児童に勝手に出入させて見せておく」という状態となっていることを批判しているのであり，一般民衆をも組み入れた，より社会に広く開かれた存在になっていくか，あるいは，学校のカリキュラムの中で児童自身の主体性に基づいて運営されていく場になっていくことが求められているにもかかわらず，そのどちらにも当てはまっていない郷土室の現状を憂いていたのである．

d. 『郷土博物館』の刊行

さて，このような郷土教育運動の興隆を背景にして，棚橋の郷土博物館論の集大成として1932（昭和7）年に刊行されたのが『郷土博物館』である．

 緒論
 第一章　郷土博物館の本質と職能
 第二章　海外の郷土博物館
 第三章　本邦の郷土博物館
 第四章　郷土博物館の建設維持

第五章　郷土博物館の事業

以上5章によって構成されているが，特に紙面を割いて詳細に説明しているのが第2章「海外の郷土博物館」であり，2度の留学により見学したドイツ，スイス，イギリス，デンマーク，スウェーデン，フランス，アメリカなど，欧米の先進的な活動が豊富に紹介されている．その反面，第3章「本邦の郷土博物館」においては，「模範的代表的施設として推奨するに足る程のものゝないのは遺憾である」として，国内事例の扱いは実に素気ない．こうした欧米での先進的な事例をもとに，第4章以降で国内の郷土博物館における活動の指針を示すという展開になっている．

ここで注目すべきは，棚橋の郷土概念である．まず，郷土を「少年時代の郷土生活に於て，その周囲の自然的環境の刺戟や人物との交渉体験に依つて，何時となく心に芽生え成長発達したもの」と定義した上で，その特徴について「児童の最初の郷土生活は，その邸宅或は狭い部落に限られて居るが，彼らが成長発達に連れて町村の全体に及び，遂に郡府県へ拡張されて往く」と，人間の成長とともに拡大していく郷土観を示した．

こうした認識に伴って，棚橋の構想する郷土博物館も，「比較的狭い町村を対象にして施設したものから，漸次広い範囲に及び郡とか府県とかに該当する地域を，対象に施設したものまである」と，さまざまな空間スケールを含むものとして説明される．具体的には，市町村を対象とした郷土博物館はVillage museumもしくはCity museum，郡府県の郷土博物館はProvincial museumに該当するとし，名称の違いこそあれいずれも郷土博物館であるという．

こうして，市町村から郡府県に至るまで郷土博物館として一括されるが，次に棚橋は，町村博物館，地方博物館，都市博物館と3段階に区分してその配置案を示している．町村博物館は，「資力に富んだ有力な町村だけに建設されることになるだらう」と予測し，それ以外の町村では「当分のところ小学校の郷土資料室を以て，町村博物館の代用たらしめなければならぬ」とした．つまり，先の学校教育における郷土室の設置は，郷土博物館の「代用」であり，学校設備であっても，「町村全住民社会教育の目的にも利用されなければならない」のである．

地方博物館は，「人口二三十万以下の小都市」に建設され（棚橋，1932），その建設地として「県庁所在地，旧郡役所の所在地等，地方の政治経済教化の中枢地」を挙げる．それに対して都市博物館は，「少くとも人口五六十万以上を有し，その都市の為めに，郷土博物館を特設し得る場合のものであらねばならぬ」とし，このような大都市には，科学産業，歴史考古学，美術工芸の3種の専門博物館に加え，郷土博物館が必要だと提案している．

ところで棚橋は，『郷土博物館』において，郷土概念の根幹に「強い郷土感愛郷土的感情」があるとし，その「郷土愛は，遂に祖国愛に発展して往く」と，郷土から国家に直結する精神的なつながりを見据えていた．こうした言明は，後に軍国主義化が進む中で，愛郷心・愛国心の涵養を促す教育実践として，郷土博物館がより積極的に活用されていく布石ともなっていたことにも注意しなければならない．

3.4.2　博物館地域社会論

次に博物館学において地域が再び議論の俎上に載るのは，おおむね1960〜1970年代になってからである．戦争によって壊滅的な被害を受けた博物館は，徐々に復興を遂げ，1960年代に本格化した高度経済成長によって博物館の数が飛躍的に増大する．この時期に至って，「中小博物館における活動の定着」と「学芸職員が層として登場し，自己を主張してきた」こととが相俟って，「かつての郷土博物館への回帰ではなく，博物館の地域課題を，博物館主体の側から見出していこう」とする動きが生まれる．こうして主張されるようになったのが，「博物館地域社会」という考え方だった（伊藤，1986）．

a.　加藤有次

加藤有次は，博物館を利用する立場から，博物館を①地域社会型博物館，②観光型博物館，③研究型博物館に分類し，それぞれの形式ごとに博物館を取り巻く地域社会が存在すると考えた．加藤はそれを

「博物館地域社会」と呼び,「地理学的,社会学的条件と特に交通事情を考慮に入れて,博物館を中心とする変形同心円上」に存在するとした(加藤,1972).そして,①地域社会型博物館については,「一種の地域社会学校の様な性格を必然的に具備される」と述べ,アメリカの教育学者,オルセン(E. G. Olsen)が1930年代に提唱したコミュニティ・スクールとの類似性に言及しているが,それ以上の考察はない.

加藤の着想の原点となっているのは,『秋田県立綜合博物館設立基本構想』である.秋田県立博物館は,1975(昭和50)年の開館に際して基本構想を策定し,加藤も設立構想委員の一人に名を連ねていた.その基本構想において,「秋田の自然と,そこに生まれ育った文化を特定の課題として,人文諸科学と自然諸科学の接点を積極的に作り,秋田風土を軸にした,横割りの学問」として「郷土学(秋田学)」を提唱した.そして,「この秋田における基本的な考え方を,その郷土地域におきかえることが可能である」として,「秋田学」をモデルとして他地域においても代替可能であることを示唆していた.

b. 倉田公裕

『秋田県立綜合博物館設立基本構想』を加藤とともに起草したのは倉田公裕だった.倉田は県立博物館の役割を重視し,「地域(県立)博物館論」を展開している(倉田,1979).

> 都道府県とは,基礎的行政機関ではなく中間的な人為的行政区域といえるが,今では明治4年の廃藩置県から,100年を越す伝統に支えられている.従ってそこには抜きがたい地域住民の一体的意識とそれぞれに異なる特性(県民性)が形成されている

と,都道府県単位の行政区画の重要性を述べ,

> 都道府県が主体となる博物館を建設し,その地域の風土を知らしめ,新しいコミュニティを創ることは都道府県政の重要な任務の一つであろう

と強調する.こうして設立される県立(Regional)博物館は,「国立(National)と市町村立(Local)の間で,国立博物館的役割と市町村立博物館の不

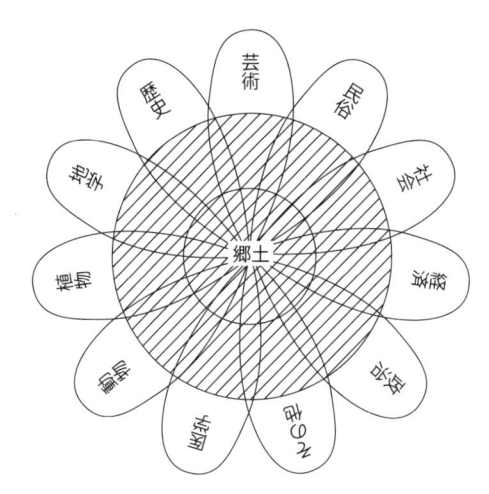

図3.4.1 郷土学(倉田,1979)

備を補充する中間的性格」と位置づけた.

その上で,倉田が志向したのは,「府県域を風土的に綜合した郷土博物館」だった.倉田の考える「綜合(Synthesis)」とは,「分析され,分解されたものを再び一全体に結合する手続き」のことを指し,歴史,自然史,考古,動物等々が並立的に設けられた「百科事典的総合」ではないという.これが図3.4.1に示される「郷土学(秋田学)」であり,倉田を中心にまとめられた『秋田県立綜合博物館設立基本構想』の骨子でもあった.

c. 後藤和民

後藤和民も,同時期に「博物館地域社会」を提唱したが,後藤の特徴は,「地域社会」の内実を「現実において,その博物館を必要とし活用している利用者集団」,つまり地域を構成する住民としたことである(後藤,1978).そして,その中でももっとも中心的な核となる地元の研究者・学習者の集団や個人を,「博物館地域社会」と呼び,図3.4.2のような構成によって説明した(後藤,1979).後藤が強調したのは,博物館における地域が,利用者にとっては行政上の便宜的区域である行政区画とまったく無関係であり,あくまでも博物館を利用する基礎的な社会集団がその地域を規定するという視点の転換である.そのために,

> 「博物館地域社会」の実態を捉え,その意志や志向性を把握するには,よほど組織的な調査研

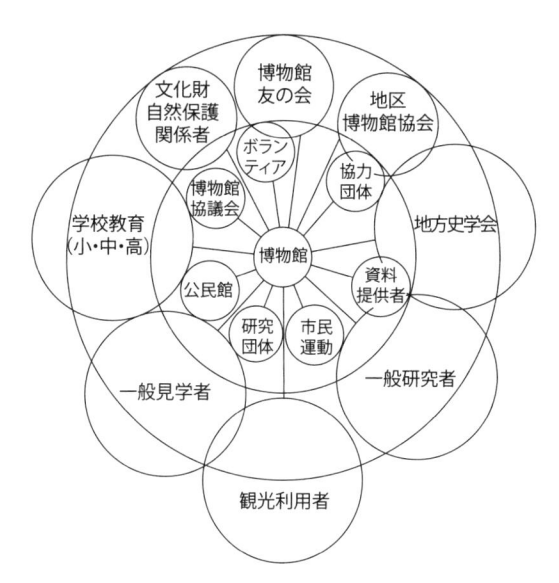

図 3.4.2 博物館地域社会（後藤，1979）

究が必要であり，しかも，それは実際の博物館活動を通して，直接，地域の住民や利用者との接触のなかで，真剣に捉えていかなければならない

と，その把握のための調査研究の必要性を説いた（後藤，1978）．

3.4.3 伊藤寿朗の地域博物館論

a. 博物館地域社会論から地域博物館論へ

1960〜70年代にかけて議論されていた博物館地域社会論について，伊藤寿朗は，「博物館の主体的な地域の設定によって，改めて博物館と地域の関係を対象化することができた」と評価しつつ，その一方で「市民を利用者へと客体化することでもあった」と批判した（伊藤，1986）．

「博物館と地域社会との結びつき」という課題において，問題とされたのは，地域に生活する市民の地域課題ではなく，利用者として客体化された入館者であった．そして利用者のニーズを把握するための，入館者アンケート調査が流行したわけである．この博物館地域社会という主張は，市民を常に客体の位置におくことによって，博物館と地域社会を結びつける際の核となるべき，市民自治の思想を欠落させていたといえよう．

このような博物館地域社会論の総括のもとで，伊藤は，地域博物館という新たな理論的枠組みを提示する．そしてその基礎作業として位置づけられていたのが，「第三世代の博物館像」といわれる独自の世代論だった．すなわち，博物館の活動内容や機能の変化を時系列に置き直し，世代間の違いを浮き立たせることにより，新しい博物館の方向性を導き出そうとしたのである．

b. 基礎作業としての第三世代の博物館像

伊藤は，博物館をその活動内容にしたがって3つの世代に分類した．第一世代とは，稀少価値をもった資料（宝物）の保存を運営の軸とする博物館である．娯楽や観光という特別の機会に観覧する施設で，日常生活からは乖離した別の世界と出会うために，人々は訪れるという．

それに対し，第二世代の博物館は，資料の公開を運営の軸とする．現在の県立・市立の博物館がこの世代の典型であり，知的好奇心・探究心を満たすための一過性の見学が利用形態の主流となる．第一世代から第二世代に至る「保存」から「公開」への転換は，戦後の中小博物館における学芸活動の形成と定着によってもたらされたという．

このような第二世代の博物館の先に，新たな潮流として生み出されつつあるのが，第三世代の博物館である．受動的な一過性の利用ではなく，能動的継続的な利用に応えることを目指す施設であり，市民の参加・体験を運営の軸とする．「公開」から「参加・体験」へ，そして「一過性の利用」から「継続的活用」へという，第二世代から第三世代への転換のエネルギーとなっているのは，市民の多彩な活動の拡がりであり，自己教育の主体として日常生活における新たな課題の発見を求めていく市民の活動そのものであった．この第三世代の博物館は期待概念であり，典型となる博物館はまだないとしているが，さまざまな新しい試みを通して，部分的に模索されているという．

伊藤は，博物館が目指すべき方向性としてこの第三世代の博物館像を構想し，「日常生活を対象化し，地域に，また社会に存在し，内包する新しい価

値を発見し，課題として提示していく」という指針を打ち立てた．その上で，このような地域に存在する新しい課題に応えることを目的とした博物館のあり方として提起したのが，地域博物館（地域志向型博物館）だった．

c. 地域博物館論

伊藤は，地域博物館論における地域について，従来の博物館地域社会論で示されたようなサービス・エリアとしての特定範囲を意味するのではなく，「そこに生活する人びとの課題を含めた立体的な概念」であると考え，「地域に生活する人びと，一人ひとりの問題関心や生活課題に，市民とともに，博物館の機能を通して応えていこうとする考え方」として，地域博物館の概念を説明した．

その特徴は，第一に，平塚市博物館という具体的な博物館における実践をモデルに理論化されたこと，第二に，中央志向型博物館，観光志向型博物館への対立概念として打ち出されたことにあった．

伊藤は，地域博物館がもともと「国立の大型館などとは異なる，中小博物館の自己主張であった」として，横須賀市博物館（現横須賀市自然・人文博物館），大阪市立自然科学博物館（現大阪市立自然史博物館）の活動を例示していた．その後，1976年に開館した平塚市博物館を，「郷土博物館などの用語では表象しきれない，新しい課題を含む」活動として評価し，「博物館の総体を対象化し，しかも相対化したうえで，そのあり方を示すひとつの概念として成立していく端初となった」として，伊藤が理論化していくことになる地域博物館の概念のモデルとしていた．

しかも，平塚市博物館の活動方針から伊藤が重要な点として読み取ったのが，中央型，観光型という対立的契機を示していた点である（浜口・小島，1977）．平塚市博物館の学芸員によって示されたこの論点は，伊藤によってさらに精緻に分析され，中央志向型博物館，観光志向型博物館への批判を含む新たな博物館のあり方として地域志向型博物館が理論化されていった（表3.4.1）．

普遍的な科学的成果（法則性）が重視され，このようなあらかじめ組織化された知識を一方的に教授する中央志向型博物館，そして，資料の希少価値が重視され，意外性や人気性を中心に構成される観光志向型博物館とは別の目的・志向性を有する博物館として，地域志向型博物館が定式化されたのである．

地域志向型においては，あくまでも地域課題を軸として，自然・人文・社会科学の諸領域を総合化し，地域の新しい価値を発見していくという方法をとる．しかもその地域課題への取り組みは，博物館が代行してその結果を提示するのではなく，地域に生活する人々の知恵と協力を得て，市民とともに解決していこうとする道筋を持つ．そのため博物館は，地域において自分の力で自分の学習を発展させていく自己教育への過程を保障することが求められることになる．

こうして，郷土博物館論，博物館地域社会論と続いてきた，博物館と地域との結びつきに関する理論

表3.4.1 博物館の3つの型（伊藤, 1986）

	目的	調査・研究の軸	教育内容編成の軸	教育方法の軸
地域志向型	地域に生活する人びとのさまざまな課題に博物館の機能を通してこたえていくことを目的とするもの	資料と人間との関係の，相互の規定性や媒介性を課題とし，そこに価値を見出すことを中心とする．軸となるのは人びとの生活課題（地域課題）	地域と教育内容の関連を重視する内容（教育内容を地域の生活に基づいて）編成	ものを考え，組み立て，表現する能力の育成を中心
中央志向型	人びとの日常的生活圏などのフィールドをもたず，全国・全県単位などで科学的知識・成果の普及を目的とするもの	資料と人間との関係の，一般性，共通性を課題とし，そこに価値を見出すことを中心とする．軸となるのは各専門領域ごとの法則や法則性	組織された知識・技術の体系を重視する内容（あらゆる国民に均等な教育内容の）編成	知識の教授を中心
観光志向型	地域の資料を中心とするが，市民や利用者からのフィードバックを求めない観光利用を目的とするもの	資料と人間との関係の，特殊性や意外性を課題とし，そこに価値を見出すことを中心とする．軸となるのは希少性	稀少価値を重視した内容編成	資料のもつ意外性，人気を中心とする

化は，伊藤寿朗による地域博物館論の登場により，地域課題の解決や市民の自己教育という新たな枠組みが与えられたのである．

d. 地域博物館論の研究史的位置づけ

伊藤寿朗の地域博物館論は，「博物館学全体の議論を転換させるほどの潮流を生んだ」（白井，1992）と評されるほど大きな影響力を持った．伊藤の遺作となった1991年の『ひらけ，博物館』では，第三世代の博物館像や地域志向型博物館論が一般読者向けに平易な言葉で説明され，博物館界のみならずより広く社会に知られていくことになるが（伊藤，1991），博物館の具体的な活動指針を明確に指し示していたこともあって，とりわけ現場の博物館学芸員への訴求力はきわめて大きいものがあった．

しかしその一方で，伊藤の志向する地域博物館論に対して現場から疑問が投げかけられていることにも注意を払う必要がある．府中市郷土の森博物館学芸員の小野一之は，「1990年代の博物館の実際を多くの点で先取りしていた」と評価しつつも，〈展示中心〉から〈事業中心〉へ，〈公開志向〉から〈参加・体験〉へという主張に対して，「博物館を公民館的機能に近づけようとする発想に見える」と違和感を表明し，博物館の固有の財産である資料の展示が「広範な市民への最も適切な学習機会の提供である」ことを重視したうえで，「めざすのは，限りなく公民館に近い博物館ではない」と警鐘を鳴らす（小野，1995）．さらに小野は，〈一過性の利用〉から〈継続的な活用〉へという提言に対しても，「博物館にとって自らの門戸を狭めることになりはしないだろうか」と疑問を呈し，「何の心構えもいらず，特別な催し物を目当てにしなくても，好きな時間に好きなだけ覗いてみることができる」という「気まま」な一過性の利用者をも対象化すべきと説く．

ただし，小野による批判は，地域博物館論が無批判に信奉されてしまうことへの戒めとして発せられたものとして理解すべきであり，それだけ地域博物館論が理論面，実践面において博物館関係者に与えたインパクトが大きかったことの裏返しでもあった．

［金子　淳］

参考文献

伊藤寿朗（1986）「地域博物館論」長浜功『現代社会教育の課題と展望』明石書店

伊藤寿朗（1991）『ひらけ，博物館』岩波書店

内山大介（2012）「昭和戦前期の師範学校郷土室と博物館活動―地域博物館前史としての基礎的考察」『博物館学雑誌』37(2)

小野一之（1995）「博物館の現代的課題」高島秀樹・神山敬章『現代社会教育の課題』明星大学出版部

加藤有次（1972）「博物館と地域に関する一試論」博物館学研究会『博物館と社会』

川合章（1985）『近代日本教育方法史』青木書店

倉田公裕（1979）『博物館学』東京堂出版

後藤和民（1978）「博物館の運営と職員」伊藤寿朗・森田恒之『博物館概論』学苑社

後藤和民（1979）「歴史系博物館」『博物館学講座　第4巻』雄山閣出版

白井哲哉（1992）「人文系専門研究分野における博物館論の動向」『Museum Study』3

棚橋源太郎（1930）『眼に訴へる教育機関』宝文館（伊藤寿朗（1990）『博物館基本文献集　第1巻』大空社に再録）

棚橋源太郎（1931）「郷土博物館問題」『郷土』6

棚橋源太郎（1932）『郷土博物館』刀江書院（伊藤寿朗（1990）『博物館基本文献集　第2巻』大空社に再録）

棚橋源太郎（1949）『博物館学綱要』理想社（伊藤寿朗（1990）『博物館基本文献集　第13巻』大空社に再録）

浜口哲一・小島弘義（1977）「地域博物館における学芸員と特別展」『博物館学雑誌』2(1・2)

福田珠己（2011）「棚橋源太郎の博物館論と郷土の具体化」『空間・社会・地理思想』14

3.5 多様化する博物館研究

3.5.1 博物館学から博物館研究へ

1990年代以降の博物館に関する研究を特徴づける最も大きな変化は，研究の多様化が進んだことである．確かに，学芸員養成という制度によって要請される「制度化された博物館学」は，1999年刊行開始の『新版博物館学講座（全15巻予定・未完）』（雄山閣）や『博物館学シリーズ（全7巻・別巻1）』（樹村房，1999〜2001年），『新博物館学教科書（全4巻）』（学文社，2012〜2013年）などのシリーズものを筆頭に，テキストの発行は増える一方であり，特に2009年の学芸員養成制度改正による科目増加を受け，この傾向は加速している（もちろん本シリーズも例外ではない）．

しかし，博物館を対象とする研究は，何も上記のような狭義の博物館学においてのみ行われているものではなく，これまでも歴史学，美術史学，社会学，文化人類学，教育学，民俗学，地理学，生物学など幅広い諸領域にわたって展開されてきた．そして，後に詳述するように，このような傾向は1990年代に至ってよりいっそう顕著となり，博物館に関する研究の専門分化が進んでいった．

多くの学問分野で博物館を研究対象として扱うことが増え，もはやその全体像を把握することすら困難になっているともいえる．博物館を研究する者は，研究対象が博物館であるという共通項があるだけで，それぞれの専門分野のディシプリンに則って個別に研究を進めるため，博物館学固有の枠組みとは無関係に，それぞれの領域で研究成果が蓄積されるという現状にある．その結果，博物館学固有の領域そのものが著しく希薄化し，博物館学としての独自性が相対的に低下していくこととなっている．

白井哲哉の整理によれば，博物館に関する議論は，①『博物館学雑誌』や『博物館研究』あるいは大学・研究機関の研究紀要を舞台とした博物館学研究者による議論，②全国各地の博物館の年報・紀要類に掲載された現場の学芸員たちの議論，③博物館の調査研究にかかわる専門分野の機関誌等で発表された博物館論，という3つに分類されるという（白井，1992）．この分類に従えば，③の議論が活発化してきたという傾向をまずは指摘できる．もっとも，①においては必ずしも「博物館学研究者」のみがその任を負ってきたわけではなく，実際には他分野の研究者や現場の学芸員も担ってきたことを考えれば，①から③の議論は相互に浸透しながら，より多様な主体が博物館に関する議論や研究の場を形成してきたと考えた方がより正確だろう．そこにはもはや，1970年代に「博物館学の体系化」を構想していたような「博物館学」としての素朴な一体感は存在しない．

こうした専門分化・多様化した博物館に関わる研究の現状を踏まえれば，学芸員養成制度と運命をともにする「制度化された博物館学」，あるいは既存の博物館を前提としてその維持管理のノウハウや望ましいあり方を追究する「実務としての博物館学」とは別に，より幅広い知的な営為として「博物館研究（Museum Studies）」とでもいうべき緩やかな領域において把握する必要があるだろう．それは，博物館を研究対象とした，広がりのある学際的研究の場の成立であり，既存の「博物館学」という枠組みの存立自体が所与のものとはされなくなってきたことをも意味していた．

3.5.2 マネージメントへの関心と体系化の夢

博物館研究におけるより多様な主体による動きの一つとしてまず挙げられるのは，マネージメントへの関心とその組織化である．その画期となったのは，1995年に日本ミュージアム・マネージメント学会が設立されたことだった．

それまで博物館に直接関わる関連組織について

は，全日本博物館学会（1973年），日本展示学会（1982年）は別にして，日本動物園水族館協会（1939年），全国美術館会議（1952年），日本植物園協会（1966年），全国科学博物館協議会（1971年）などが存在していたが，いずれも館種別の業界団体という性格が強く，研究面での主導性には乏しいものだった．

ところが，日本ミュージアム・マネージメント学会は，「経営」という博物館の一つの機能を切り取って全国的な展開がなされた学会であり，しかも学芸員や大学教員だけでなく，展示業者も含めた多様な会員によって構成され，「博物館業界」への影響も大きかった点で，全日本博物館学会とは違う流れのもとにあった．

同会の設立は，1993年から国立科学博物館において行われた「ミュージアム・マネージメント研修」を直接的な契機にしているが，ミュージアム・マネージメントなる語が実際の著作としてあらわれるのは，①諸岡博熊『ミュージアム・マネージメント―産業文化施設の運営』（諸岡，1993）を嚆矢とする．続けて，②同『企業博物館―ミュージアム・マネジメント』（諸岡，1995），③大堀哲ほか編『ミュージアム・マネージメント―博物館運営の方法と実践』（大堀ほか，1996）が矢継ぎ早に刊行され，1995年の日本ミュージアム・マネージメント学会設立とも相俟って，大きな潮流を一気に生み出していった．

ただし，奇しくも②のメインタイトルにもなっている通り，ミュージアム・マネージメントの流れは，企業博物館論と軌を一にしていた．企業博物館に関する議論は，1980年代後半から始まり（高柳，2011），諸岡博熊『企業博物館時代』（諸岡，1989）の刊行あたりから徐々に議論が活発化していくが，当時流行していたCI（コーポレート・アイデンティティ）戦略，企業メセナ，フィランソロピーなどの博物館への導入が強く意識されていた時期とも重なっていた．このような企業博物館の経営戦略をめぐる議論に刺激を受け，企業博物館だけでない博物館全般への適用が広く議論されるようになるのである．

さらに，1996年の博物館法施行規則改正によ り，学芸員養成科目として新たに「博物館経営論」（1単位）が誕生したことも追い風として作用した．このことにより，博物館経営もしくはミュージアム・マネージメントが一つの研究領域として自立していくことになるが，同時に，学芸員養成のカリキュラムに位置づけられたことで，博物館法制定時と同じように，学芸員養成という制度によってその存在が保障される反面，構成や内容は教科書的な画一性を余儀なくされるという制約を受けることにもなった．

また，バブル崩壊後の経済不況による予算削減や経営危機，そして指定管理者制度や独立行政法人化などの行政改革に直面したことにより，予算獲得や資金調達の手段として，あるいは採算性を確保して公的負担を少なくするといった観点から，より実学的なマネージメントへの志向が強められるようになっていく．

このような背景の中で，2000年に滋賀県立琵琶湖博物館で行われたシンポジウム＆ワークショップ「博物館を評価する視点」（滋賀県立琵琶湖博物館，2000）を皮切りに，2001年の江戸東京博物館「博物館における評価と改善スキルアップ講座」（村井，2002），2003年の日本博物館協会による「今後の博物館設置・運営基準と評価の在り方に関する国際シンポジウム」（守井，2003）などの催しが続き，2000年前後から博物館評価への注目が全国的に広がっていく．博物館評価の先駆的な実践例として知られる，静岡県立美術館における「ベンチマークスによる評価」（泰井，2002）が開始されたのは2001年度からのことである．これらのことがきっかけとなり，その後，現場レベルで博物館評価の必要性やその方法論について議論されるようになっていくのである．

その一方で，学芸員養成制度の改正によって誕生した「博物館経営論」の授業内容を検討する中で，「ミュージアム・マネージメント学」の確立を目指そうとする動きも出ている．たとえば，日本ミュージアム・マネージメント学会では，2011年に「新学芸員養成課程対応特別研修会」を実施し，「ミュージアム・マネージメント学の学問領域」が案として出されている（高安，2012）．その構成は表3.5.1

表 3.5.1 ミュージアム・マネージメント学の学問領域（案）（高安，2012）

アドミニストレーション・マネージメント	基礎論	ミュージアム・マネージメント概念
		ミュージアム・マネージメント制度論
		ミュージアム数理論・マネジメント学説
	歴史研究	ミュージアム・マネージメント歴史研究
	経営一般論	設立管理論・資金
		マーケティング・経営計画と評価
		組織と人材
		事業運営・アウトソーシング（業務委託）
		施設管理・危機管理
コレクション・マネージメント	ミュージアム資料論	コレクション・ポリシー・地域の資料
		文化遺産・産業遺産
		資料のソフト化
	資料活用論	情報とメディア
		展示への活用
		ミュージアムショップ
		地域おこしと資料活用
コミュニケーション・マネージメント	コミュニケーション理論	コミュニケーション・ポリシー
		コミュニケーション各論
	展示	展示のデザインと活用・評価
		デザイン・マネージメント
	教育	デザイン・教育コンテンツ開発
		博物館教育
	連携	ネットワーク，リレーションシップ
		パブリシティ（広報）
		アクセシビリティ（利用便益）
		市民参画
	サービス	ミュージアムのもてなし（サービスエンカウンター）
		フォローアップ＆アップデーティング
		友の会・ボランティア
今日的課題	新しい理念	新ミュージアムの概念
		地域おこしとミュージアム・マネージメント
		高度情報社会
	新しい機能	産業とミュージアム
		大学とミュージアム・マネージメント
	新しい技術	ミュージアムのソフト化

（注）細目は省略．表中では「マネージメント」と「マネジメント」が混在しているが，表記は原文のままである

のとおりである．ここからは，1970年代に新井重三らが思い描いていた博物館学の「体系化の夢」が重なって見える．その当時，博物館学はまだ新しい学問領域であるという自己認識があったからこそ，彼らは「体系化」の構想を壮大に描き出そうとしたわけだが，その40年後に，分野を変えて「体系化の夢」が再び目指されているともいえるだろう．

3.5.3 来館者研究・コミュニケーション・構成主義

こうしたマネージメントへの注目と一部結びつきながら，1990年代以降に一つの研究領域を形作ったのが来館者研究であった．アメリカにおいてはすでに20世紀初頭に生まれていた来館者研究が日本にもたらされたのは，1980年代のこととされる．日本にやってきた初期段階にあたる1980年代後半から90年代前半の来館者研究は，主に大学の建築学系工学者と，展示製作会社によって行われることが多く，来館者の行動について動線や滞留時間などを詳細に記述・分析することにその特徴があったが，博物館自体の内発的動機により行われることはなかったという（村田，2003）．

このような段階を経て，1990年代以降の来館者研究に大きな影響を与えたのが，ジョン・H.フォークとリン・D.ディアーキングによる「相互作用による体験モデル（Interactive Experience Model）」であり，邦訳書の刊行によってその概念が広く知られることとなった（フォーク＆ディアーキング，1996）．また，フォークらの研究において注目された，博物館体験が人に与える長期的な影響力について検証しようとする動きもあらわれた（湯浅，2003ほか）．

一方，1990年代以降，展示を媒介とした博物館と来館者とのコミュニケーションへの関心も顕著になっていく．送り手から受け手に向けてメッセージが一方向的に伝達されるという「伝達アプローチ」ではなく，「すでに持っている知識を積極的に活用し，解釈社会の枠組みの中で自分自身の意味を見出していく」（Hooper-Greenhill, 1999）というプロセスとして「文化的アプローチ」を提起したイギリスの博物館学者，アイリーン・フーパーグリーンヒルの影響を受け，コミュニケーション・モデルとして能動的な来館者の経験を読み解いていく方法論は，さらに来館者研究の裾野を広げていった（並木，2005ほか）．

一方で，フーパーグリーンヒルが提起したコミュニケーション・モデルを批判的に継承しつつ，博物館におけるユニークなモデルを提起したのが，橋本裕之だった．橋本は，人類学におけるパフォーマンス・アプローチを参照しつつ，展示の理解に際して「ズレ」が発生しているにもかかわらず結果的に成立しているような屈折したコミュニケーションのことを「インターラクティヴ・ミスコミュニケーション」と名付け，肯定的に評価した（橋本，1998）．

このような来館者の体験や博物館におけるコミュニケーションについては，教育学や博物館教育論において構成主義とよばれる学習理論のもとで議論されるようになっている．構成主義とは，学び手が自分の持つ知識や経験，それに基づく興味・関心を生かして主体的に知識を構成していくとの考えに基づくものであり，1990年代に欧米において積極的に議論されてきた．その代表的な論者であるジョージ・ハインの著作が，2010年に『博物館で学ぶ』として翻訳・出版され（ハイン，2010），構成主義が博物館教育論の文脈でますます定着しつつある．

そのほか，メディア研究の立場から，博物館を多様な意味が生成するコミュニケーション空間として分析する光岡寿郎や村田麻里子による一連の研究（光岡，2006；村田，2007ほか），「市民の知」と博物館の関係を理論的に考究した菅井薫の研究（菅井，2011）など，新たな広がりも見せている．

3.5.4 文化の表象・博物館の政治性

博物館を研究対象とする周辺領域を見渡せば，1980年代以降の人文・社会科学における文化の政治性・権力性に対する関心の高まりを背景として，博物館を「文化を表象する装置」として捉え，自己の表象／他者の表象という観点から，博物館や展示空間のもつ政治性や権力性を批判的に検証し，博物館という制度そのものを問い直そうとする議論が活発化してきたことは最も大きな特徴である．

こうした議論は，いわゆる博物館学とは別に，カルチュラル・スタディーズやポストコロニアル理論などと関係しながら，社会学，メディア論，文化人類学，美術史，地理学といった幅広い研究分野において領域横断的に展開された．その傾向に共通性を見出すことは容易ではないが，ミシェル・フーコーの権力論やエドワード・サイードのオリエンタリズ

ム批判などを下敷きに，ベネディクト・アンダーソンの国民国家論，モーリス・アルバックスの集合的記憶論，ジェームズ・クリフォードの「接触領域としてのミュージアム」，ピエール・ノラらによる「記憶の場」プロジェクトなどが参照されることが多く，学問領域の垣根を越えた大きな知的潮流の中に位置づけることができる．また，文化を不変で固定的なものとみなす「本質主義」に異議を唱え，社会や歴史の中で生成・変化していくものであるとする「構築主義」の視点から文化表象を捉えようとする点でも，一定の共通性を有するものだった．

こうした観点からの研究については，多くの分野にわたって膨大な数の論文が発表されているが，まとまった研究成果としては，荻野昌弘編『文化遺産の社会学』（荻野，2002），松宮秀治『ミュージアムの思想』（松宮，2003），溝上智恵子『ミュージアムの政治学』（溝上，2004），田川泉『公的記憶をめぐる博物館の政治性』（田川，2005），大阪人権博物館編『博物館の展示表象』（大阪人権博物館，2007），川口幸也編『展示の政治学』（川口，2007）などが挙げられる．こうした流れの中で，戦争と博物館あるいは展示の関係に注目した千野香織「戦争と植民地の展示」（千野，2000）や，長田謙一編『戦争と表象／美術』（長田，2007），笠原一人・寺田匡宏編『記憶表現論』（笠原・寺田，2009）など，「戦争と記憶」というキーワードからの研究も目立つ．

また，2000年以降，今後の博物館のあり方を示すキーワードとして多用されるようになったのが「フォーラムとしての博物館」である．これは，カナダの美術史家，ダンカン・キャメロンが1971年に発表した"The Museum : A Temple or the Forum"（博物館は神殿かフォーラムか？）(Cameron, 1971) と題した論文において，博物館はすでに評価の定まった「至宝」を人々が拝みに来るような場所（神殿としての博物館）か，あるいは，人々が集まりそこから議論が始まる場所（フォーラムとしての博物館）なのか，と提起された主張を，吉田憲司が「将来のありかたの鍵」があるとして紹介し（吉田，1999），それ以降，広く普及していった考え方である．伊藤寿朗の「第三世代の博物館像」や地域博

館論以降，具体的な博物館のあり方や指針を示す理論的な追究が必ずしも十分に進展していなかったためか，それに代わる新たな方向性を指し示す考え方として，博物館の現場では受容が進んでいったように思われる．

3.5.5 博物館史の細分化と多様化

1990年代以降の博物館に関する研究のもう一つの特徴として，博物館史の時代・空間・対象についてより細分化が進み，新たな観点からの実証的な研究が進展したことが挙げられる．

これまで博物館史といえば，椎名仙卓による一連の著作（椎名，1988ほか）か伊藤寿朗の「日本博物館発達史」（伊藤，1978）などの成果に負うことが多かったが，このような通史としてではなく，個別の事象に関して精緻に実証を重ねていく研究が増えていった．

特に棚橋源太郎の教育思想や実践に焦点を当てた研究が多くみられ，たとえば斎藤修啓「1890年代における棚橋源太郎による西欧博物館論の受容」（斎藤，1998），福井庸子「棚橋源太郎の博物館教育論の形成過程」（福井，2004），生島美和「棚橋源太郎の郷土博物館論の現代的意義」（生島，2006），佐藤優香「棚橋源太郎の教育思想と博物館経営」（佐藤，2009），福田珠己「棚橋源太郎の博物館論と郷土の具体化」（福田，2011）など，棚橋源太郎の多方面にわたる活動を再評価する動きが活発化した．

棚橋だけでなく，鶴田総一郎や伊藤寿朗ら博物館学者の理論形成の過程を歴史的に跡付けた研究も現れる（浜田，2010；瀧端，2002ほか）．これらは，単なる「人物史」としての紹介にとどまらず，既存の博物館学に関する研究史の理論的な再検討を促すものといえるだろう．また，渋沢敬三と今和次郎という2人の研究者が関わった民俗博物館について多面的に論じた丸山泰明の研究も注目される（丸山，2013）．

さらに，植民地博物館に関する実証的な歴史研究も進んだ．1980年代まではほぼ皆無に等しく，博物館史の中の「空白」となっていた植民地博物館に

関する研究も，「満洲国」を対象とした犬塚康博による一連の研究（犬塚，1993 ほか）を皮切りに，千田剛道「植民地朝鮮の博物館」（千田，1995）や，駒見和夫「関東州の博物館変遷をめぐって」（駒見，2012），大出尚子『「満洲国」博物館事業の研究』（大出，2014）などの成果が発表され，博物館史の中に確実に位置づけられてきている．

伊藤寿朗監修による『博物館基本文献集（全21巻・別巻1）』（1990～1991年，大空社）以来，しばらく出ていなかった博物館に関わる資料集も，『明治期 博物館学基本文献集成』（青木，2012）が発行されたことで，特に明治期の博物館史に関する基礎資料の補強につながった．そのほか，財部香枝の研究（財部，1999 ほか）を筆頭に，明治初年における西洋博物館の受容過程への関心も高まっている．

こうした動きは，もちろん「制度化された博物館学」の「体系」の枠組みに収まるものではない．むしろ個々の研究者の学問的関心に沿って個別に積み上げられたものであり，博物館研究における博物館史への関心の高まりとともに，その多様性を示す動向としてとらえられるだろう． ［金子 淳］

参考文献

青木豊編（2012）『明治期 博物館学基本文献集成』雄山閣

伊藤寿朗（1978）「日本博物館発達史」伊藤寿朗・森田恒之編『博物館概論』学苑社

犬塚康博（1993）「満洲国国立中央博物館とその教育活動」『名古屋市博物館研究紀要』16

大出尚子（2014）『「満洲国」博物館事業の研究』汲古書院

大阪人権博物館編（2007）『博物館の展示表象—差異・異文化・地域』大阪人権博物館

大堀哲ほか編（1996）『ミュージアム・マネージメント—博物館運営の方法と実践』東京堂出版

荻野昌弘編（2002）『文化遺産の社会学—ルーブル美術館から原爆ドームまで』新曜社

生島美和（2006）「棚橋源太郎の郷土博物館論の現代的意義—地域博物館論の基盤としての位置づけ」筑波大学大学院人間総合科学研究科教育学専攻『教育学論集』2

笠原一人・寺田匡宏（2009）『記憶表現論』昭和堂

川口幸也（2009）『展示の政治学』水声社

Cameron, Duncan F. (1971) 'The Museum : a Temple or the Forum?' Curator, 14 (1)（高島平吾訳（2004）「美術館—神殿かフォーラムか」『あいだ』99）

駒見和夫（2012）「関東州の博物館変遷をめぐって」『国府台』（和洋女子大学文化資料館・博物館学課程報告）16

斎藤修啓（1998）「1890年代における棚橋源太郎による西欧博物館論の受容—博物館の教育活動と学校教育の関係に注目して」『日本の教育史学』41

佐藤優香（2009）「棚橋源太郎の教育思想と博物館経営」『博物館学雑誌』34巻2号

椎名仙卓（1988）『日本博物館発達史』雄山閣出版

滋賀県立琵琶湖博物館（2000）『琵琶湖博物館研究調査報告』17

白井哲哉（1992）「人文系専門研究分野における博物館論の動向」明治大学学芸員養成課程『Museum study』3

菅井薫（2011）『博物館活動における「市民の知」のあり方—「関わり」と「価値」の再構築』学文社

泰井良（2002）「静岡県美術館における事業評価の意義とその後の経過」『博物館研究』37巻12号

高安礼士（2012）「ミュージアム・マネージメント学の学問的基礎について—博物館経営論の領域と理論」『日本ミュージアム・マネージメント学会会報』63

高柳直弥（2011）「『企業博物館』の成立と普及に関する考察—欧米からの"Corporate Museum"論の移入を中心に」『大阪市大論集』128

財部香枝（1999）「幕末における西洋自然史博物館の受容—万延元年（1860年）遣米使節団とスミソニアン・インスティテューション」『博物館学雑誌』24巻2号

田川泉（2005）『公的記憶をめぐる博物館の政治性—アメリカ・ハートランドの民族誌』明石書店

瀧端真理子（2002）「大阪市立自然史博物館における市民参加の歴史的検討(1)—大阪市立自然科学博物館時代」『博物館学雑誌』27巻2号

千田剛道（1995）「植民地朝鮮の博物館—慶州古蹟保存会と博物館」『帝塚山大学教養学部紀要』44

千野香織（2000）「戦争と植民地の展示—ミュージアムの中の『日本』」栗原彬・小森陽一・佐藤学・吉見俊哉編『越境する知1 身体：よみがえる』東京大学出版会

長田謙一編（2007）『戦争と表象／美術　20世紀以後』美学出版

並木美砂子（2005）『動物園における親子コミュニケーション―チンパンジー展示利用体験の比較』風間書房

ハイン，ジョージ・E.（鷹野光行監訳）（2010）『博物館で学ぶ』同成社

橋本裕之（1998）「物質文化の劇場―博物館におけるインターラクティヴ・ミスコミュニケーション」『民族学研究』62巻4号

浜田弘明編（2010）『博物館学資料「鶴田文庫」の整理・保存及び公開に関する調査・研究 解説編』（科学研究費補助金基盤研究(C)研究成果報告書）桜美林大学博物館学研究室

フォーク，ジョン・H.，ディアーキング，リン・D.（高橋順一訳）（1996）『博物館体験―学芸員のための視点』雄山閣出版

Hooper-Greenhill, Eilean（1999）'Education, communication and interpretation : Towards a critical pedagogy in museums', *The Educational Role of the Museum*, second edition, Routledge（竹内有理訳, 2004）「教育，コミュニケーション，解釈―博物館における批判的教育学にむけて」『文環研レポート』22）

福井庸子（2004）「棚橋源太郎の博物館教育論の形成過程」『早稲田大学大学院教育学研究科紀要』12巻1号

福田珠己（2011）「棚橋源太郎の博物館論と郷土の具体化」『空間・社会・地理思想』14

松宮秀治（2003）『ミュージアムの思想』白水社

丸山泰明（2013）『渋沢敬三と今和次郎―博物館的創造力の近代』青弓社

溝上智恵子（2004）『ミュージアムの政治学―カナダの多文化主義と国民文化』東海大学出版会

光岡寿郎（2006）「コミュニケーション空間としてのミュージアム―ミュージアム・スタディーズにおけるメディア論の可能性」『文化資源学論集』4

村井良子編（2002）『入門 ミュージアムの評価と改善』アム・プロモーション

村田麻里子（2003）「来館者研究の系譜とその課題―日本における博物館コミュニケーションの展開のための一考察」『日本ミュージアム・マネージメント学会研究紀要』7

村田麻里子（2007）「ミュージアムにおける「モノ」を巡る論考」『京都精華大学紀要』33

守井典子（2003）「アメリカ博物館協会が考える博物館の基準と評価―キム・アイゴー副会長の講演から」『博物館研究』38巻5号

諸岡博熊（1989）『企業博物館時代』創元社

諸岡博熊（1993）『ミュージアム・マネージメント―産業文化施設の運営』創元社

諸岡博熊（1995）『企業博物館―ミュージアム・マネジメント』東京堂出版

湯浅万紀子（2003）「博物館体験を評価する視点―博物館活動の長期的影響力を調査する」『日本ミュージアム・マネージメント学会』7

吉田憲司（1999）『文化の「発見」―驚異の部屋からヴァーチャル・ミュージアムまで』岩波書店

付　博物館関連法令

付.1　博物館法

博物館法（昭和二十六年十二月一日法律第二百八十五号）
　　　　最終改正：平成二十六年六月四日法律第五十一号
第一章　総則（第一条—第九条の二）
第二章　登録（第十条—第十七条）
第三章　公立博物館（第十八条—第二十六条）
第四章　私立博物館（第二十七条・第二十八条）
第五章　雑則（第二十九条）
附則

　　　第一章　総則
（この法律の目的）
　第一条　この法律は，社会教育法（昭和二十四年法律第二百七号）の精神に基き，博物館の設置及び運営に関して必要な事項を定め，その健全な発達を図り，もつて国民の教育，学術及び文化の発展に寄与することを目的とする．
（定義）
　第二条　この法律において「博物館」とは，歴史，芸術，民俗，産業，自然科学等に関する資料を収集し，保管（育成を含む．以下同じ．）し，展示して教育的配慮の下に一般公衆の利用に供し，その教養，調査研究，レクリエーション等に資するために必要な事業を行い，あわせてこれらの資料に関する調査研究をすることを目的とする機関（社会教育法による公民館及び図書館法（昭和二十五年法律第百十八号）による図書館を除く．）のうち，地方公共団体，一般社団法人若しくは一般財団法人，宗教法人又は政令で定めるその他の法人（独立行政法人（独立行政法人通則法（平成十一年法律第百三号）第二条第一項に規定する独立行政法人をいう．第二十九条において同じ．）を除く．）が設置するもので次章の規定による登録を受けたものをいう．
2　この法律において，「公立博物館」とは，地方公共団体の設置する博物館をいい，「私立博物館」とは，一般社団法人若しくは一般財団法人，宗教法人又は前項の政令で定める法人の設置する博物館をいう．
3　この法律において「博物館資料」とは，博物館が収集し，保管し，又は展示する資料（電磁的記録（電子的方式，磁気的方式その他人の知覚によつては認識することができない方式で作られた記録をいう．）を含む．）をいう．

（博物館の事業）
　第三条　博物館は，前条第一項に規定する目的を達成するため，おおむね次に掲げる事業を行う．
一　実物，標本，模写，模型，文献，図表，写真，フィルム，レコード等の博物館資料を豊富に収集し，保管し，及び展示すること．
二　分館を設置し，又は博物館資料を当該博物館外で展示すること．
三　一般公衆に対して，博物館資料の利用に関し必要な説明，助言，指導等を行い，又は研究室，実験室，工作室，図書室等を設置してこれを利用させること．
四　博物館資料に関する専門的，技術的な調査研究を行うこと．
五　博物館資料の保管及び展示等に関する技術的研究を行うこと．
六　博物館資料に関する案内書，解説書，目録，図録，年報，調査研究の報告書等を作成し，及び頒布すること．
七　博物館資料に関する講演会，講習会，映写会，研究会等を主催し，及びその開催を援助すること．
八　当該博物館の所在地又はその周辺にある文化財保護法（昭和二十五年法律第二百十四号）の適用を受ける文化財について，解説書又は目録を作成する等一般公衆の当該文化財の利用の便を図ること．
九　社会教育における学習の機会を利用して行つた学習の成果を活用して行う教育活動その他の活動の機会を提供し，及びその提供を奨励すること．
十　他の博物館，博物館と同一の目的を有する国の施設等と緊密に連絡し，協力し，刊行物及び情報の交換，博物館資料の相互貸借等を行うこと．
十一　学校，図書館，研究所，公民館等の教育，学術又は文化に関する諸施設と協力し，その活動を援助すること．
2　博物館は，その事業を行うに当つては，土地の事情を考慮し，国民の実生活の向上に資し，更に学校教育を援助し得るようにも留意しなければならない．
（館長，学芸員その他の職員）
　第四条　博物館に，館長を置く．
2　館長は，館務を掌理し，所属職員を監督して，博物館の任務の達成に努める．
3　博物館に，専門的職員として学芸員を置く．
4　学芸員は，博物館資料の収集，保管，展示及び調査研究その他これと関連する事業についての専門的事項をつかさどる．

5　博物館に，館長及び学芸員のほか，学芸員補その他の職員を置くことができる．
6　学芸員補は，学芸員の職務を助ける．
（学芸員の資格）
第五条　次の各号のいずれかに該当する者は，学芸員となる資格を有する．
一　学士の学位を有する者で，大学において文部科学省令で定める博物館に関する科目の単位を修得したもの
二　大学に二年以上在学し，前号の博物館に関する科目の単位を含めて六十二単位以上を修得した者で，三年以上学芸員補の職にあつたもの
三　文部科学大臣が，文部科学省令で定めるところにより，前二号に掲げる者と同等以上の学力及び経験を有する者と認めた者
2　前項第二号の学芸員補の職には，官公署，学校又は社会教育施設（博物館の事業に類する事業を行う施設を含む．）における職で，社会教育主事，司書その他の学芸員補の職と同等以上の職として文部科学大臣が指定するものを含むものとする．
（学芸員補の資格）
第六条　学校教育法（昭和二十二年法律第二十六号）第九十条第一項の規定により大学に入学することのできる者は，学芸員補となる資格を有する．
（学芸員及び学芸員補の研修）
第七条　文部科学大臣及び都道府県の教育委員会は，学芸員及び学芸員補に対し，その資質の向上のために必要な研修を行うよう努めるものとする．
（設置及び運営上望ましい基準）
第八条　文部科学大臣は，博物館の健全な発達を図るために，博物館の設置及び運営上望ましい基準を定め，これを公表するものとする．
（運営の状況に関する評価等）
第九条　博物館は，当該博物館の運営の状況について評価を行うとともに，その結果に基づき博物館の運営の改善を図るため必要な措置を講ずるよう努めなければならない．
（運営の状況に関する情報の提供）
第九条の二　博物館は，当該博物館の事業に関する地域住民その他の関係者の理解を深めるとともに，これらの者との連携及び協力の推進に資するため，当該博物館の運営の状況に関する情報を積極的に提供するよう努めなければならない．

第二章　登録

（登録）
第十条　博物館を設置しようとする者は，当該博物館について，当該博物館の所在する都道府県の教育委員会に備える博物館登録原簿に登録を受けるものとする．
（登録の申請）
第十一条　前条の規定による登録を受けようとする者は，設置しようとする博物館について，左に掲げる事項を記載した登録申請書を都道府県の教育委員会に提出しなければならない．
一　設置者の名称及び私立博物館にあつては設置者の住所
二　名称
三　所在地
2　前項の登録申請書には，次に掲げる書類を添付しなければならない．
一　公立博物館にあつては，設置条例の写し，館則の写し，直接博物館の用に供する建物及び土地の面積を記載した書面及びその図面，当該年度における事業計画書及び予算の歳出の見積りに関する書類，博物館資料の目録並びに館長及び学芸員の氏名を記載した書面
二　私立博物館にあつては，当該法人の定款の写し又は当該宗教法人の規則の写し，館則の写し，直接博物館の用に供する建物及び土地の面積を記載した書面及びその図面，当該年度における事業計画書及び収支の見積りに関する書類，博物館資料の目録並びに館長及び学芸員の氏名を記載した書面
（登録要件の審査）
第十二条　都道府県の教育委員会は，前条の規定による登録の申請があつた場合においては，当該申請に係る博物館が左に掲げる要件を備えているかどうかを審査し，備えていると認めたときは，同条第一項各号に掲げる事項及び登録の年月日を博物館登録原簿に登録するとともに登録した旨を当該登録申請者に通知し，備えていないと認めたときは，登録しない旨をその理由を附記した書面で当該登録申請者に通知しなければならない．
一　第二条第一項に規定する目的を達成するために必要な博物館資料があること．
二　第二条第一項に規定する目的を達成するために必要な学芸員その他の職員を有すること．
三　第二条第一項に規定する目的を達成するために必要な建物及び土地があること．
四　一年を通じて百五十日以上開館すること．
（登録事項等の変更）
第十三条　博物館の設置者は，第十一条第一項各号に掲げる事項について変更があつたとき，又は同条第二項に規定する添付書類の記載事項について重要な変更があつたときは，その旨を都道府県の教育委員会に届け出なければならない．
2　都道府県の教育委員会は，第十一条第一項各号に掲げる事項に変更があつたことを知つたときは，当該博物館に係る登録事項の変更登録をしなければならない．
（登録の取消）
第十四条　都道府県の教育委員会は，博物館が第十二条各号に掲げる要件を欠くに至つたものと認めたとき，又は虚偽の申請に基いて登録した事実を発見したとき

は，当該博物館に係る登録を取り消さなければならない．但し，博物館が天災その他やむを得ない事由により要件を欠くに至つた場合においては，その要件を欠くに至つた日から二年間はこの限りでない．

2　都道府県の教育委員会は，前項の規定により登録の取消しをしたときは，当該博物館の設置者に対し，速やかにその旨を通知しなければならない．

（博物館の廃止）

第十五条　博物館の設置者は，博物館を廃止したときは，すみやかにその旨を都道府県の教育委員会に届け出なければならない．

2　都道府県の教育委員会は，博物館の設置者が当該博物館を廃止したときは，当該博物館に係る登録をまつ消しなければならない．

（規則への委任）

第十六条　この章に定めるものを除くほか，博物館の登録に関し必要な事項は，都道府県の教育委員会の規則で定める．

第十七条　削除

第三章　公立博物館

（設置）

第十八条　公立博物館の設置に関する事項は，当該博物館を設置する地方公共団体の条例で定めなければならない．

（所管）

第十九条　公立博物館は，当該博物館を設置する地方公共団体の教育委員会の所管に属する．

（博物館協議会）

第二十条　公立博物館に，博物館協議会を置くことができる．

2　博物館協議会は，博物館の運営に関し館長の諮問に応ずるとともに，館長に対して意見を述べる機関とする．

第二十一条　博物館協議会の委員は，当該博物館を設置する地方公共団体の教育委員会が任命する．

第二十二条　博物館協議会の設置，その委員の任命の基準，定数及び任期その他博物館協議会に関し必要な事項は，当該博物館を設置する地方公共団体の条例で定めなければならない．この場合において，委員の任命の基準については，文部科学省令で定める基準を参酌するものとする．

（入館料等）

第二十三条　公立博物館は，入館料その他博物館資料の利用に対する対価を徴収してはならない．但し，博物館の維持運営のためにやむを得ない事情のある場合は，必要な対価を徴収することができる．

（博物館の補助）

第二十四条　国は，博物館を設置する地方公共団体に対し，予算の範囲内において，博物館の施設，設備に要する経費その他必要な経費の一部を補助することができる．

2　前項の補助金の交付に関し必要な事項は，政令で定める．

第二十五条　削除

（補助金の交付中止及び補助金の返還）

第二十六条　国は，博物館を設置する地方公共団体に対し第二十四条の規定による補助金の交付をした場合において，左の各号の一に該当するときは，当該年度におけるその後の補助金の交付をやめるとともに，第一号の場合の取消が虚偽の申請に基いて登録した事実の発見に因るものである場合には，既に交付した補助金を，第三号及び第四号に該当する場合には，既に交付した当該年度の補助金を返還させなければならない．

一　当該博物館について，第十四条の規定による登録の取消があつたとき．

二　地方公共団体が当該博物館を廃止したとき．

三　地方公共団体が補助金の交付の条件に違反したとき．

四　地方公共団体が虚偽の方法で補助金の交付を受けたとき．

第四章　私立博物館

（都道府県の教育委員会との関係）

第二十七条　都道府県の教育委員会は，博物館に関する指導資料の作成及び調査研究のために，私立博物館に対し必要な報告を求めることができる．

2　都道府県の教育委員会は，私立博物館に対し，その求めに応じて，私立博物館の設置及び運営に関して，専門的，技術的の指導又は助言を与えることができる．

（国及び地方公共団体との関係）

第二十八条　国及び地方公共団体は，私立博物館に対し，その求めに応じて，必要な物資の確保につき援助を与えることができる．

第五章　雑則

（博物館に相当する施設）

第二十九条　博物館の事業に類する事業を行う施設で，国又は独立行政法人が設置する施設にあつては文部科学大臣が，その他の施設にあつては当該施設の所在する都道府県の教育委員会が，文部科学省令で定めるところにより，博物館に相当する施設として指定したものについては，第二十七条第二項の規定を準用する．

附　則

（施行期日）

1　この法律は，公布の日から起算して三箇月を経過した日から施行する．

（経過規定）

2　第六条に規定する者には，旧中等学校令（昭和十八年勅令第三十六号），旧高等学校令又は旧青年学校令（昭和十四年勅令第二百五十四号）の規定による中等学校，高等学校尋常科又は青年学校本科を卒業し，又は修了した者及び文部省令でこれらの者と同等以上の資格を有するものと定めた者を含むものとする．

以下，附則略．

付.2　博物館法施行令

博物館法施行令（昭和二十七年三月二十日政令第四十七号）
　　　最終改正：昭和三四年四月三〇日政令第一五七号

内閣は，博物館法（昭和二十六年法律第二百八十五号）第二十五条第二項の規定に基き，及び同条の規定を実施するため，この政令を制定する．

（政令で定める法人）
　第一条　博物館法（以下「法」という．）第二条第一項の政令で定める法人は，次に掲げるものとする．
一　日本赤十字社
二　日本放送協会
（施設，設備に要する経費の範囲）
　第二条　法第二十四条第一項に規定する博物館の施設，設備に要する経費の範囲は，次に掲げるものとする．
一　施設費　施設の建築に要する本工事費，附帯工事費及び事務費
二　設備費　博物館に備え付ける博物館資料及びその利用のための器材器具の購入　に要する経費

　　　附　則
この政令は，公布の日から施行する．

付.3　博物館法施行規則

博物館法施行規則（昭和三十年十月四日文部省令第二十四号）
最終改正：平成二四年六月二九日文部科学省令第二四号

博物館法（昭和二十六年法律第二百八十五号）第五条及び第二十九条の規定に基き，博物館法施行規則（昭和二十七年文部省令第十一号）の全部を改正する省令を次のように定める．

　　第一章　博物館に関する科目の単位（第一条・第二条）
　　第二章　学芸員の資格認定（第三条—第十七条）
　　第三章　博物館協議会の委員の任命の基準を条例で定めるに当たつて参酌すべき基準（第十八条）
　　第四章　博物館に相当する施設の指定（第十九条—第二十四条）
　　第五章　雑則（第二十五条—第二十九条）
　　附則

　　第一章　博物館に関する科目の単位
（博物館に関する科目の単位）
　第一条　博物館法（昭和二十六年法律第二百八十五号．以下「法」という．）第五条第一項第一号に規定する博物館に関する科目の単位は，次の表に掲げるものとする．

科目	単位数
生涯学習概論	二
博物館概論	二
博物館経営論	二
博物館資料論	二
博物館資料保存論	二
博物館展示論	二
博物館教育論	二
博物館情報・メディア論	二
博物館実習	三

2　博物館に関する科目の単位のうち，すでに大学において修得した科目の単位又は第六条第三項に規定する試験科目について合格点を得ている科目は，これをもつて，前項の規定により修得すべき科目の単位に替えることができる．
（博物館実習）
　第二条　前条に掲げる博物館実習は，博物館（法第二条第一項に規定する博物館をいう．以下同じ．）又は法第二十九条の規定に基づき文部科学大臣若しくは都道府県の教育委員会の指定した博物館に相当する施設（大学においてこれに準ずると認めた施設を含む．）における実習により修得するものとする．
2　博物館実習には，大学における博物館実習に係る事前及び事後の指導を含むものとする．

　　第二章　学芸員の資格認定
（資格認定）
　第三条　法第五条第一項第三号の規定により学芸員となる資格を有する者と同等以上の学力及び経験を有する者と認められる者は，この章に定める試験認定又は審査認定（以下「資格認定」という．）の合格者とする．
（資格認定の施行期日等）
　第四条　資格認定は，毎年少なくとも各一回，文部科学大臣が行う．
2　資格認定の施行期日，場所及び出願の期限等は，あらかじめ，官報で公告する．ただし，特別の事情があ

る場合には，適宜な方法によつて公示するものとする．
(試験認定の受験資格)
　第五条　次の各号のいずれかに該当する者は，試験認定を受けることができる．
一　学士の学位を有する者
二　大学に二年以上在学して六十二単位以上を修得した者で二年以上学芸員補の職(法第五条第二項に規定する職を含む．以下同じ．)にあつた者
三　教育職員免許法(昭和二十四年法律第百四十七号)第二条第一項に規定する教育職員の普通免許状を有し，二年以上教育職員の職にあつた者
四　四年以上学芸員補の職にあつた者
五　その他文部科学大臣が前各号に掲げる者と同等以上の資格を有すると認めた者
(試験認定の方法及び試験科目)
　第六条　試験認定は，大学卒業の程度において，筆記の方法により行う．
2　試験認定は，二回以上にわたり，それぞれ一以上の試験科目について受けることができる．
3　試験科目は，次表に定めるとおりとする．

試験科目		試験認定の必要科目
必須科目	生涯学習概論	上記科目の全科目
	博物館概論	
	博物館経営論	
	博物館資料論	
	博物館資料保存論	
	博物館展示論	
	博物館教育論	
	博物館情報・メディア論	
選択科目	文化史	上記科目のうちから受験者の選択する二科目
	美術史	
	考古学	
	民俗学	
	自然科学史	
	物理	
	化学	
	生物学	
	地学	

(試験科目の免除)
　第七条　大学において前条に規定する試験科目に相当する科目の単位を修得した者又は文部科学大臣が別に定めるところにより前条に規定する試験科目に相当する学修を修了した者に対しては，その願い出により，当該科目についての試験を免除する．
　第八条　削除
(審査認定の受験資格)

　第九条　次の各号のいずれかに該当する者は，審査認定を受けることができる．
一　学位規則(昭和二十八年文部省令第九号)による修士若しくは博士の学位又は専門職学位を有する者であつて，二年以上学芸員補の職にあつた者
二　大学において博物館に関する科目(生涯学習概論を除く．)に関し二年以上教授，准教授，助教又は講師の職にあつた者であつて，二年以上学芸員補の職にあつた者
三　次のいずれかに該当する者であつて，都道府県の教育委員会の推薦する者
イ　学士の学位を有する者であつて，四年以上学芸員補の職にあつた者
ロ　大学に二年以上在学し，六十二単位以上を修得した者であつて，六年以上学芸員補の職にあつた者
ハ　学校教育法(昭和二十二年法律第二十六号)第九十条第一項の規定により大学に入学することのできる者であつて，八年以上学芸員補の職にあつた者
ニ　その他十一年以上学芸員補の職にあつた者
四　その他文部科学大臣が前各号に掲げる者と同等以上の資格を有すると認めた者
(審査認定の方法)
　第十条　審査認定は，次条の規定により願い出た者について，博物館に関する学識及び業績を審査して行うものとする．
(受験の手続)
　第十一条　資格認定を受けようとする者は，受験願書(別記第一号様式により作成したもの)に次に掲げる書類等を添えて，文部科学大臣に願い出なければならない．この場合において，住民基本台帳法(昭和四十二年法律第八十一号)第三十条の七第三項の規定により同法第三十条の五第一項に規定する本人確認情報の提供を受けて文部科学大臣が資格認定を受けようとする者の氏名，生年月日及び住所を確認することができるときは，第三号に掲げる住民票の写しを添付することを要しない．
一　受験資格を証明する書類
二　履歴書(別記第二号様式により作成したもの)
三　戸籍抄本又は住民票の写し(いずれも出願前六月以内に交付を受けたもの)
四　写真(出願前六月以内に撮影した無帽かつ正面上半身のもの)
2　前項に掲げる書類は，やむを得ない事由があると文部科学大臣が特に認めた場合においては，他の証明書をもつて代えることができる．
3　第七条の規定に基づき試験認定の試験科目の免除を願い出る者については，その免除を受ける資格を証明する書類を提出しなければならない．
4　審査認定を願い出る者については，第一項各号に掲げるもののほか，次に掲げる資料又は書類を提出しな

ければならない．
一　第九条第一号又は同条第二号により出願する者にあつては，博物館に関する著書，論文，報告等
二　第九条第三号により出願する者にあつては，博物館に関する著書，論文，報告等又は博物館に関する顕著な実績を証明する書類
三　第九条第四号により出願する者にあつては，前二号に準ずる資料又は書類

（試験認定合格者）
第十二条　試験科目（試験科目の免除を受けた者については，その免除を受けた科目を除く．）の全部について合格点を得た者（試験科目の全部について試験の免除を受けた者を含む．以下「筆記試験合格者」という．）であつて，一年間学芸員補の職にあつた後に文部科学大臣が認定した者を試験認定合格者とする．
2　筆記試験合格者が試験認定合格者になるためには，試験認定合格申請書（別記第三号様式によるもの）を文部科学大臣に提出しなければならない．

（審査認定合格者）
第十三条　第十条の規定による審査に合格した者を審査認定合格者とする．

（合格証書の授与等）
第十四条　試験認定合格者及び審査認定合格者に対しては，合格証書（別記第四号様式によるもの）を授与する．
2　筆記試験合格者に対しては，筆記試験合格証書（別記第五号様式によるもの）を授与する．
3　合格証書を有する者が，その氏名を変更し，又は合格証書を破損し，若しくは紛失した場合において，その事由をしるして願い出たときは，合格証書を書き換え又は再交付する．

（合格証明書の交付等）
第十五条　試験認定合格者又は審査認定合格者が，その合格の証明を願い出たときは，合格証明書（別記第六号様式によるもの）を交付する．
2　筆記試験合格者が，その合格の証明を申請したときは，筆記試験合格証明書（別記第七号様式によるもの）を交付する．
3　一以上の試験科目について合格点を得た者（筆記試験合格者を除く．次条及び第十七条において「筆記試験科目合格者」という．）がその科目合格の証明を願い出たときは，筆記試験科目合格証明書（別記第八号様式によるもの）を交付する．

（手数料）
第十六条　次表の上欄に掲げる者は，それぞれその下欄に掲げる額の手数料を納付しなければならない．

上欄	下欄
一　試験認定を願い出る者	一科目につき千三百円
二　審査認定を願い出る者	三千八百円
三　試験認定の試験科目の全部について免除を願い出る者	八百円
四　合格証書の書換え又は再交付を願い出る者	七百円
五　合格証明書の交付を願い出る者	七百円
六　筆記試験合格証明書の交付を願い出る者	七百円
七　筆記試験科目合格証明書の交付を願い出る者	七百円

2　前項の規定によつて納付すべき手数料は，収入印紙を用い，収入印紙は，各願書にはるものとする．ただし，行政手続等における情報通信の技術の利用に関する法律（平成十四年法律第百五十一号）第三条第一項の規定により申請等を行った場合は，当該申請等により得られた納付情報により手数料を納付しなければならない．
3　納付した手数料は，これを返還しない．

（不正の行為を行つた者等に対する処分）
第十七条　虚偽若しくは不正の方法により資格認定を受け，又は資格認定を受けるにあたり不正の行為を行つた者に対しては，受験を停止し，既に受けた資格認定の成績を無効にするとともに，期間を定めてその後の資格認定を受けさせないことができる．
2　試験認定合格者，審査認定合格者，筆記試験合格者又は筆記試験科目合格者について前項の事実があつたことが明らかになつたときは，その合格を無効にするとともに，既に授与し，又は交付した合格証書その他当該合格を証明する書類を取り上げ，かつ，期間を定めてその後の資格認定を受けさせないことができる．
3　前二項の処分をしたときは，処分を受けた者の氏名及び住所を官報に公告する．

第三章　博物館協議会の委員の任命の基準を条例で定めるに当たつて参酌すべき基準

第十八条　法第二十二条の文部科学省令で定める基準は，学校教育及び社会教育の関係者，家庭教育の向上に資する活動を行う者並びに学識経験のある者の中から任命することとする．

第四章　博物館に相当する施設の指定
（申請の手続）
第十九条　法第二十九条の規定により博物館に相当する施設として文部科学大臣又は都道府県の教育委員会の指定を受けようとする場合は，博物館相当施設指定申請書（別記第九号様式により作成したもの）に次に掲げる書類等を添えて，国立の施設にあつては当該施設の長が，独立行政法人（独立行政法人通則法（平成十一年法律第百三号）第二条第一項に規定する独立行政法人をいう．第二十一条において同じ．）が設置する施設にあつ

ては当該独立行政法人の長が文部科学大臣に，都道府県立の施設にあつては当該施設の長（大学に附属する施設にあつては当該大学の長），その他の施設にあつては当該施設を設置する者（大学に附属する施設にあつては当該大学の長）が当該施設の所在する都道府県の教育委員会に，それぞれ提出しなければならない．
一　当該施設の有する資料の目録
二　直接当該施設の用に供する建物及び土地の面積を記載した書面及び図面
三　当該年度における事業計画書及び予算の収支の見積に関する書類
四　当該施設の長及び学芸員に相当する職員の氏名を記載した書類
（指定要件の審査）
　　第二十条　文部科学大臣又は都道府県の教育委員会は，博物館に相当する施設として指定しようとするときは，申請に係る施設が，次の各号に掲げる要件を備えているかどうかを審査するものとする．
一　博物館の事業に類する事業を達成するために必要な資料を整備していること．
二　博物館の事業に類する事業を達成するために必要な専用の施設及び設備を有すること．
三　学芸員に相当する職員がいること．
四　一般公衆の利用のために当該施設及び設備を公開すること．
五　一年を通じて百日以上開館すること．
2　前項に規定する指定の審査に当たつては，必要に応じて当該施設の実地について審査するものとする．
　　第二十一条　文部科学大臣又は都道府県の教育委員会の指定する博物館に相当する施設（以下「博物館相当施設」という．）が第二十条第一項に規定する要件を欠くに至つたときは，直ちにその旨を，国立の施設にあつては当該施設の長が，独立行政法人が設置する施設にあつては当該独立行政法人の長が文部科学大臣に，都道府県立の施設にあつては当該施設の長（大学に附属する施設にあつては当該大学の長），その他の施設にあつては当該施設を設置する者（大学に附属する施設にあつては当該大学の長）が当該施設の所在する都道府県の教育委員会に，それぞれ報告しなければならない．
　　第二十二条　削除
　　第二十三条　文部科学大臣又は都道府県の教育委員会は，その指定した博物館相当施設に対し，第二十条第一項に規定する要件に関し，必要な報告を求めることができる．
（指定の取消）
　　第二十四条　文部科学大臣又は都道府県の教育委員会は，その指定した博物館相当施設が第二十条第一項に規定する要件を欠くに至つたものと認めたとき，又は虚偽の申請に基いて指定した事実を発見したときは，当該指定を取り消すものとする．

　　　第五章　雑則（学士の学位を有する者と同等以上の学力があると認められる者）
　　第二十五条　第五条第一号及び第九条第三号イに規定する学士の学位を有する者には，次に掲げる者を含むものとする．
一　旧大学令（大正七年勅令第三百八十八号）による学士の称号を有する者
二　学校教育法施行規則（昭和二十二年文部省令第十一号）第百五十五条第一項第二号から第八号までのいずれかに該当する者
（短期大学士の学位を有する者と同等以上の学力があると認められる者）
　　第二十六条　第五条第二号及び第九条第三号ロに規定する大学に二年以上在学し，六十二単位以上を修得した者には，次に掲げる者を含むものとする．
一　旧大学令，旧高等学校令（大正七年勅令第三百八十九号），旧専門学校令（明治三十六年勅令第六十一号）又は旧教員養成諸学校官制（昭和二十一年勅令第二百八号）の規定による大学予科，高等学校高等科，専門学校又は教員養成諸学校を修了し，又は卒業した者
二　学校教育法施行規則第百五十五条第二項各号のいずれかに該当する者
（修士の学位を有する者と同等以上の学力があると認められる者）
　　第二十七条　第九条第一号に規定する修士の学位を有する者には，学校教育法施行規則第百五十六条各号のいずれかに該当する者を含むものとする．
（博士の学位を有する者と同等以上の学力があると認められる者）
　　第二十八条　第九条第一号に規定する博士の学位を有する者には，次に掲げる者を含むものとする．
一　旧学位令（大正九年勅令第二百号）による博士の称号を有する者
二　外国において博士の学位に相当する学位を授与された者
（専門職学位を有する者と同等以上の学力があると認められる者）
　　第二十九条　第九条第一号に規定する専門職学位を有する者には，外国において専門職学位に相当する学位を授与された者を含むものとする．

　　　附　　則
1　この省令は，公布の日から施行する．
2　試験認定を受ける者のうち，博物館法の一部を改正する法律（昭和三十年法律第八十一号）附則第三項の規定により学芸員となる資格を有する者にあつては，第六条第二項の規定にかかわらず，選択科目の試験を免除する．

以下，附則略．

付.4 博物館の設置及び運営上の望ましい基準

博物館の設置及び運営上の望ましい基準（平成23年12月20日文部科学省告示第165号）

（趣旨）
　第一条　この基準は，博物館法（昭和二十六年法律第二百八十五号）第八条の規定に基づく博物館の設置及び運営上の望ましい基準であり，博物館の健全な発達を図ることを目的とする．
2　博物館は，この基準に基づき，博物館の水準の維持及び向上を図り，もって教育，学術及び文化の発展並びに地域の活性化に貢献するよう努めるものとする．
（博物館の設置等）
　第二条　都道府県は，博物館を設置し，歴史，芸術，民俗，産業，自然科学等多様な分野にわたる資料（電磁的記録を含む．以下同じ．）を扱うよう努めるものとする．
2　市（特別区を含む．以下同じ．）町村は，その規模及び能力に応じて，単独で又は他の市町村と共同して，博物館を設置するよう努めるものとする．
3　博物館の設置者が，地方自治法（昭和二十二年法律第六十七号）第二百四十四条の二第三項の規定により同項に規定する指定管理者に当該博物館の管理を行わせる場合その他当該博物館の管理を他の者に行わせる場合には，これらの設置者及び管理者は相互の緊密な連携の下に，当該博物館の事業の継続的かつ安定的な実施の確保，事業の水準の維持及び向上を図りながら，この基準に定められた事項の実施に努めるものとする．
（基本的運営方針及び事業計画）
　第三条　博物館は，その設置の目的を踏まえ，資料の収集・保管・展示，調査研究，教育普及活動等の実施に関する基本的な運営の方針（以下「基本的運営方針」という．）を策定し，公表するよう努めるものとする．
2　博物館は，基本的運営方針を踏まえ，事業年度ごとに，その事業年度の事業計画を策定し，公表するよう努めるものとする．
3　博物館は，基本的運営方針及び前項の事業計画の策定に当たっては，利用者及び地域住民の要望並びに社会の要請に十分留意するものとする．
（運営の状況に関する点検及び評価等）
　第四条　博物館は，基本的運営方針に基づいた運営がなされることを確保し，その事業の水準の向上を図るため，各年度の事業計画の達成状況その他の運営の状況について，自ら点検及び評価を行うよう努めるものとする．
2　博物館は，前項の点検及び評価のほか，当該博物館の運営体制の整備の状況に応じ，博物館協議会の活用その他の方法により，学校教育又は社会教育の関係者，家庭教育の向上に資する活動を行う者，当該博物館の事業に関して学識経験のある者，当該博物館の利用者，地域住民その他の者による評価を行うよう努めるものとする．
3　博物館は，前二項の点検及び評価の結果に基づき，当該博物館の運営の改善を図るため必要な措置を講ずるよう努めるものとする．
4　博物館は，第一項及び第二項の点検及び評価の結果並びに前項の措置の内容について，インターネットその他の高度情報通信ネットワーク（以下「インターネット等」という．）を活用すること等により，積極的に公表するよう努めるものとする．
（資料の収集，保管，展示等）
　第五条　博物館は，実物，標本，文献，図表，フィルム，レコード等の資料（以下「実物等資料」という．）について，その所在等の調査研究を行い，当該実物等資料に係る学術研究の状況，地域における当該実物等資料の所在状況及び当該実物等資料の展示上の効果等を考慮して，基本的運営方針に基づき，必要な数を体系的に収集し，保管（育成及び現地保存を含む．以下同じ．）し，及び展示するものとする．
2　博物館は，実物等資料について，その収集若しくは保管が困難な場合，その展示のために教育的配慮が必要な場合又はその館外への貸出し若しくは持出しが困難な場合には，必要に応じて，実物等資料を複製，模造若しくは模写した資料又は実物等資料に係る模型（以下「複製等資料」という．）を収集し，又は製作し，当該博物館の内外で活用するものとする．その際，著作権法（昭和四十五年法律第四十八号）その他の法令に規定する権利を侵害することのないよう留意するものとする．
3　博物館は，実物等資料及び複製等資料（以下「博物館資料」という．）に関する図書，文献，調査資料その他の必要な資料（以下「図書等」という．）の収集，保管及び活用に努めるものとする．
4　博物館は，その所蔵する博物館資料の補修及び更新等に努めるものとする．
5　博物館は，当該博物館の適切な管理及び運営のため，その所蔵する博物館資料及び図書等に関する情報の体系的な整理に努めるものとする．
6　博物館は，当該博物館が休止又は廃止となる場合には，その所蔵する博物館資料及び図書等を他の博物館に譲渡すること等により，当該博物館資料及び図書等が適切に保管，活用されるよう努めるものとする．
（展示方法等）
　第六条　博物館は，基本的運営方針に基づき，その所蔵する博物館資料による常設的な展示を行い，又は特定の主題に基づき，その所蔵する博物館資料若しくは臨時

に他の博物館等から借り受けた博物館資料による特別の展示を行うものとする.
2　博物館は，博物館資料を展示するに当たっては，当該博物館の実施する事業及び関連する学術研究等に対する利用者の関心を深め，当該博物館資料に関する知識の啓発に資するため，次に掲げる事項に留意するものとする．
一　確実な情報及び研究に基づく正確な資料を用いること．
二　展示の効果を上げるため，博物館資料の特性に応じた展示方法を工夫し，図書等又は音声，映像等を活用すること．
三　前項の常設的な展示について，必要に応じて，計画的な展示の更新を行うこと．
（調査研究）
第七条　博物館は，博物館資料の収集，保管及び展示等の活動を効果的に行うため，単独で又は他の博物館，研究機関等と共同すること等により，基本的運営方針に基づき，博物館資料に関する専門的，技術的な調査研究並びに博物館資料の保管及び展示等の方法に関する技術的研究その他の調査研究を行うよう努めるものとする．
（学習機会の提供等）
第八条　博物館は，利用者の学習活動又は調査研究に資するため，次に掲げる業務を実施するものとする．
一　博物館資料に関する各種の講演会，研究会，説明会等（児童又は生徒を対象として体験活動その他の学習活動を行わせる催しを含む．以下「講演会等」という．）の開催，館外巡回展示の実施等の方法により学習機会を提供すること．
二　学校教育及び社会教育における博物館資料の利用その他博物館の利用に関し，学校の教職員及び社会教育指導者に対して適切な利用方法に関する助言その他の協力を行うこと．
三　利用者からの求めに応じ，博物館資料に係る説明又は助言を行うこと．
（情報の提供等）
第九条　博物館は，当該博物館の利用の便宜若しくは利用機会の拡大又は第七条の調査研究の成果の普及を図るため，次に掲げる業務を実施するものとする．
一　実施する事業の内容又は博物館資料に関する案内書，パンフレット，目録，図録等を作成するとともに，これらを閲覧に供し，頒布すること．
二　博物館資料に関する解説書，年報，調査研究の報告書等を作成するとともに，これらを閲覧に供し，頒布すること．
2　前項の業務を実施するに当たっては，インターネット等を積極的に活用するよう努めるものとする．
（利用者に対応したサービスの提供）
第十条　博物館は，事業を実施するに当たっては，高齢者，障害者，乳幼児の保護者，外国人その他特に配慮を必要とする者が当該事業を円滑に利用できるよう，介助を行う者の配置による支援，館内におけるベビーカーの貸与，外国語による解説資料等の作成及び頒布その他のサービスの提供に努めるものとする．
2　博物館は，当該博物館の特性を踏まえつつ，当該博物館の実施する事業及び関連する学術研究等に対する青少年の関心と理解を深めるため，青少年向けの解説資料等の作成及び頒布その他のサービスの提供に努めるものとする．
（学校，家庭及び地域社会との連携等）
第十一条　博物館は，事業を実施するに当たっては，学校，当該博物館と異なる種類の博物館資料を所蔵する博物館等の他の博物館，公民館，図書館等の社会教育施設その他これらに類する施設，社会教育関係団体，関係行政機関，社会教育に関する事業を行う法人，民間事業者等との緊密な連携，協力に努めるものとする．
2　博物館は，その実施する事業において，利用者及び地域住民等の学習の成果に基づく知識及び技能を生かすことができるよう，これらの者に対し，展示資料の解説，講演会等に係る企画又は実施業務の補助，博物館資料の調査又は整理その他の活動の機会の提供に努めるものとする．
（開館日等）
第十二条　博物館は，開館日及び開館時間の設定に当たっては，利用者の要望，地域の実情，博物館資料の特性，展示の更新に係る所要日数等を勘案し，日曜日その他の一般の休日における開館，夜間における開館その他の方法により，利用者の利用の便宜を図るよう努めるものとする．
（職員）
第十三条　博物館に，館長を置くとともに，基本的運営方針に基づき適切に事業を実施するために必要な数の学芸員を置くものとする．
2　博物館に，前項に規定する職員のほか，事務及び技能的業務に従事する職員を置くものとする．
3　博物館は，基本的運営方針に基づきその事業を効率的かつ効果的に実施するため，博物館資料の収集，保管又は展示に係る業務，調査研究に係る業務，学習機会の提供に係る業務その他の業務を担当する各職員の専門的な能力が適切に培われ又は専門的な能力を有する職員が適切に各業務を担当する者として配置されるよう，各業務の分担の在り方，専任の職員の配置の在り方，効果的な複数の業務の兼務の在り方等について適宜，適切な見直しを行い，その運営体制の整備に努めるものとする．
（職員の研修）
第十四条　都道府県の教育委員会は，当該都道府県内の博物館の館長，学芸員その他職員の能力及び資質の向上を図るために，研修の機会の充実に努めるものとする．

2　博物館は，その職員を，前項の規定に基づき都道府県教育委員会が主催する研修その他必要な研修に参加させるよう努めるものとする．
（施設及び設備）
　第十五条　博物館は，次の各号に掲げる施設及び設備その他の当該博物館の目的を達成するために必要な施設及び設備を備えるよう努めるものとする．
一　耐火，耐震，防虫害，防水，防塵，防音，温度及び湿度の調節，日光の遮断又は調節，通風の調節並びに汚損，破壊及び盗難の防止その他のその所蔵する博物館資料を適切に保管するために必要な施設及び設備
二　青少年向けの音声による解説を行うことができる機器，傾斜路，点字及び外国語による表示，授乳施設その他の青少年，高齢者，障害者，乳幼児の保護者，外国人等の円滑な利用に資するために必要な施設及び設備
三　休憩施設その他の利用者が快適に観覧できるよう，利用環境を整備するために必要な施設及び設備
（危機管理等）
　第十六条　博物館は，事故，災害その他非常の事態（動物の伝染性疾病の発生を含む．）による被害を防止するため，当該博物館の特性を考慮しつつ，想定される事態に係る危機管理に関する手引書の作成，関係機関と連携した危機管理に関する訓練の定期的な実施その他の十分な措置を講じるものとする．
2　博物館は，利用者の安全の確保のため，防災上及び衛生上必要な設備を備えるとともに，事故や災害等が発生した場合等には，必要に応じて，入場制限，立入禁止等の措置をとるものとする．

　　附則
この告示は，公布の日から施行する．

付.5　［参考］公立博物館の設置及び運営に関する基準（昭和48年基準）

公立博物館の設置及び運営に関する基準（文部省告示第百六十四号）

博物館法（昭和二十六年法律第二百八十五号）第八条の規定に基づき，公立博物館の設置及び運営に関する基準を次のように定める．
　　　　　　　　　　　昭和四十八年十一月三十日

（趣旨）
　第一条　この基準は，博物館法（昭和二十六年法律第二百八十五号）第二条第二項に規定する公立博物館（以下「博物館」という．）の設置及び運営上の望ましい基準を定め，博物館の健全な発達に資することを目的とする．
（定義）

　第二条　この基準において，次の各号に掲げる用語の意義は，当該各号に定めるところによる．
一　「総合博物館」とは，人文科学及び自然科学の両分野にわたる資料（博物館法第二条第三項に規定する博物館資料をいう．以下同じ．）を総合的な立場から扱う博物館をいう．
二　「人文系博物館」とは，考古，歴史，民俗，造形美術等の人間の生活及び文化に関する資料を扱う博物館をいう．
三　「自然系博物館」とは，自然界を構成している事物若しくはその変遷に関する資料又は科学技術の基本原理若しくはその歴史に関する資料若しくは科学技術に関する最新の成果を示す資料を扱う博物館をいう．
（設置）
　第三条　都道府県は，総合博物館又は人文博物館及び自然系博物館を設置するものとする．
2　市町村は，その規模及び能力に応じて，単独で又は他の市町村と共同して，地域社会の生活，文化，自然等と深い関連を有する資料を主として扱う総合博物館，人文系博物館又は自然系博物館を設置するものとする．
（施設及び設備）
　第四条　都道府県及び地方自治法（昭和二十二年法律第六十七号）第二百五十二条の十九第一項の指定都市（以下「指定都市」という．）の設置する博物館には，次の表に掲げる事項に必要な施設及び設備を備えるものとする．

事項	施設及び設備
資料の保管	収蔵庫，技術室，作業室，荷解き室，消毒設備，集約収蔵設備等
資料の展示	展示室，準備室，視聴覚機器，展示用機器照明設備等
資料に関する集会その他の教育活動	集会室，教室，図書室，研究室，会議室，視聴覚機器，巡回展示用運搬自動車，教育研究用自動車，資料貸出用設備等
資料に関する調査及び研究	図書室，研究室，実験室，作業室，実験設備等
利用者の休憩及び安全	休憩室，救護室等
事務の管理	事務室，宿直室等

2　市（指定都市を除く．）町村の設置する博物館にあつては，前項の規定に準じて必要な施設及び設備を備えるように努めるものとする．
3　動物園（自然系博物館のうち，生きた動物を扱う博物館で，その飼育する動物が六十五種以上のものをいう．以下同じ．），植物園（自然系博物館のうち，生きた植物を扱う博物館で，その栽培する植物が千五百種以上のものをいう．以下同じ．）及び水族館（自然系博物館のうち，生きた水族を扱う博物館で，その飼育する水族が百五十種以上のものをいう．以下同じ．）

には，第一項の表に掲げる施設及び設備のほか，当該博物館において，資料を常時育成し，必要な展示を行うことができるようにするため，次の表に掲げる施設及び設備を備えるものとする．

博物館の種類	必要な施設及び設備
動物園	動物飼育展示施設，仮収容施設，動物診療施設，検疫施設，調節用施設，飼料庫，汚物・汚水・塵芥処理施設等
植物園	圃場，育種室，腊葉庫，病理施設，園内特別植物管理施設等
水族館	展示水槽，放養及び飼養池，予備水槽，循環装置，治療施設，調飼用施設等

4 博物館には，資料を保全するため，必要に応じて，耐火，耐震，防虫害，防塵，防音，温度及び湿度の調節，日光の遮断又は調節，通風の調節並びに汚損，破壊及び盗難の防止に必要な設備を備えるように努めるものとする．

（施設の面積）

第五条 博物館（動物園，植物園及び水族館を除く．）の建物の延べ面積は，都道府県及び指定都市の設置する博物館にあつては六千平方メートルを，市（指定都市を除く．）町村の設置する博物館にあつては二千平方メートルをそれぞれ標準とする．

2 動物園，植物園及び水族館の施設の面積は，次の表に掲げる面積を標準とする．

博物館の種類	施設の面積
動物園	建物の延べ面積 二十平方メートルに平均同時利用者数を乗じて得た面積
植物園	敷地の面積 二十万平方メートル
水族館	敷地の面積 四千平方メートル

（備考） この表中「平均同時利用者数」は，次の算式により算定するものとする．

((年間利用者数（又は年間利用者見込数）×1日利用者1人の平均利用時間数)/年間公開時間数)×1.5

（資料）

第六条 博物館（動物園，植物園及び水族館を除く．）は，実物又は現象に関する資料（以下「一次資料」という．）について，当該資料に関する学問分野，地域における当該資料の所在状況及び当該資料の展示上の効果を考慮して，必要な数を収集し，保管し，及び展示するものとする．

2 動物園，植物園及び水族館は，おおむね，次の表に掲げる数の一次資料を収集し，育成し，及び展示するものとする．

博物館の種類	資料数
動物園	六五種三二五点ないし一六五種八二五点
植物園	一,五〇〇種六,〇〇〇樹木
水族館	一五〇種二,五〇〇点

3 博物館は，実物資料について，その収集若しくは保管（育成を含む．）が困難な場合，その展示のために教育的配慮が必要な場合又はその館外貸出しが困難な場合には，必要に応じて，実物資料に係る模型，模造，模写又は複製の資料を収集又は製作するものとする．

4 博物館は，一次資料のほか，一次資料に関する図書，文献，調査資料その他必要な資料（以下「二次資料」という．）を収集し，保管するものとする．

5 博物館は，一次資料の所在を調査して，その収集及び保管（現地保存を含む．）に努めるとともに，資料の補修及び更新，新しい模型の製作等により所蔵資料の整備及び充実に努めるものとする．

（展示方法等）

第七条 資料の展示に当たつては，利用者の関心を深め，資料に関する知識の啓発に資するため，次に掲げる事項の実施に努めるものとする．

一 確実な情報と研究に基づく正確な資料を用いること．

二 総合展示，課題展示，分類展示，生態展示，動態展示等の展示方法により，その効果を上げること．

三 博物館の所蔵する資料による通常の展示のほか，必要に応じて，特定の主題に基づき，その所蔵する資料又は臨時に収集した資料による特別展示を行うこと．

四 二次資料又は視聴覚手段を活用すること．

五 資料の理解又は鑑賞に資するための説明会，講演会等を行うこと．

六 展示資料の解説並びに資料に係る利用者の調査及び研究についての指導を行うこと．

（教育活動等）

第八条 博物館は，利用者の教育活動に資するため，次に掲げる事項を実施するものとする．

一 資料に関する各種の講座又は諸集会（児童又は生徒を対象とした夏季休業日等における観察その他の学習活動を含む．）を開催すること．

二 資料の貸出し及び館外巡回展示を行うこと．

三 資料の利用その他博物館の利用に関し，学校の教職員及び社会教育指導者に対して助言と援助を与えること．

（目録の作成等）

第九条 博物館は，利用者の便宜のために，資料に関する目録，展示資料に関する解説書又は案内書等を作成するとともに，資料に関する調査研究の成果の公表その他の広報活動を行うものとする．

（開館日等）

第十条 博物館の一年間の開館日数は，二百五十日を標準とし，利用者の要請，地域の実情，資料の特性，展示の更新所要日数等を勘案して，増減するものとする．

2 博物館は，利用者の便宜のために，夜間開館日を設けるように努めるものとする．

（入場制限等）

　第十一条　博物館は，利用者の安全を確保するため，防災及び衛生に必要な設備を備えるとともに，必要に応じて，入場制限，立入禁止等の措置をとるものとする．

（職員）

　第十二条　都道府県及び指定都市の設置する博物館には，十七人以上の学芸員又は学芸員補を置くものとし，市（指定都市を除く．）町村の設置する博物館には，六人以上の学芸員又は学芸員補を置くものとする．

2　博物館には，前項に規定する職員のほか，事務又は技術に従事する職員を置くものとする．

（職員の研修）

　第十三条　都道府県の教育委員会は，当該都道府県内の博物館の館長，学芸員及び学芸員補の資質の向上を図るために必要な研修の機会を用意するものとする．

2　市町村の教育委員会は，当該市町村の教員委員会の所管に属する博物館の前項に規定する職員を，同項の研修に参加させるように努めなければならない．

　改正文
　公布の日から施行する．

付.6　[参考] 公立博物館の設置及び運営に関する基準の告示について

「公立博物館の設置及び運営に関する基準」の告示について

文社社第 141 号，昭和 48 年 11 月 30 日
各都道府県教育委員会教育長あて
文部省社会教育局長通達

　昭和四八年一一月三〇日付けで「公立博物館の設置及び運営に関する基準」（文部省告示第一六四号）が告示されましたので送付いたします．

　この基準の取り扱いに当たつては，別記事項に留意の上，周知徹底を図り，指導されるよう願います．

　なお，この基準は，公立博物館に係るものですが，私立博物館に関する指導又は助言に当たつても，必要に応じて参考とされるよう願います．

別記　「公立博物館の設置及び運営に関する基準」の取り扱いについて

　1　第一条関係

　(1)　この基準は，博物館法第八条の規定に基づき，公立博物館（以下「博物館」という．）の健全な発達を図るために博物館の設置及び運営上の望ましい基準として定めたものである．

　(2)　この基準は，博物館法に定める登録要件に係る審査基準でも，補助金の交付基準でもない．

　2　第二条関係

　(1)　本条では，博物館を大別して，総合博物館，人文系博物館及び自然系博物館としているが，これは博物館の設置及び運営のあり方を類型的に示すうえの便宜に基づくものであり，現に設置される博物館の名称を統一する趣旨ではない．

　(2)　人文系博物館としては，歴史博物館，美術博物館等が，自然系博物館としては，自然史博物館，科学博物館，動物園，植物園，水族館等が考えられる．

　3　第三条関係

　(1)　本条第一項では，都道府県が広域的団体であることにかんがみ，総合博物館を設置しない場合は，人文系博物館及び自然系博物館の両者を設置することを期待している．第二項では，市町村が単独に，又は共同して総合博物館，人文系博物館又は自然系博物館のいずれか一つを設置することを期待している．

　(2)　博物館の設置に先立つて準備のための組織を整え，専門的職員を配し，資料の調査・研究，収集，保管，展示計画等の具体的な準備をすることが必要である．

　4　第四条関係

　(1)　博物館の設計に当たつては，車椅子の使用等，身体障害者の利用の便宜を考慮することが望まれる．

　(2)　本条第三項の「種」とは，生物分類学による「種」をいう．第六条第二項においても同様である．

　(3)　本条第三項の動物園，植物園及び水族館としては，人口三〇万人から一〇〇万人程度の都市における中規模のものを想定している．第五条第二項及び第六条第二項においても同様である．

　5　第五条関係

　(1)　本条第一項の六，〇〇〇平方メートル及び二，〇〇〇平方メートルの用途別面積は，次の表に掲げるとおりとする．

用途別	都道府県立・指定都市立	市町村立
	平方メートル	平方メートル
展示・教育活動関係	二,五〇〇	八五〇
	〃	〃
保管・研究関係	二,五〇〇	八五〇
	〃	〃
管理・その他	一,〇〇〇	三〇〇

　(2)　総合博物館にあつては，その性格にかんがみ，本条第一項に定める面積のおおよそ一・五倍程度を確保することが望ましい．

　(3)　本条第二項の表に掲げる二〇平方メートルは，次の数式により算出したものである．

　　　20 平方メートル＝利用者 1 人当たり有効展示巾（50 センチメートル）×展示施設平均奥行（20 メートル）×2（注）

　(注)　平均同時利用者数を二倍とする意味で，これは季節により利用状況の変化があり，ある季節には平均同

時利用者数の二倍の利用者があることを想定したものである．

(4) 市街地に設けられる動物園にあつては，本条第一項に定める面積以下としても差しつかえないが，その場合にあつても同項に定める面積の二分の一以上を確保することが望ましい．

(5) 本条第二項の表に掲げる二〇万平方メートル及び四，〇〇〇平方メートルは，それぞれ第六条第二項の表に掲げる植物園又は水族館に係る資料数の植物又は水族を周年栽培し，又は周年飼育し，行きた生物として展示できるよう配慮して算出したものである．

(6) 植物園の中に設けられる建物の面積は，本条第二項の表に掲げる植物園の敷地の面積の七パーセント以下とすることが望ましい．

6 第六条関係

本条第二項の表に掲げる動物園，植物園及び水族館の資料数に示す「種」の収集に当たつては，広い範囲にわたつて比較展示ができるように生物分類学上における複数の「綱」及び「目」にわたることが望ましい．

7 第八条関係

本条は，博物館が行う教育活動のうちで，展示による活動以外の代表的なものを示したものである．本条に示す諸活動を実施するに当たつては，博物館資料の研究者や愛好者からなる，いわゆる「友の会」などを組織して，継続的に博物館の利用を促進する等の方途を講ずることが望ましい．

8 第一〇条関係

本条第一項の二五〇日は，年間における所定の休館日及び展示更新のための臨時の休館日等を勘案して算出したものである．

9 第一一条関係

特に動物園にあつては，動物の脱出防止，人止め安全帯（柵）等危険防止の設備及び悪臭，騒音，汚物等に対する衛生上の設備を配慮することが必要である．

10 第一二条関係

本条第一項の一七人及び六人の職務内容別の内訳は，次の表に掲げるとおりである．

区　分	都道府県立・指定都市立	市町村立
ア　第八条の教育活動及び資料に関する研究を担当する者	八人	三人
イ　一次資料の収集・保管，展示等を担当する者	八人	三人
ウ　二次資料の収集，保管等を担当する者	一人	—

11 その他

博物館の事業をより効果的に行うためには，他の博物館等と共同して調査若しくは研究を実施し，特別展を企画し，資料を分担して収集し，若しくは保管し，又は相互に資料を貸借する等他の博物館等と相互に協力し連携することが望まれる．

索　引

欧　文

GHQ　47
ICOM　3, 25, 72, 112, 119
Museography　150
Museology　150
PFI 法　63

ア　行

愛国心　33, 92
アウトリーチ活動　109
『秋田県立綜合博物館設立基本構想』　158
旭川市旭山動物園　122
アシュモレアン博物館　22
明日香保存法（明日香村における歴史的風土の保存及び生活環境の整備等に関する特別措置法）　48
校倉造　29
『新しい博物館』　142
新井重三　149

居開帳　31
生きる力　94, 96
伊沢修二　90
石黒敦彦　113
一斉授業　89
伊藤寿朗　49, 113, 152, 159
移動博物館　103
岩槻邦男　113

ウィーン万国博覧会　32, 129
上野動物園　33

エコ・ミュージアム　10
エデュケーター　119
絵馬殿　30

大阪市立自然史博物館　88
岡倉天心　130
小田内通敏　92
お雇い外国人　89

カ　行

回想療法　10
開帳　30
学芸員　7, 16, 119
学芸員講習会　144
『学芸員講習講義要綱』　144
学芸員資格　13, 86
学芸員養成　13, 15, 75, 86, 127
学芸官　73
学芸教諭　111
学社融合　99
学社連携　99
学習指導員　108
学習指導要領　93, 106, 119
学習指導要領解説　93
学習パッケージ　109
学制　89
学力観　93
学力低下　93
合科　90
合科学習　90
合科教授　90
学校教育法施行規則　97
学校週 5 日制　94, 110, 119
学校博物館　111, 134
加藤有次　151, 157
神奈川県立近代美術館葉山館　79, 82
金沢 21 世紀美術館　79

企業博物館　163
北沢種一　92
記念物　45
機能主義博物館論批判　152
キュレーター　121
教育基本法　42, 71, 75, 92
教育博物館　90
教育・普及　7
教育普及活動　74, 103
教育用キット　109
驚異の部屋　22
教員の多忙化　104
郷土科　91

郷土教育　91
郷土教育運動　33, 155
郷土教育連盟　156
郷土室　92, 155
郷土資料　92
『郷土博物館』　156
郷土博物館　24, 33, 92

九鬼隆一　130
久米邦武　129
倉田公裕　158
黒板勝美　131

ゲルマン博物館　23
現代資料　53

校外活動　105
皇国史観　47
構成主義　165
高度専門職学芸員　16
公立博物館の設置及び運営上の望ましい基準　44
古器旧物保存方　46
国際人権規約　76
国際博物館会議　3, 25, 72, 112, 119
国宝保存法　47
国立科学博物館　33
国立博物館　4, 36, 41, 43, 62
国立民族学博物館　109
国立歴史民俗博物館　107
古社寺保存法　46
後藤和民　151, 158
古都保存法（古都における歴史的風土の保存に関する特別措置法）　47
こども科学館　37
木場一夫　142
コミュニケーション　64
コメニウス, J. A.　90
コレクション　65

サ　行

サイエンス・コミュニケーター　119
サウス・ケンジントン博物館　128

相模原市立博物館　50, 106, 108
「雑芸員」　39
佐野常民　129

ジオラマ館　34
ジオラマ展示法　23
滋賀県立琵琶湖博物館　88, 121
志賀寛　92
史蹟名勝天然紀念物保存法　46
指定管理者制度　63
指導主事　106
児童中心主義　92
シニアキュレーター　18
島根県立古代出雲歴史博物館　87
市民学芸員　114
市民研究室　55
市民ボランティア　49
社会教育　98
社会教育指導員　106
社会教育審議会　98
社会教育法　42, 71, 75
ジャルダン・デ・プラント　128
集古館　46
重要美術品等ノ保存ニ関スル法律（重要美術品等保存法）　47
主体的な学習　110
書院造　30
生涯学習　99, 112
生涯学習審議会　100
生涯教育　98, 99
生涯教育論　98
上級学芸員　16
正倉院　29
「正倉院展」　29
植民地博物館　25, 167
調べ学習　94, 105
資料カード　6
資料収集　5
『新博物館態勢』　139
人類館事件　130

スカンセン野外博物館　23
スコット, M. M.　89
スミソニアン研究機構　24

生活科　94
税制優遇　59
『西遊二年欧米文明記』　131
『西洋事情』　2, 32, 128
整理・保管　6

世界遺産条約（世界の文化遺産及び自然遺産の保護に関する条約）　48
世界記憶遺産　48
世界自然遺産　48
世田谷美術館　81
全国大学博物館学講座協議会　15, 147
全国博物館大会　137
全日本博物館学会　12, 15, 147
総合的な学習（総合学習）　10, 49, 90, 92, 94, 96, 101, 119

タ　行

大英博物館　22, 23, 25, 68, 128
体験学習　115
体験的な学び　90
第三世代の博物館像　159
大東亜博物館　142
高嶺秀夫　90
田中芳男　32, 128
棚橋源太郎　12, 14, 91, 127, 134, 155

地域志向型博物館　160
地域博物館　9, 49
中央教育審議会　75, 98
調査・研究　6
直観教授　90
直観教授論　155
珍品陳列室　22

通俗教育　33
通俗教育館　135
坪井正五郎　130
鶴田総一郎　12, 14, 145

帝国博物館　33
帝室博物館　33
テート・ギャラリー　121
出開帳　31
伝統的建造物群　45

東京国立博物館　2, 33
東京帝室博物館　140
東京博物館官制　73
統合学習　90
統合教育　91
登録博物館　43, 59

独立行政法人　44
床の間博物館　30
ところ　60
戸田市郷土博物館　106
友の会　122

ナ　行

中川成夫　127
長崎歴史文化博物館　65
ナショナルトラスト運動　48

日本学術会議　18
日本国憲法　71
日本赤十字社参考館　136
日本博物館協会　12, 34, 136
日本ミュージアム・マネージメント学会　162
日本民芸館　140
入館料　58

ハ　行

パーカー, F. W.　90
廃仏毀釈　46
ハウスクネヒト, E.　90
博学連携　10, 49, 91, 98
博物館　2
　　——に関する科目　16
　　——に関する専門科目　13
　　——のイメージ　2
　　——のガイド　109
　　——の基本的機能　5
　　——の基本的構成要素　5
　　——の定義　3
　　——の分類　3
　　フォーラムとしての——　166
博物館エキステンション　140
『博物館概論』　148
博物館学　12-15, 86
博物館学研究会　147
『博物館学講座』　15, 147
『博物館学綱要』　12, 14, 127, 143
『博物館学雑誌』　147
博物館学史　126
「博物館学総論」　145
『博物館学入門』　12, 14, 145
博物館学の研究史　126
博物館教育　112, 119
博物館教育論　68, 75, 76

博物館行政　61
博物館経営論　163
『博物館研究』　12, 136
博物館研究　34
博物館事業促進会　136
博物館思想　126
博物館授業　109
博物館地域社会　157
博物館の設置及び運営上の望ましい基準　44
博物館評価制度　40
博物館「冬の時代」　39
博物館法　3, 7, 36, 42, 53, 58, 64, 71, 73, 74, 127
博物館法施行規則　13, 127
博物館問題研究会　12
博物館利用者　51
博物館令　23, 137
パノラマ館　23, 34
浜口哲一　113
濱田耕作　131
羽村市郷土博物館　50
バリアフリー化　61
万国博覧会　23, 31
ハンズ・オン　109
飯能市郷土館　114

樋口勘次郎　90
ビクトリア＆アルバート博物館　23, 68
ひと　61
ピナコテーカ　20
ヒューズ, E. P.　134
兵庫県立人と自然の博物館　115
平塚市博物館　9, 49, 50, 160

ファシリテーター　108
福井県立恐竜博物館　83
福沢諭吉　2, 31, 128

富士川金二　146
藤山一雄　139
物産会　31
風土記の丘　37
文化館　37
分科教授　92
文化財　46
文化財保護法　45
文化庁　47
文化的景観　45

ペスタロッチ, J. H.　90
ヘルバルト, J. F.　90
ヘルバルト主義　91

補助金　62
ボランティア　114
ポンピドゥー・センター　25

マ　行

埋蔵文化財　45, 47
埋蔵文化財センター　37
牧口常三郎　91
町田久成　128
マネジメント　65
満洲国立中央博物館　139

見世物　30
水戸芸術館現代美術ギャラリー　85
宮本馨太郎　145
ミュージアム・エデュケーター　108
ミュージアム・ティーチャー　106
ミュージアムパーク茨城県自然博物館　85, 106, 110
民俗文化財　45
みんぱく（国立民族学博物館）　109

無形文化遺産の保護に関する条約　48

無形文化財　45
ムセイオン　20
メディチ家　21
『眼に訴へる教育機関』　12, 127, 137

もの　60
森田恒之　149
文部省博物館　32

ヤ　行

薬園　31
山梨県立美術館　37

有形文化財　45
ユネスコ　72, 98

横須賀市美術館　38
48 基準　59

ラ　行

来館者研究　165
ラングラン, P　98

リピーター　50
利用の手引き　109
臨時教育審議会　99

ルーブル美術館　22, 25

歴史民俗資料館　37, 62
歴博（国立歴史民俗博物館）　107

ワ　行

ワークシート　109

編者略歴

浜 田 弘 明（はまだ　ひろあき）
1957 年　神奈川県に生まれる
1982 年　相模原市教育委員会学芸員
1987 年　法政大学大学院人文科学研究科修了
現　在　桜美林大学リベラルアーツ学群博物館学専攻教授
　　　　文学修士

シリーズ現代博物館学 1
博物館の理論と教育　　　　　　　　　　定価はカバーに表示

2014 年 11 月 25 日　初版第 1 刷
2016 年　9 月 10 日　　　第 2 刷
2022 年　2 月 10 日　　　第 4 刷

編　者　浜　田　弘　明
発行者　朝　倉　誠　造
発行所　株式会社　朝　倉　書　店
　　　　東京都新宿区新小川町 6-29
　　　　郵便番号　162-8707
　　　　電　話　03（3260）0141
　　　　Ｆ Ａ Ｘ　03（3260）0180
　　　　https://www.asakura.co.jp

〈検印省略〉

© 2014〈無断複写・転載を禁ず〉　　　　　　　Printed in Korea
ISBN 978-4-254-10567-4　C3040

JCOPY ＜出版者著作権管理機構　委託出版物＞
本書の無断複写は著作権法上での例外を除き禁じられています．複写される場合は，
そのつど事前に，出版者著作権管理機構（電話 03-5244-5088, FAX 03-5244-5089,
e-mail: info@jcopy.or.jp）の許諾を得てください．

文虫研 三浦定俊・東文研 佐野千絵・九博 木川りか 著

文化財保存環境学（第2版）

10275-8 C3040　　　A5判 224頁 本体3500円

好評テキストの改訂版。学芸員資格取得のための必修授業にも対応し，自主学習にも最適。資格取得後も役立つ知識や情報が満載。〔内容〕温度／湿度／光／空気汚染／生物／衝撃と振動／火災／地震／気象災害／盗難・人的破壊／法規／倫理

B.M.フェイガン 著　早大 小泉龍人 訳
科学史ライブラリー

考古学のあゆみ
―古典期から未来に向けて―

10641-1 C3340　　　A5判 328頁 本体5400円

考古学・古代文明に関する多くの啓蒙書を著していることで名高いブライアン・フェイガンが、学生向け、一般向けのテキストとしてまとめた概説書。関連諸自然科学の成果を盛りこんで、広い視野でとらえた、読みやすく、わかりやすい通史。

くらしき作陽大 馬淵久夫・前東芸大 杉下龍一郎・
九博 三輪嘉六・国士舘大 沢田正昭・
文虫研 三浦定俊 編

文化財科学の事典（新装版）

10283-3 C3540　　　A5判 536頁 本体11000円

近年、急速に進展している文化財科学は、歴史科学と自然科学諸分野の研究が交叉し、行き交う広場の役割を果たしている。この科学の広汎な全貌をコンパクトに平易にまとめた総合事典が本書である。専門家70名による7編に分けられた180項目の解説は、増加する博物館・学芸員にとってハンディで必須な常備事典となるであろう。〔内容〕文化財の保護／材料からみた文化財／文化財保存の科学と技術／文化財の画像観察法／文化財の計測法／古代人間生活の研究法／用語解説／年表

前東大 尾鍋史彦 総編集　京工繊大 伊部京子・
日本紙パルプ研 松倉紀男・紙の博物館 丸尾敏雄 編

紙の文化事典

10185-0 C3540　　　A5判 592頁 本体16000円

人類の最も優れた発明品にして人間の思考の最も普遍的な表現・伝達手段「紙」。その全貌を集大成した本邦初の事典。魅力的なコラムを多数収載。〔内容〕歴史（パピルスから現代まで・紙以前の書写材料他）／文化（写経・平安文学・日本建築・木版画・文化財修復・ホビークラフト他）／科学と技術（洋紙・和紙・非木材紙・機能紙他）／流通（大量生産型・少量生産型）／環境問題（パルプ・古紙他）／未来（アート・和紙・製紙他）／資料編（年表・分類・規格他）／コラム（世界一薄い紙・聖書と紙他）

荒俣　宏 特別監修　武蔵美大 寺山祐策 監修
武蔵美大 本庄美千代 編

武蔵野美術大学コレクション 博物図譜
―デジタルアーカイブの試み―

10281-9 C3640　　　四六倍判 516頁 本体20000円

武蔵野美術大学美術館・図書館所蔵（荒俣宏氏提供）の貴重書からビジュアルな図版を多数収録。同大で行われたデジタルアーカイブ・プロジェクトをもとに、大学資料の活用、デジタル化についても解説する。荒俣氏による博物学と図譜についての解説も収録。〔収録作品〕花蝶珍種図譜／人体構造解剖図集／第3次太平洋航海記／イギリスの昆虫／名花素描／ルソーの植物学／熱帯ヤシ科植物図譜／脊椎動物図譜／アストロラブ号世界周航記／チリ全史／八色鳥鳥類図譜／自然の造形／他

社会教育・生涯学習辞典編集委員会 編

社会教育・生涯学習辞典

51033-1 C3537　　　B5判 672頁 本体18000円

本邦初の社会教育・生涯学習に関する辞典。これまで蓄積されてきた経験や知識を総合し、主要な概念として整理することで、実践者と研究者が共有できる共通ツールを提供。公民館や図書館，博物館など社会教育施設での学習・教育の他，大学や職業訓練機関，企業，農業，福祉施設，司法福祉，医療・健康，NPOなど様々な学習・教育を含み，国際的動向も視野に入れ，研究者のみならず，多種多様な教育的支援の実践者にも，相互の経験の交流や実践的な理論の探求を可能にする。

国立歴史民俗博物館 監修

歴博万華鏡（普及版）

53017-9 C3020　　　B4判 212頁 本体24000円

国立で唯一，歴史と民俗を対象とした博物館である国立歴史民俗博物館（通称：歴博）の収蔵品による紙上展覧会。図録ないしは美術全集的に図版と作品解説を並べる方式を採用せず，全体を5部（祈る，祭る，飾る，装う，遊ぶ）に分け，日本の古い伝統と新たな創造の諸相を表現する項目を90選定し，オールカラーで立体的に作品を陳列。掲載写真の解説を簡明に記述し，文章は読んで楽しく，想像を飛翔させることができるように心がけた。巻末には詳細な作品データを付記。

上記価格（税別）は 2022年 1月現在